U0570092

紹興大典

史部

光緒諸暨縣志

2

中華書局

諸暨縣志卷十三

水利志

考工記曰善溝者水漱之善坊者水淫之此言水性奔流變徙靡常利之所興害即伏之蓋深慮善創者興利於前不可無善因者繼述於後守其成法而無少怠誤并不僅守其成法而因地因時與爲變通不使害之或萌而得常保其利也暨之於水厥利有三東南西三鄉地勢高仰無陂池大澤以蓄水溪澗直瀉涸可立待利用溉於是乎築堰北鄉地處窪下眾流之所歸不有防衞即成澤國利用障於是乎築埂然外水不入內水亦不出汪洋浸滅利用洩於是乎建閘此因地之利也先是闔邑之水北流東折入麻溪經錢清達三江以入海水性趨下瀉之尚易自築麻溪開磧堰導浦陽江水入浙江而邑始通海案開磧堰

始於元至元間蕭山縣尹崔嘉訥繼於明天順間知府彭誼然麻溪東行之道仍如故也至成化間知府戴琥始築麻溪而塞之幷開磧堰而廣且深之時主其謀者蕭山致仕尚書魏驥也受制巨室不能爲暨民乞命故水利碑記有諸暨將成巨浸惟使斗門圩埂有備餘

當付之天已之語也每當夏秋淫霖山洪斗發上游之水建瓴直下錢唐江又合徽衢金嚴杭五府之水海潮挾之以入磧堰逆流倒行而與浣江作難其互相阻格則渟潴不行兩相搏激則橫溢四出潰堤埂淹田禾壞廬舍北鄉湖田盡受其害嘉靖初邑宰兩厓朱公督築圩埂見經野規略今人謂青陽劉公始築埂者殆未之考也以衛諸湖水害稍息數十年後上下怠視湖埂漸圮而邑宰林公復賣官泌湖於十三家以築城邑遂無容水之區雖明詔復浣江故道而蕭人持之堅不可奪萬歷間青陽劉公不得已而爲自治之計鑿渠導流芟穢塞竇修閘培埂次第舉行江流始暢此因時之利也夫因地者有不易之制因時者無可泥之法至地

隨水變而亦有不能不相與變通者理勢然也劉公明定條程熟籌善後凡所以爲暨民謀利者著有經野規略以垂久遠蓋深有望於後之人守其成法而又不僅守其成法因時制宜之思周緻縝密懇切諄詳尤溢於語言之表者也自是而降鮮有謀及者矣水性慓悍沙石夾下江路淤塞容水無地三百年來爲漱爲淫之患日甚一日而規略之所責成者溺職不修規略之所嚴禁者干犯無忌就令拘守成法日事培埂萬丈奔流以兩隄夾障之其能與水爭地而無潰決之患哉況乎培之緩不若淤之速培之難不若淤之易江日積而日高埂愈崇而愈危十歲九荒岌焉終日謀水利者乃爲濬江之議而經費無出安沙無地築室道謀屢議屢輟且羣山徧墾爲前此之所未有沙隨水下朝濬夕淤亦有濬不勝濬之勢失時不謀至於今日但

見水之害無所謂利也昔戴太守有言曰諸暨將成巨浸唯有付之於天而已觀諸今日斯言驗矣樓志載水利多採經野規略雖古今異宜其所紀載亦非盡屬當今之急務而但得痛恤民瘼者師其實事求是之心因時制宜與水變通亦未始不可以人力補救也

水道

浦陽江源出浦江縣西境之深裊山曰東溪東南流又一源出縣南之五路嶺曰南溪東北流至縣城南合而東稍北五十里有一水南自西北之戚村橋北流來會又東北流經白馬橋又東北經諸暨縣南境曰上西江謹案入境之後又有義烏水自天造橋入境北流至安華步與浦江水合此脫略詳見山水志又東北至了口案當作了江口有上東江東南自東陽界合孝義開化二溪東北流又合超越下瀨二溪經街滗案當作街亭滗來會謹案上東江一

說郎洪浦江受超越下瀨諸溪與上西江合於了江口又北流曰
里許至朱王江口然後會孝義開化二溪此微誤詳見山水志
浣江又北經縣城南又東北五里分爲二派一東北流曰下東江
合東南來落馬橋水又北有泌湖水謹案三字衍想由駱志而誤辨見下雙橋溪水
自東來會又北稍西有楓橋北水東自山陰界來會又西北至三
江口一西北流曰下西江有五洩溪自五洩山合二溪案郎石瀆冠山溪
來會案郎祝橋港又北有新港水自西來經直步南而東來會謹案此郎駱志所謂大馬諸溪由晚浦入者是也北至三江口復合曰大江其分凡七十里復合
也又西北流臨浦鎮西其東爲山陰界北爲蕭山界古道東至錢
清者已塞今自臨浦又西北流入浙江此水源流三百餘里越城
人舊稱西小江水道提綱案所謂古道者水自新開頭東折而注於麻溪北至烏石山東北穿內地過錢清鎮至三江所而入海者也自塞麻溪開磧堰東折之水改而北流逕入浙江於是諸湖始受潮汐之患矣
諸暨水勢大都自南而北極東南爲孝義溪發東白山流子溪發

阜角嶺花亭溪發俞家嶺孝義溪西南流十里合流子溪又十里合花亭溪又十五里合開化溪開化溪兩源皆由東陽來合龍泉板橋二溪始入孝義溪龍泉溪發白巖山板橋溪發大唐嶺孝義開化二溪合流出街亭五里許合洪浦江洪浦江接超越溪發小白峰又一水名下瀨溪發金澗山合爲洪浦江過洋湖合街亭港是爲上東江極西南爲豐江來自浦江縣入縣界東北流十里許合黃沙溪又三里許合義烏溪又里許合上瀨溪爲安華步義烏溪來自義烏入縣界亦十里許與豐江合黃沙溪合南源西源二水二水皆發日入柱山發柱南者爲南源發柱西者爲西源皆浦江縣界上瀨溪發善阬嶺亦名善溪義烏縣界由安華東北流六十餘里山間小水無慮六七支皆入其中是爲上西江過黃白山橋五里許與東江合俗呼丫江口始稱浣江亦曰浣浦曰浣渚曰

瓢溪有浣紗石流十里許始至縣治由城東過太平橋五里許至茅渚步復分爲二曰下東江下西江下東江過五浦宣家步釘籠步草湖港白塔斗門無慮七十餘里至三江口下西江元天歷中州同知阿思蘭董牙所浚由竹橋新亭晚浦長瀾浦至三江口亦七十餘里與東江復合其兩江所入濾磡港合胡村水由長官橋沙港口入東江長官橋俗呼落馬橋所謂家公萬柳堤處也烏石溪發趙馬嶺由雙橋（稱雙橋溪）入高公湖古李溪（一作古栗　一作苦李）合白茅溪入高公湖（案此下當云同出高湖斗門入於東江）櫟橋溪接龍溪左溪龍溪發樓家山左溪亦發皁角嶺由石碑橋亭至橋下由洄溪入泌浦湖楓溪接黃檀白水二溪白水發走馬岡黃檀發上谷嶺下谷嶺五岫山黃來嶺駐日嶺諸山大小五六源合流經青山頭至楓橋鎮鐵石堰復分爲二北流十里許仍合入泌湖干溪發芝蓏山石碑山合

古博嶺小水西流又合桐坑所發小水出黃沙橋由小泉溪入泌湖諸入泌湖水皆會復分爲二港一水入湖一水轉下宣步入高公湖由斗門入東江案此大誤泌湖與高湖南北相距數十里中間橫亙西安長甯泰北泰南四鄉之山水道雖有變遷山則亙古不易泌湖之水焉能踰山越嶺而入高湖考今水道楓溪至了又溪分而爲二一水西北流繞駱家橋之前湖後湖至徐潘塘西折入泌浦港北流出上木橋經金九公又西折出下木橋至塞港口一水東北流出前湖橋又北流經烏程步又北流至下宣步出下宣橋又北流西折出二洞橋又西流出七洞橋至塞江口二水合而西流出上山頭橋又西流出邵家步橋折而北流經雞籠石又北流西折至顧家入於東江初不由高湖入東江也詳見山水志其他桑溪發鄭塢由五浦入案桑溪無考鄭塢即今之泰南鄭家其水發白茅塢合新店樹溪入高湖出斗門其入江尚在五浦之上詳見山水志橫閣諸水源自山陰來由白塔斗門入此則下東江之大概也五洩溪發富陽山東流三十餘里合石瀆溪石瀆溪發諸山案石瀆溪發莓蕾山此誤入五洩溪過馬湖謹案馬湖之上尚有靈泉溪發雞冠山入五洩溪此脫略詳見山水志由竹橋入西江靑山溪發南泉嶺蔣塢由馬湖入龍窩溪發白門山由

新亭入大馬溪發大馬諸嶺由晚浦入此即水道提綱之新港水也紫草溪發杭烏山白馬諸嶺由朱公湖入此則下西江之大概也二江既合名大江北流十餘里雜受湄池金浦諸水金浦水源自山陰來至兔石頭出縣界由尖山臨浦入錢塘江舊由麻溪入錢清今不復通矣又考溪即五雲溪出富陽五雲山概浦發雞冠山及分水嶺合流又合福昌溪無考蓋古今易名也由義安陶湖出蕭山峽浦入大江此即鳳桐港詳見山水志又有小福昌溪發福昌寺山下由蕭山縣五日溪出臨浦隆慶志。案小福昌溪亦無考想即青山溪溪北流經次塢至苦竹園出蕭山境者是也詳見山水志

謹案闔邑水道唯此二條最爲簡明樓志雜引萬歷府志駱問禮續羊棗集毛奇齡三江刋誤三書論浦陽江爲禹貢三江之一之或是或非紛紛辨詰無與於暨累牘長編適見叢雜今概從芟削而錄此二條於首并旁注其誤處與山水志參觀俾謀水利者有所考證而得尋其脈絡也

附馮至浣江挖沙議謹案邑之水利以濬江爲最要濬江無善策此條尚簡明易行故首錄之

江沙大害也水盈則高田俱没水涸則下澤皆枯水爲虐而沙實助之蓋沙壅而水無所歸田是以没沙滿而水無所息澤是以枯今欲袪水之害當自挖沙始苦挖沙之無費費出於田計畝可也苦貯沙之無地買城北之田以爲地起自官船步迤西而接於長山之麓以爲城北之屏挖沙以利水而貯沙即以利城山高水深闔邑人文之盛殷富之源均有不可測者舟行利涉其小焉者也轉大害以爲大利邑中大事此一要也

堰

鴨子堰在義烏溪亦作甲子　楊柳堰在善感橋下黃瑩捌　仕堂堰在二十七都黃家山下黃畿廷捌

王村堰在洪浦江

呂浦堰在孝義溪　巖頭堰　孫村堰二堰俱在開化溪

街亭堰在街亭港　牸牛堰　石磗堰

泂村堰以上三堰俱在櫟溪　鐵石堰　永昌上堰

永昌下堰　丁家堰　宣村堰

黄甽堰以上六堰俱在楓溪　魚籠堰　石壁堰

黄沙堰以上三堰俱在千溪　石盤堰　王堰

石井堰　跨湖堰　祝橋堰以上五堰俱在五洩溪

考溪堰在考溪即五雲溪　便堰在紫浦溪　張家堰在雙溪

蔣家堰在六十八都眞如庵前　霞溪堰在五十都

右諸堰皆遵樓志載入考各溪之堰不止此數東南西三鄉溪澗直瀉滴水不留苟無灌溉田皆龜坼每當夏秋旱乾壅土堨水節節皆是及上游水發即衝激而去多非一勞永逸之制戴太守琥水利碑曰防水之出人力可以有爲即謂此也然堰基之上下灌注之多少各鄉村俱有成規苟非其地而築之非其田而灌之即起爭端未可以疏遠之人輕聽一言懸擬而臆斷也今凡前志之所有者悉登之前志之所無者概不收入非疏略焉有深慮也但得各村各阪慎守舊章毋自紊亂即永保其利矣

埂謹案說文土部埂本訓阬唯廣韻上聲三十八梗於埂字下注云提封吳人語也吾邑湖田捍水之隄俱呼曰埂蓋方言也

謹案前志載有七十二湖而不足其數且有今昔易名而莫指其處者有今有其名而志不載者唯經野規略所紀之埂有條不紊今遵而志之蓋改湖爲田築埂衞之舉埂即可槪湖也

上西江東岸

萬定埂在豐江下　七家埂在善感橋下王家門前　上塘郞埂

下塘郞埂　廟後埂在正二十七都　官塘埂

前山埂　包家埂　廟前埂

丁家埂　神塘甽埂　麻園埂

大園埂　黃家井埂　金村埂

窯口沙塘埂　杜家埂　中湖水埂

下湖水埂　吳郞莊埂　墳埼埂

霍家埂　橋頭湖埂

上西江西岸

杬湖埂　前湖埂　白塘湖埂

宣家湖埂　上莊湖埂　下莊湖埂

安家湖埂　茲橋湖埂茲亦作之　五湖埂

芒蘿下首埂　道士湖埂

雙港河直下一帶郎洪浦港

王家江埂在正二十七都一作小港門前　祖宅門前埂

闕全湖埂　上洋湖埂　下洋湖埂

趙郎湖埂　毛村湖埂　蔣村湖埂

劉光復碑亭趙郎毛村等湖埂記古之人成功而不有今之人無實而冒居古之人惻怛惠利之心勝而民信之今之人委曲彌縫之念周而民亦予之然而功害勞逸目前百世之計尸其事者知之有難以告語人者若因人成事蚊附雷和徒誇飾目

前而耀來世內以欺已外以欺人如獨知何余數年孳孳湖埂急當務耳幸而就緒民亦勞止縣上碑亭趙郎毛村等湖頗稱沃野巨族數姓錯處其間皆自今樂有恒產毛生睿卿郭生辰星等來請欲乞文以誌不朽余曰華實厚薄余竊聞老氏之旨矣上以名炫下不若示之守法下以名歸上不若從其教化當道禁示彰彰爾往鐫之俾父老子弟恪遵弗替

街亭鎮以下一帶

婁家埂在正三十四都　陳村埂在三十三都　翁家荷花埂

張村埂　孫家橫埂　大樟樹埂

大路埂　丁橋埂在七十二都　廟前碑亭半肦埂

上網廟陶家埂

山後河東岸

水磨堰埂　黃蘭畈埂　石井畈埂

卸湖埂　西景湖埂　留仁荒湖埂

徐家湖埂

山後河西岸

牌畈芝麻埂　金家湖埂　沙埲湖埂

黃家湖埂　新湖埂　楊家湖埂

馬埲湖埂　月塘湖埂　朱俞二湖埂

合家湖埂

太平橋下東江東岸

營口塘埂　黃家墩湖埂　高湖埂劉光復埂閘記載下閘類

湯家湖埂　巉頭湖埂　章家趙家湖埂

落星湖埂　壽文四十八新湖埂　上竹月湖埂

中竹月湖埂　下竹月湖埂　木陳湖埂

吳墅湖埂　婁家湖埂　新大圩埂

山後湖埂今呼山裏湖　孤山湖埂　下東埂

四湖共築石米橫埂　　草湖埂　　新湖埂

金竹塘湖埂　　馬塘湖埂　　白塔湖埂劉光復埂閘記載下閘類

歷山湖埂　　蔣湖忽覩湖埂　　橫山湖埂

吳湖埂　　上金湖埂　　下金湖埂

新塘裏埂　　新湖埂　　吳家櫃埂

下湖埂

太平橋下東江西岸即大侶等湖東岸之埂

大侶湖廟觜埂劉光復大侶湖廟觜埂記縣下大侶湖約田二萬畝并東西橫塘朱家等湖以十數總計良田千頃居民萬竈通邑視其收否爲豐歉自茅渚步廟觜埂至三江口直達七十里環而匝百有五十里瘡孔固多可虞獨廟觜埂當兩分要衝寶婺萬山之水由太平橋下奔突其埂勢甚湍猛曩時埂地數畝上有江神廟復廿七年初至隙地雖委河伯廟前猶可輿行下視單削四顧田廬怔怔警念不自已適獲插箔江中者拆其樁竹釘護此埂比年大水得無恙次年樁竹竟成烏有廟址又半落頽波遠邇大懼議甃石爲固呈之當道屬復事事復以入覲不欲錢穀經胥役手令酌遠近分派丈尺責成各

湖圩長湖民俱躍然赴工無一頑梗通力合作之風殊不異成周太和閒斯民也洵三代直道而行之民歟獨不侈貧民財因民力乘案牘倥偬之餘勉示鼓舞振作之意自知短拙綿弱其得髣髴古人萬一否耶幸今就工檢賸金六十餘兩買埂下田二十畝歲可收穀二十四石苟圭計累積有方而無或漁蠹其中尚可爲補舊之一資乎時董事圩長耆民石濟四十七等皆書名於左

太侶湖花園埂（劉光復花園埂碑記）太侶湖自茅渚東下里許即花園埂自萬曆十三年洪水衝後屢築屢倒田被沙没者二百餘畝洗而爲淵者亦百餘畝已亥仲夏雨潦大降埂又衝壞時歲歉民飢倒缺深甚居民咸謂功不可幾余臨埂召圩長問以湖中事情則不達端緒但稱苦而已問伊湖中產若干則言烏有余笑曰焉得無利於此而甘爲人禦患者弊坐是矣按籍得本埂田多者袁忠百十七等五人引抵埂所謂之曰此埂當可如是否埂不築築不堅闔湖當無咎爾否爾即欲偷旦夕安湖民能歲歲受饑荒爾等能歲歲賠糧差否五人各唯唯願身任其職蚤夜力督二旬而功半陡雨埂不没者三寸湖民謂有天幸益奮踰月而厎績壬寅孟秋月杪淫雨連朝余親帥役人往救沙埭埂夜半忽報花園埂破馳往而水入濤濤有聲矣至則袁艮百九十七郭慶二同二三工人拽小舟傍埂號呼余擇善泅者没水尋孔竇令輿人及從役魚貫捧土入潭内沉以塞之幸得無虞自是歲歲加築三倍曩時五人又慮埂所孤遠構屋召人以備非常勒碑乞言以垂久遠余曰勞者爾民力

費者爾民財指揮而料理者爾民之心計爾輩勤苦爾獨知之吾之表暘爾等悉之誠思預圖保防如飢餐寒襲在吾民時加之意非可以言說盡者爾有不忘艱難之心自得痛養疾遲肯綮倘不其然縱列碑如林鐫字若星祇爲石灰烏乎用之五人相顧悚而稽首曰君侯之言豳風亟時之遺教也敢不拜賜

源匯埂　和尚灘埂　張家新湖埂

戚家湖埂　戚家湖下埂今築石子橫埂　壽家匯湖埂分作上下兩湖

東橫塘湖埂　朱家湖埂　東黃家湖埂

東京塘湖埂　泥湖埂　東大兆湖埂

霞漁湖埂　西施湖埂　魯家湖埂

太平橋下西江東岸　即大侶等湖西岸之埂

沙埭埂　劉光復沙埭埂記　大侶湖沙埭埂下廟觜埂里許去縣五里而遙己亥孟夏爲洪流衝破比年築就壬寅仲夏復破衝埂倒百七十丈淤田三百餘畝埂下居民號呼無措闔湖皇皇虞失秋余約日召圩長畢集丈分倒缺半屬本湖半屬通湖余自募夫築數丈示之式又早宴馳督役工未六七而驟雨連朝水大至余乘舸抵埂所圩長撫膺泣下湖中有負釜而奔避

者余謂蹙額待潰非策不若盡力救禦其濟否則天也圩長許諾糾集數人就埂下搬沙運築余載酒致饒親立賞格輿隸捕快咸荷鋤列炬人人用命凡兩晝夜倖保無虞湖民乘時奮功高堅遂甲於他埂圩長蔣加七十三蔣加六十蔣都三十二等呈之當道欲表前勞檄下余繳覆以輟乃七十三等仍勒碑欲刻其呈詞余曰明止之而私立之非體也爾湖一望千頃萬民待命聞邑中有大侶爹白塔娘之諺所關非藐小爾欲識前勞是足其勞也足勞者必憚勞爾亦思己亥之卒破也豈不謂此埂曩來無虞而漫不加意乎曰然壬寅之再破又豈不謂埂適如是可矣而竟虧功一簣乎曰然當余策馬催築爾咸謂秋潦弗甚而何憂駭不及圖既冒雨鼓勇與河伯力爭爾等指爲徒勞而卒藉以濟事豈天功可貪而人力可盡諉乎曰然用是知不備不虞災之招也無恃不災恃吾有以待其災預圖爲上策也圩長羣應聲曰然然願以代呈詞可乎余曰可

余村埂　大侶湖周村埂　楮木湖埂

西橫塘湖埂　西朱家湖埂　西上黃家湖埂

西下黃家湖埂　西京塘湖埂　何家湖埂

西大兆湖埂　黃潭湖埂

太平橋下西江西岸

北莊阪埂　張家阪埂　邵家湖埂

酈用賓小湖埂（劉光復祝橋湖開河記）暨城北出里許有張家阪東賀湖田各盈千合沈家湖三者連爲脣齒轉向西南一望湖以數十計大者千餘畝小者數百約三萬有奇沈家湖田不三頃獨尾諸湖之下而當其衝富陽千溪百澗之水由五洩奔騰百里而來至此遏不得驟瀉則泛溢上流一被衝沒諸湖全無粒入本湖田少埂多屢衝患重內二湖又謂此埂不固怨尤之居民旁皇特甚咸指對江匯地爲祟願竭力開洗導流西行余給銀四兩零買地俾民時壬寅各湖興築未暇及癸卯冬以余入覲輟議甲辰之秋湖民相率請畢前功各湖以次受成皆如期力作余時親臨指督運土河東迴瀾西下越月而既事乙巳春連雨彌旬水遂委順無害湖民鼓舞酈生用賓尤不勝躍然謀乞文勒碑誌不朽余聞謂之曰何以文爲酈生曰洪恩未可忘也余笑謂曰恩欲歸已怨將誰歸追維余初涖暨旱荒之後降以水潦民號呼顛連幾不聊生余亦大懼無秋乘時急塞倒缺乃民則不勝怨幸早築禦水西成大獲則不勝德已而余悉詢利弊大舉湖工民亦喜怨相半及功就可恃無虞又始翕然歸德湖外灘樹種種爲梗言者扼腕余從衆清理芟削有地若樹者率多告艱至涕泣以爭毅然芟去而水患頓息連年有秋又人人動色相慶彼其怨者何心德者何心倏怨而倏德者又何心烏知怨之非德而德之非怨耶余念在養民其所開鑿若血脈之當通所加培若腹心之當衛所芟鋤而棄置如癰疽之不得不潰亦唯獨知而計之獨持而行之烏知誰

之爲怨而誰之爲德耶即如百姓之叫號猶稚子延而割髮痛者其實情既而歡適猶嬰孩枵腹得食樂者其必至其屢拂屢信竟無後尤亦猶童孺之被父師督迫雖稍見慍怒而知無他腸亦自起自滅而眞情自露烏知怨之何來而德之何從耶孟子曰欲爲君盡君道欲爲臣盡臣道不避勞不避怨奉職之道也不任德不任怨無我之道也不見可德不見可怨三代直道而行之遺風也吾與民亦各盡其道而已矣倘不知大道而上焉者屑屑收恩遠怨之是亟則下亦陰窺上之隱明以恩怨示予奪將嘗試忻脅之不置壞直道而阻好義公心皆此知有恩怨之心啟之耳何如渾然兩忘之爲得乎雖然亦有不可忘者孟子曰禹之治水水之道也又曰順水之性也夫水得其道則順失其道則逆順則安流逆則泛溢必至之勢也今江干淨而水得其性守而弗替以圖利害之大凡又在暨人自爲計非余所能了此也鄙生唯唯曰書此可以詔來世何用文爲請歸而鐫之

東大湖埂　道仕湖埂　新亭湖埂

黃官人湖埂　廟前湖埂　陳家湖埂

上蒼湖埂　下蒼湖埂　象湖埂

黃湖埂　郭家湖埂　和尚湖埂

秀才湖埂　潭湖埂　車湖埂

張麻湖埂　朱公外湖上浦埂　朱公湖埂劉光復埂閘記載下閘類

貫莊湖埂　橋裏湖埂　連塘湖埂

江西湖埂　浦球湖埂　湄池湖埂

南湖埂　下畈湖埂　楓山湖埂

神堂湖埂

右諸埂俱遵經野規略編次其各湖章程原書俱在檢而閱之即得其詳然昔之所有而廢於今昔之所無而行於今者亦復不少所當因時制宜未可刻舟求劍也

附經野規略示禁

一禁蓄樣已砍竹木蔽塞江路

一禁江灘挑埂圍牆阻礙江流

一禁夾籬栽茨侵截埂頂行路及東西沿江官路

一禁埂中起瓦窯造廁屋致易衝塌

一禁埂上栽種蔬豆桑柏果木陰圖據爲已業

一禁報陞埂外隙地江灘潛行挑築蔭㨾

一禁承佃已買過水田地及追還各義冢官地

一禁砌築魚埠致激湨衝射圩埂

一禁鋤削埂腳致單薄誤事

一禁侵占湖内瀝基及埂外過水溝缺

一禁夏秋兩季木客堆簰捆三江口及江中致壅水泛溢

一禁侵占各湖蓄水官湖

一禁埂腳下開掘池塘

一禁埂下牽戛腳網罱蜆

一禁匯湖通營放水大湖

一禁置立私營如緊關當置者俱要堅築內外用石砌緊承當管守不得誤事

一禁各湖營閘乘水布袋裝箔捕魚致淹沒田苗

一禁造屋逼狹侵開埂路江路

一禁東西兩江槩縣山溪幷各湖港瀝毒流藥魚

一禁各河港及湖瀝插箔截流捕魚

案闔邑湖田通水之竇俗皆作窪亦呼釭窪洞此字字書所無實虛造也而經野規略用之考其制陶甓爲之狀如甑無底長尺餘大上小下以小口納大口纍而接之可使之長橫置埂下穴其中以通水劉公以其質脆易碎每爲埂患令改甃以石今則制易而名不易愚謂不若假作營字考小戴記禮運冬則居營窟正義曰營纍而爲窟又段玉裁說文營字注曰引伸之爲經營又曰凡有規度皆謂之營纍而接之使成穴亦猶纍土爲窟且有經營規度之義焉故凡經野規略窪字俱改作營字

內埂

新塘埂在紫巖鄉南自莪里山麓北至蔡家山麓爲白塔湖與瀝山湖分界處明天啟二年蔣重貢捐田六十三畝諸生蔣九元捐田二十一畝爲基又取土焉知縣唐顯悅爲詳憲增築故曰新塘乾隆府志

石子横埂在泰北鄉壽家滙湖中自漁䲔山東麓起至東江江灘止爲大侶湖與連七湖分界處乾隆六年大侶連七湖公同合築新纂

下四湖横埂在花山西安二鄉之間自西江霞衢村下起至東江陳家步止咸豐四年諸生姚世蘋等鳩費督築以障上湖之水四湖者謂大光湖西施湖霞漁湖魯家湖也駱志謂四湖受漁䲔諸山水此埂築而漁䲔諸水不至矣此今昔之異也新纂。乾隆九年諸生姚志潢條呈湖埂事宜竊唯水澇固屬天灾捍禦亦由人力徒望雨暘時若僥倖於豐年一遇海潮逆流山水驟

發以一線隄埂抵萬頃波濤，勢必束手待斃，勘報則憂勞司
牧蠲賑亦耗費帑銀，此暨邑塘工之宜亟也。欲固塘工，必籌
良法，謹擬數條以備採擇。一相度地勢。暨邑除山田外，共
有上額湖田二十餘萬畝，他湖依山傍麓，隄防猶易，唯大侣
湖起至大兆湖止，總名連七湖，介東西二江之間，袤延百餘
里，四面環水，爲害最烈，故自雍正五年、乾隆五年疊次報災。
隄工之險要，首推連七湖，是必於水之端激處紆迴以避其
鋒，土之堅鬆處棄取以固其趾，內釘椿以防其坍，外堵石以
衞其衝，而後連七湖可保，餘湖亦可次第舉行矣。一內外
兼理。各湖沿江外埂固屬緊要，而連七又有橫埂數條，明萬
歷間邑令劉公所築。大侣湖地居上游，勢若建瓴，無橫埂以
爲砥柱，則地勢遞降，上湖之水悉注卑窪，而下湖盡爲澤國
矣。故外埂宜高厚，而內埂尤不可卑薄，必因其舊而增修之，
使向之連而爲一者，今則分而爲七，庶幾一湖被淹，而六湖
猶可保全也。一援例官築。暨邑湖田雖非濱海，然自湖水
上行，山洪下注，七十二湖即成巨浸，其築隄之費例不動帑，
是受海之患適均，而築隄之工獨苦，可否照山會等縣之例，
亦歸公修。經費雖繁，較之兩年蠲賑，實屬稍減，且從來賑濟
之法莫善於以工代賑，視力之優絀，酌值之盈虧，則飢黎莫
不踴躍矣。一設官董率。各湖俱有圩長，然非官長彈壓，呼
應不靈，蓋此輩有勤情，有公私，或彼此徇情，或後先觀望，徒
應故事，卒少成功，懇另委幹員減從勘閱，遇有單薄，即飭培
修，則民知畏法，無敢怠弛矣。一點立埂書。各湖埂務規例
不同，有合力共築者，有各人分築者，田之出入靡常，埂之授

受履易牽拉影射弊竇叢生唯立一𡍼書執掌冊籍田有賣買即行過割收除庶源流清澈弊無自生○一清理水道水之流行遷徙無定沙淤成阜湍激爲淵有積千百人之畚臿不敷一二日之崩頹者近來沿江等處多所侵占務將竹木叢生一切壅塞之處請該管官巡察督毀如有抗違即治以侵占之罪使水復其故道則塘工可保水患可弭矣○一挑淺築隄溪漲驟發飛流百道塗泥雖漂而不停沙礫必重而多滯日久堆積則沙積而水力愈強水強而隄土愈弱矣必於冬月水涸之候令附近居民擇高厚處塡築土壩以涸其下流即將沙淤搬運隄上逐段開掘深一尺水道可固數尺隄工既省運土之勞更免掘田之費誠除害興利之善策也

謹案前數條半爲大侶連七湖論故附於此至內外兼理一條志濆議之於百年之前世濆成之於百年之後名適相符亦一異也

閘

了山上閘　了山下閘　闞全湖閘

洋湖閘　南門閘　南湖斗門閘

馬湖閘　茅渚步閘　廟嶺埂閘

五浦閘

鄧謐大侶湖利民圩閘記暨處萬山之會臨江匯之濱一雨暴集則衆壑爭流波潮漲溢則下流壅滯以建瓴之勢趨巨壑則又頃刻千里涸可立待是暨之水患無以洩之又患無以注之故築圩爲湖者七十二先民之爲水備者遠矣至大侶一湖關係最要其成功最難茅渚合流之水分溢左右兩江横波巨浸勢甚猖狂如戚家横塘等七湖皆屬下流倘防洩非宜民之魚鼈也者幾希矣萬歷乙未尹侯請之當道率民分埂効力闕者補之卑者益之脆薄易潰者堅築而厚培之獅子潭增置一埂以絶浸淫漫連之患五浦新增一閘以殺嚙足剝膚之虞相土審勢程度權宜不踰時而告成功焉斯役也丞田君同井簿華君一孝尉周君天賦皆以時巡閱於湖有力若耆民孫密六十六張立七十八等則領其事而始終其舉者并記之侯名從淑字道傳別字又方丙戌進士三巴人○

劉光復五浦閘記縣下五里許有大侶湖又東行餘二十里有五浦閘郎湖之畜洩處也湖中田約二百頃上稍昂脊羣潦歸宿其下雨未終朝而半湖作沼者勢必致也兼之楮木戚家張家新湖三處各數十頃皆從此洩瀝之踰旬猶不覩田畔奈之何苗不萎而穀不升舊閘卑小且將圮先令尹公從淑議復掚兩所以利民時內閘甫完而公擢水部去外閘遂輟余抵暨時舊閘圮甚內埂多單鈌不足禦水衆論欲卜基進舊閘數十武釦內石并爲一大閘導流易涸闔湖稱便囊之督工耆民章惠百九十四孫宏六十六忻然募工搬拆數日而石悉外移衆推趙澄八十四忠誠無他陽使主役忘晝夜寢食者三冬遂畢其事高七尺二寸闊六尺二寸皆倍舊長十尺極稱完固又移內小閘於戚家

湖高閘各三尺餘水所得洩視昔加倍閘既竣而尹公之志始
遂也趙滏八十四又拾己田五畝以贍閘戶嚮義甚篤并湖民
之効力者各書
名以誌其勞

高湖閘　劉光復高湖埂閘記韓子曰事成而有利權其利而害多
則已之事成而有害權其害而功多則爲之此固與民共
功之大較乎若人咨人度不一堅決是道旁而詢築室之謀也
縣下東江二十里許有一湖環繞四都六圖山田數百頃湖田
一萬二千餘畝湖中之窪而易沒者又復踰半沿山沿沚溪澗
無慮百十即新店灣古櫟橋趙馬嶺三大川雨注時沸騰若江
河然不終朝而數十里茫茫巨浸矣諺云高湖沈水底傷內水
之無歸也徧江上下計埂九百四十餘丈塌坍狼狽舊時埂倒
輒起排門夫築之戶田有多寡率互推避役圩長亦苟且塞責
徼倖於天以是屢年無秋歲壬寅夏五月大雨淸水潭埂衝洗
沈淵湖民大恐失望余臨湖召集圩長日爲之奈何方兆百三
十三等日舊挨戶分築余日築埂衞田論人戶非是宜令照田
民從之币月而塞淵成山又通埂俱壘土倍舊穹然阜峙鼓掌
而誇勝築不俟鞭策之頻加也先是閘石崩陷湖民呈之官議
修造而未定及埂成田高者以外水可禦欲息肩田低者謂內
水不出伊等仍遭汨沒同功異患當不其然況修與挪較費無
大懸舊兩洞各闊六尺今改加二尺爲各八尺甚便利余不忍
力均而偏若也則聽低田者議余又日執任此方兆百二十四
方兆百三十三進日照里立十三總圩長各領三小圩長使照
田採石集工費某二人夙夜董其成無敢懈余察其能足辦是

也則舉而委責之自秋徂冬河乾不能運石無可督促春水稍
長懼功之不就卒然馮夷爲虐而貽通湖殃也頻頻至止淬勵
督率祈卽成無患比架橫橋數層仲夏初驟雨連朝外水大至
亦不能爲患內水暴漲五日而洩瀉減半鄉時高田稱上上低
田增早穀二千餘畝晚稻闔湖全收民見其利而
後知勞爲功矣凡圩長効力者皆令書名於左

朱公湖閘（劉光復朱公湖埂閘記）縣下西江三十餘里有朱公湖
額田一萬三千零環帀兩舍之地三都七圖之民居廬
耕鑿其中圩埂舊分上中下三浦修築湖民之有識者謂上中
二浦沿江一帶計埂一千三百九十餘丈歲衝突無常蟻穴爲
殃而萬家傍徨稍內連山補隙不過二百餘丈防救甚便猝有
暴溢可保無虞近江居民則不欲獨當其衝託堪輿家言以爭
屢議屢格卒不能就壬寅夏圩長史學九傳長四十三姚福八
十七等公舉栩內埂便諳諳懇切余與訂期臨湖酌之及到湖
熟覩而外埂五倍於內其勞逸不敵也外田九百畝不失舊物
內田踰萬可戚育壞其大小不敵也外湖穿而易注卽有非常
水患不至衝淤過甚內埂依山爲固隔斷江濤永免陸沈其利
害不敵也義從民便無俟再計科錢買址畝不二分計田授工
畝不三寸民咸訢訢聽命獨沿江八彩而譟當事者皆蹴踏旁
觀莫敢攖其鋒余召一二長老謂曰若輩意何爲曰不利於廬
墓余曰無論方術不足信卽今爾居在前而後蔽風寒爾墓向
右而左固地氣皆稱最吉又何訾乎吾求利百姓懷私梗令法
有常刑毋自悔聽者感悟羣趨叩頭願受成於是布約束示方
略二句而往按功崇墉埒山連串若貫珠然向之言不便者皆

稱六便余更詢湖中諸利弊衆曰內水難瀉低田歲苦無收余覘其閘口形高而閘門又爲石逼募工直鑿下爲石闌而去其木閘劃劈兩旁壁立門得洞開上加橫石高闊倍舊更給下浦工費修砌舊營完固湖中瀝江多爲豪民侵築成池壅塞爲害俱勘追還官截樁攤壩下浦之埂通湖照田分培下橫埂又與橋裏貫莊通湖其築仍買田若干以備閘費爲經久計沿江居民亦各隆其埂凡捕魚侵牟諸弊俱申飭嚴禁民遵義不犯遂無復沮洳之患比年有秋次年下下畝獲數鍾收入倍於腴田遠近咸懷樂土悔其功之不早就也向使模棱狐疑遷延異同之論又不然而一切擊斷弗中窾會要領何以解不必然之惑而不馴擾之若是耶語云民可與樂成不可與慮始吾於茲役信焉

白塔湖斗門

劉光復白塔湖埂閘記縣東江下六十里有白塔湖通瀝山湖包括八十里糧田四百餘頃兩鄉六都之民不啻千萬皆待命於茲舊設圩長歲一更皆苟且以延時日埂極廢弛倒缺與江流齊春夏之交霖雨時集各湖尚無恙而白塔人家悉沈竈產鼃矣水所從洩唯斗門一閘潮水灌閘終朝縮不盈寸高上三無兩登低下十不九插嗁號困苦此湖稱最己亥仲夏余親履勘猶登舟穿湖遊抵大嶼缺令舟人度之莫測其底不勝愕然曰此一方殆哉拘舊圩長督責勉勵明示之功罪狀始大懼獲戾矻矻甚工數日亦報可又數日水驟至接壞馬塘埂倒而白塔得無虞民則大喜連年有秋民雖稍事畚鍤然圖了一年故事不爲經久計埂之創者謟者略不關心余謂如此聽命於天終苟道也又相其地形三面阻山獨一面臨

江約田三萬餘畝埂僅一千三百三十六丈計田分築畝不半
尺一勞可垂永逸於是召湖民而詢之田多者爲總圩長次者
爲小圩長兩鄉定界依畝分寸湖民亦思及時成業余旬一臨
視再旬而如岡如阜民益驩忻忘勞矣次年壬寅夏大雨市月
滔天爲虐各湖徧沒而白塔獨無恙得收早穀數十萬斛民益
大喜過望各湖始悔不如白塔人之早計也俱奮勵培築湖中
長老必欲善後無患議廣蓄洩議導下流議徙上流皆鑿鑿有
據於是梛上新之開劖江中之石開西施之河鑿蔣村之匯凡
打拄頭白水潭大嶼小嶼夜城荷花蕩斗門口諸患處倍加功
力瀝山湖圩長亦洗江瀞復礎石以固埂高厚與白塔埒兩湖
屹然皆自謂有金湯之固夫白塔湖民至渙散難齊也始策之
不前招之固避然三五中而卒以趨事赴役雲合響應晨昏唯
命建功異壤鼓動邦邑卒得此湖之力焉則此湖之民習余余
用此湖之民如廉將軍驅趙兵余何日忘之余何日忘之雖然
爾民有經久之謀吾爲爾有經久之心然可必之人而終不可
聽之天爾民無以今日自恃蟻穴江河之戒所宜兢兢者又聞
魯文伯之母曰沃土之民不材逸也瘠土之民向義勞也爾湖
僅僅免魚鼈耳可遂忘勞而即於淫乎飽煖無教聖人猶憂之
吾爲爾計久遠唯力耕而節用崇儒以訓嗣毋逞豪悍毋習侈
靡雍雍禮義之鄉是則吾所望於爾者爾民有知當必幡然吾
言矣爲爾謹誌之總圩長六人小圩長五十人勤勞三載凡丈
量編冊管鬮悉供命効力之人書名碑左用誌不忘○案記內
大嶼小嶼舊作峧以
字書無峧字故易之

謹案闔邑湖田洩水之閘不止此數此惟遵樓志編之其所未入者今亦不載也又案樓志載有黃公閘此閘在蕭山境誤入蓋蕭人建此閘得以時啟閉不使里亭湖水泛濫入境而里亭湖低窪之田悉在暨境遂遭淹沒蕭人之利暨人之害也今刪去

白塔湖步春橋新閘　步春橋本係舊閘後圮前明邑侯青陽劉公敞之移建於山下即所謂上新之閘也後以湖內山水衆多一閘不足以宣洩湖民謀增建之道光七年蔣克傳首任其事斗費於田不足則捐己貲五百千又不足金起昇復捐己貲七百千蹷其役閘成而湖流始暢同治四年埂決閘壞斁之而湖水又不暢洩光緒八年闔湖全荒於是金毓秀蔣鴻藻走告藩轅領得英餅千番復得杭紳佽助二千番歸謀諸衆湖民亦分任其事集費補其不足以傭工代賑修復之經營一年始獲告成而湖流又得稍暢（倪望重白塔湖重修新閘記周官稻人之職掌稼下地以豬蓄水以防止水以溝蕩

水以遂均水以列舍水以滄瀉水言水利者詳矣暨邑多湖田田以白塔湖爲廣明知縣劉貞一先生搿建石閘卽今所謂斗門者道光閒湖民集資距舊閘數百武增新閘以廣疏洩同治乙丑霖雨爲災滔天水漲堤防衝突新閘亦壞且湖內之民兼顧不遑獨擁土築堤而完固之其後僉謀修閘不果就光緒壬午自夏徂秋水灾洊至白塔湖尤甚呼籲上聞　大憲奉天子命蠲租賦發帑金其時杭垣搢紳先生守春秋救災恤鄰之義又慨然捐資無德色當事者歸而謀諸衆皆曰吾輩受厚惠而徒爲一朝一夕謀分給之猶恐未徧不如修閘之爲功大爲利長所謂傭工代賑一舉而兩全也經費不足湖民有力者助之助之不足計畝出錢五十以集之經始於癸未之春迄十有一月告成閘長八丈廣三丈高廣之半共費錢四千五百緡是役也不令而勸不疾而速成始成終於余何力之有焉余以是年二月來宰暨秋湖田又灾白塔湖雖灾不害此又天之余憫人之力而不奪其功者也賑捐各款書之於左

永豐閘　在七十一都嘉慶二十三年造江東阪水由此入於東江　謹案此卽駱志所謂湶勘港合胡村水由長官橋入於東江者今皆出此閘也

普安閘　在紫巖鄉六十一都金湖港中咸豐八年店口諸生陳光瑩獨力搿建以時蓄洩又捐田十畝爲修整之費　壽僑新建普安閘記

吾邑四山環衞，水自麻溪穿山蕭之內地，徑錢淸鎭達三江所以入海，其勢尚順，無甚災焉。自塞麻溪，鑿磧堰，導浣江之水入浙江，而潮汐亦得而逆上，始一變而爲澤國矣。蓋浣江之源上納義浦二水，至豐江而合，北流五十里經邑城，至茅渚步分東西二江，各流七十里，復合於三江口，中間四境溪澗百道畢從。其性湍悍剽疾，每當夏秋霖雨，勢益張，而錢塘之潮復挾富春江水席捲南騖，抵金浦橋，兩相搏激，遂折而東流，入金湖港，一呼吸閒而金湖等八阪爲田七千四百有奇悉付淪胥，居民瞠目東手，無所施其計。自道光乙酉至今，汔無樂歲，戸益佌離。於是陳君咸若昌言於衆曰：功不任經費無以成始，事不任勞怨無以成終。我祖敘堂公欲建閘以捍外江之水久矣，余小子敢不仰承先志乎？爰鳩工庀材，卜地於新橋之次，閘長十丈有六尺，高二丈，闊如之，由趾及巔壘石若干層，衡洞四，每洞闊一丈有二尺，洞旁立石鑿槽施板以爲啟閉，洞旁建屋數椽，置閘夫頓宿。以咸豐八年興工，九年四月告成，凡費錢四千一百一十千有奇。是役也，一舉而兩善兼焉。方霪潦時，得此以障江潮，一善已。若歲亢旱，禾苗待澤，八力疲於桔槔，而潮水陡起陡落，求一勺之潤而不可得。閘建而水涸則啟閘以迎潮，潮入則閉閘以蓄水，非唯不受潮之害，而且長享其利矣。其爲功不亦偉哉！

泌湖　案嘉泰會稽志作必浦湖，萬歷府志作祕浦湖，亦作泌浦湖。

泌湖在縣北五十里。浙江通志　案當作縣東北。泌湖緣楓橋江而下，在江東爲東泌湖，亦曰東白江，西爲西泌湖亦曰西白紥塖圩田名稱不一縱橫交錯袤延數十里舊以蓄水不田故不陞課無居民故無圖里後沿湖居民漸占爲田日復一日致有大獲利者官司惡其不法每案奪之黠猾者乃以他糧飛灑其中爲影射計官司淸釐不能得反以額田爲湖於是十三處之說與焉十三處者田十三處也案此語欠明確十三處者十三姓之田也時富民占湖爲田者十六家凡十三姓故日十三處見城垣志知縣林富春修城記民以爲田而官以爲湖大率未必皆田未必皆湖也上下相持告訐盈廷紛紛者三十餘年嘉靖甲寅三十三年知縣徐樾勘之曰除十三處尚足蓄水與其奪民之田以爲湖孰與以湖爲田乎民賴以安未幾有議聽民佃湖爲田以其値造城而十三處復在佃賣之中民又譁然曰田則佃矣吾糧焉往縣因爲丈量概縣田土曰爾縱有糧患無往乎民不得已聽之而價値又或不能盡當懊小因之投獻豪右案豪右指當時大學士餘

姚呂本也見壇廟志呂本梁公生祠碑記纘亭先生未便指斥其名故諱言之耳始多事矣後又逢豪右意每畝賦米一升而不役得田皆視爲世業築塘圩蛛網其中悉成膏腴時或淫潦水無所洩近湖良田反憂魚鼈其甚則泌亦不能自保而又議編他都民爲圖里不知何說○隆慶駱志

黃鐘泌湖議諸暨之湖七十有二諸湖丈量陞課供辦糧差惟此湖自宋元以來及我國家相沿爲湖而不以爲田者此必有說某嘗相度其地審視水勢諏諮羣議則此湖斷然爲湖而不可以爲田也何則縣東之水發會稽山陰諸界無慮千餘條皆注此湖而浣江發源義浦分派東西兩江而又會流於三江口三江水道狹小旱乾之時兩江之水由三江紆徐順流入於錢塘若有霖雨崇朝則兩江之水暴漲壅淤於三江而其水反從東南逆注於此湖則此湖誠爲衆水聚蓄囊貯之所若據以爲田則必有壅塞懷襄之患而暨之爲縣大受其害矣歷代以來中更老成定慮者不知凡幾卒棄膏腴以爲官湖而不以爲田者非其見事之晚利害較然有所不可也

光緒間王姓樓姓倡議合築西泌湖埂規私利而闔邑之水患益亟新纂

古隄塘

湖塘在縣東二里唐天寶中縣令郭密之築周二十里溉田二十餘頃浙江通志　今廢案此樓志之所引者也樓志又於名宦志郭密之傳引萬歷府志云築放生湖溉田二千餘頃則湖塘即放生湖惟二十二千當有一誤又於古蹟鑑山亭下亦引萬歷府志云在縣東二里放生湖中說與通志亦合則湖塘之即放生湖可無疑矣而山川志引隆慶駱志云放生湖在陶朱鄉縣西南五里則未免歧出惟乾隆府志山川志所引嘉泰會稽志其說即駱志之所本而加一古字曰古放生湖又引舊經云唐大歷中使程賓往諸道放生遂以此湖放生禁採捕乃并蒲陽江等凡五所俱置後改置於縣東二里爲今放生池乃知天寶時在縣西南大歷後移至縣東耳在縣西南者已無可考在縣東者據呂祖謙入越錄出縣東門五里放生橋則其湖當在今五里亭與落馬橋相近惜遺阯湮而利無矣

家公隄在長官橋邊宋湻祐中縣令家坤翁築萬歷府志○案此隄遺蹟無考而利亦無矣惟長官橋即落馬橋橋在此隄亦在此想所以障嵩山溪者當在今江東阪中互詳山水志

附新江案新江本非縣境以有關合縣水利故附錄之

宋乾道八年諸暨水泛溢詔開紀家匯浚新江以殺水勢案浚新江即開紀家匯實只一事據下文蕭令所爭若分作兩事者何也蕭山令張暉以地形水勢列疏

上之謂諸暨地高而蕭山地低山陰則沿江皆山故疏小江可導諸暨之水欲浚新江其底石堅不可鑿若開紀家匯則水徑衝蕭山桃源苧蘿許賢新義來蘇崇化昭明等七鄉田廬俱成巨浸時安撫丞相蔣公案名芾時爲浙東提刑主諸暨之請睥力爭有頭可斷匯不可開之言議遂寢萬歷府志○案此條欲開紀家匯而不得者也

諸暨浣江地勢犬牙水至此盤渦不瀉上流潰溢知縣劉光復欲直其江以地屬蕭山率民夫數百人一夕開通謂之新江水患大減浙江通志○案此條開蔣村匯非開紀家匯也與上條實屬兩地

通志所載似新江爲劉光復所開在明萬歷時然乾道八年之詔則從前之有江而不浚可知蓋此江利於暨而不利於蕭宜蕭人之力阻也乾隆府志○案此合上兩條爲一地大誤

案劉公所開之新江在蔣村匯今其地兩岸俱名新江口距兔石頭三里而近乾隆府志載此江於蕭山水利志中誤已

并云從前有江而不浚又云此江利於暨而不利於蕭此皆想像臆度之詞初不知江之在何處也考浣江出兔石頭卽爲山陰蕭山二縣地自兔石頭至臨浦此二十里間兩縣分境以一江爲界江東屬山陰江西屬蕭山紀家匯山陰地也在臨浦之上江流舊道繞過此匯漸東折而入麻溪萬歷府志謂錢清之上游斯言近之匯者回也水去而復回也蓋水本北流至此忽斜趨而東復自東環繞而西曲折回漩水勢迂緩迫江流日逼而東則東岸愈剝西岸愈漲匯灘愈廣而水行亦復愈迂久且失其故道今日紀家匯在江之西岸則水道之變從可知不然山陰之地何獨此一村而孤截江西耶開新江者欲開其匯地而直之耳繞行五里許徑行不及一里直其流則水行較速上游鮮壅滯之患於暨不無小利於蕭實無大害蕭令張暉所爭者寶非盡然其所謂山陰沿江皆山者指麻溪至錢清而言所謂小江者卽西小江俱非紀家匯也至謂江底堅不可鑿尤屬誣妄泥淤沙積之匯地有何石骨乎劉公所開之蔣村匯尙在紀家匯五里之上而所以得開者紀家匯所在之江西蕭山轄也蔣村匯匯在江東山陰轄也蕭與暨爭而山不爲暨難也劉公先買山陰鮑田方鄭各姓之田爲江基然後從事開浚初非豪取勢奪其一夕開通者蓋深以蕭人之前事爲鑒有心人不可無此過慮也等匯耳蔣村匯既開蕭山桃源鄉田之在下游者並不卽成巨浸則開紀家匯於蕭有何害哉此可見張令之言爲不然也且劉公所開者不止此匯也其在本縣境內者下東江則有顧家匯下西江則有源潭匯黃沙匯皆以水道迂曲開

而直之俾之徑行亦未聞下游之湖受其害也今日者紀家匯不必言矣浣江淤塞不能容水謀水利者輒爲浚江之議其實浚江一舉可坐言未易起行惟上游匯灘愈多水道迂滯愈甚若各匯開而直之俾水流稍速於水利不無小補於事亦尙易爲功劉公之已事可師也爰附此江於卷末證明其地辨明其事并訂正乾隆府志之訛關心民瘼者庶幾一

爲劉
覽焉

諸暨縣志卷十三終

嘉泰會稽志

卷十三

諸暨縣志卷十四

學校志

先聖先師之奠記於禮經至唐貞觀四年始詔天下州縣立孔子廟邑之學宮前志託始於唐得無是歟至於書院之設猶宋石鼓嶽麓之遺社學義學之立亦猶古家塾黨庠之意焉規制之詳土田之錫比而志之亦以見有司之先後經營者舊之踵事增益其所以維持聖教培育人材者無微不至也

學宮

學宮唐初在縣西天寶中縣令郭密之遷於長山之下唐末學廢唯孔子廟存晉天福五年縣令趙諟（職官表作褆）移於縣東一里宋景祐四年縣令（舊志作尉今改從山水志以歸一律）劉述重建慶歷四年縣令寇仲溫（祠祀志作仲舍）因增拓之（嘉泰會稽志）湻熙六年縣令李文鑄以有水

患乃遷於縣西百步即今址。提刑王厚之又以緡錢易民居廣之跨湖築隄作橋達於官道萬歷府志。城中地位唯學得其正石山蹲其後湖水環其前隆慶駱志。元成宗元貞間知州馮翼建有師善堂先賢祠朱文公祠又建居仁由義達道進德育英養蒙六齋東廡有文成祠舊志。久漸蠹腐至正十五年達嚕噶齊伯不花勸捐修葺據誠意伯文集補。劉基爲記：學校以教民明人倫見於書傳肇自師聖人人倫之至也自太皞迄於孔子聖人迭出莫不以道德被於民物垂於後世孔子既出而天下翕然師孔子自漢以來釋奠先師皆於孔子至唐太宗遂詔州縣學悉立孔子廟至今因之無有間議先孔子者得志行乎當時後世不獲見聞其言行之詳也而欲學焉何從而入哉孔子獨無位於時而以淑其弟子故論學至孔子而始備微孔子師不知所以教弟子不知所以學往古之言行無所折衷而人不知軌範故至孔子而後大中之論定亙古今彌天地不可易也是故宰我子貢有若孔子之弟子也其論孔子或曰賢於堯舜或曰自生民以來未之有也而後世不以之爲黨子思孔子之孫也其論孔子則曰譬如天地之無不覆燾無不持載而後世不以之爲私國家仍先代舊制凡天下郡縣莫不有學學皆有孔子廟立官設教以作成賢能至今且百載承平既久天下忘危於是盜賊竊發而有事於師旅爲郡縣者往往以戎事供給告疲且怠故學校多不舉奉議大夫伯不花侯來監紹興之諸暨州即注意治學事而州學不修久墁瓦剥落梁木蠹腐且陊且壓侯大以爲憂亟謀新之會同知張君守正州官許君汝霖吕君誠俱以進士受命來佐是州侯大喜曰吾事成矣乃與其知州元侯思中同知張君友仁及山長包君瑛咸會於治事之堂集吏民勸儒戶之有田而羨於財者俾以力高下供役衆皆願聽命乃擇木伐石命之日必鞏必完自殿堂以及廊廡齋居靈星之門先賢之祠一罔不畢葺於是廟益邃以清學益隆以嚴弦誦藹然士氣爲之一新經始於至正十五年五月告完於是年七月乃以其事請記於劉基昔者冉有問於夫子曰既庶矣又何加焉曰富之既富矣又何加焉曰教之國家自混一以來以仁澤施於民涵濡養育蕃衍滋息可謂庶且富矣今乃至相率而爲盜庸非典教者失其職耶夫民之所以敢犯法者以其不知人倫也聖人之教行則人倫明矣人倫既明則爲民者莫不知愛其親而不敢爲不義以自累爲士者莫不知敬其君而不敢自私以償國事盜賊何由而生亦何由而滋蔓哉諸君子可謂能知治道之本矣可無述乎於是乎爲之記元末燬於兵明洪武初知縣田賦重建尋圮永樂中縣丞朱庸教諭羅伯初以民間房舍舊材修葺尋又圮舊志成化四年知縣曹銓重修大學士淳安商輅爲記碑載金石志尋又圮

宏治十六年知縣潘珍重建提學副使上虞潘府爲記碑載金石志

嘉靖元年壬午樓守道捐五千金購地拓址重葺之據會稽范子美文集補互詳人物志本傳二十二年知縣徐履祥重修餘姚錢德洪爲記碑載金石志

二十八年戟門圮知縣王陳策重修無錫俞憲爲記碑載金石志

隆慶初知縣梁子琦復修之亦錢德洪爲之記碑載金石志萬歷閒

廟堂廊廡盡圮浙江通志十一年知縣謝與思重修據明倫堂碑記補自爲

文記之記係徐渭代作碑載金石志二十二年知縣尹從淑再建邑人駱問

禮爲記碑載金石志後又圮四十四年樓守道子監生成櫝重建浙江通志捐資數千緡獨任其工章志互詳人物志樓守道傳謹案樓志謂基址亦係成櫝價買民產出捐文契尚存其家蓋卽樓守道之所購者

國朝康熙十三年山寇竊發殿宇燬壞二十五年教諭嚴曾榮訓

導張暉同生員蔡廣生勸募重建先師殿啟聖祠及兩廡先賢

祠戟門欞星門名宦鄉賢土地等祠并明倫堂尊經閣庫房膳堂費千餘金三年落成章志

郡守李鐸爲記縣治之西學宮設焉我皇上御極之十有三年逆藩蠢動閩寇繹騷沿流及暨邑之士女流離奔竄茲誦之地鞠爲茂草邇者聖天子雅意右文躬親釋奠本御書萬世師表扁額頒行直省郡縣學宮皆燦然改觀予遴左世籍先大夫總制四省數歷中外政治覃敷每盱衡兩浙風土人文輒神往於會稽秦望間今己巳秋首奉命典領郡事下車之始適敎諭嚴曾榮以學宮工成難幾爲請已而有生員蔡廣生者慷慨仗義不惜己資捐金千餘率作勤事而學宮適於是冬告竣予臨暨登其堂雍然彬雅也瞻其殿巍然峩竦也歷其欞戟陛廡砥平而飛革也廟貌之壯猗與休哉紳衿集聚咸嘖嘖蔡生之功邑宰敎諭實紀其績申嗚學憲蓉湖周公額其廬曰功存黌序爰臚其始末而爲之記時在康熙辛未仲冬之吉

雍正七年殿宇朽壞知縣張長庠重修蔡廣生之孫希賢復與董其事張長庠爲記於越山川甲天下千巖競秀萬壑爭流在暨則漁鱅橫江白陽插漢五洩爭奇於雁蕩九乘竝麗乎天台其開名人輩出慷慨好義者代有其人戊申冬予恭膺簡命承乏於斯謁文廟見棟宇將朽飛翼將頹卽延集紳士捐俸倡率而蔡生希賢慨然爲紳士先捐金六百購木負石紳士亦欣然樂從於是擇良辰鳩工庀材蔡生獨殫其勞夙興夜寐經營督理不數月而殿貌巍峩

牆垣焜燿予聞諸暨學宮自康熙十三年兵燹之後頹廢不堪蔡生嫡祖生員蔡廣生於康熙二十五年重建大成殿及兩廡戟門泮池鄉賢名宦等處費千餘金而規模煥然一新迄今四十餘年裔孫重新之可謂繩其祖武者矣予因喜而爲之記

乾隆二十四年廟廡各祠俱傾衙齋亦圮知縣張端木舉邑紳十二人董捐重建大成殿及東西兩廡先賢祠祭器樂器齋宿等房戟門及名宦鄉賢忠孝忠聖等祠又宮廳省牲所泮池築石橋周以石欄外建欞星門沿湖亦環以石欄建崇聖祠於明倫堂左外闢射圃建土地祠於黌牆之右造教諭署於明倫堂東訓導署於明倫堂西凡內外殿宇堂室門楹悉加丹雘通計費五千二百餘金自是而學宮之制煥然改觀矣樓志張端木爲記諸暨疆域計二百里而縣治適居疆域之中學宮又居縣城之中陰陽家俱言學宮據形勢之勝長山繚繞其右浣水蜿蜒其左山峻水駛其士子多闊達而尚義慷慨而矜名固其天性然也丙子冬余自婺邑調任諸暨始至奠謁　文廟殿廡傾頹蓬蒿薇徑愁然憂之未幾學博陳公球至棲息無所告余曰是曷可弗修予曰固宜亟修然修之難其資尤難其襄事之人

遲回久之乃與陳公謀於紳士中擇十有二人再四延請羣集署舍籌畫興復諸君子咸願董理其役予爲請於中丞御史臺得報可邑士大夫聞風者捐施雲集爰鳩工庀材筮日興作修大成殿易柱以石移崇聖祠於殿後重葺明倫堂建兩學署於左右鄉賢名宦等祠悉撤而新之棟宇榱桷之壯刻斲丹雘之麗視舊加倍蓰焉經始於己卯八月既而陳公以憂去張公松王公榮絃同時秉鐸相與督率閱二年餘而落成紳士十二人者章廷標趙崇禮郭炤郭文煒程位袁翼張長祚酈欣袁南齡酈毓珣袁浚趙全智記其事者邑令張端木也同治元年粵寇之亂燬壞過半兼之頻年水災牆垣亦傾光緒八年附貢生孫篤祜創議修建鳩工於光緒十一年落成於十四年自大成殿及兩廡先賢祠左右祭器樂器齋宿等房戟門及左右名宦鄉賢忠孝等祠增高基址悉甃以石又建土地祠忠聖祠及省牲所於黌牆之右建石表二座於黌牆之外又追出黌牆外西甬道之被占者共費錢一萬三千九百餘千彤彩煥發榜聯一新高敞鞏固較勝前制知縣胡永焯記其事襄事諸人鐫名於後

新建

大成殿五楹南嚮階下爲墀前爲甬道又前爲戟門三間外爲泮池駕以石橋池外爲櫺星門門外左右建石表二座外爲學湖亦名芹湖湖外爲屏牆殿中奉

至聖先師孔子之位正中南嚮

旁列四配

復聖顏子唐貞觀二年配饗

宗聖曾子唐開元八年從祀宋咸淳三年配饗竝西嚮

述聖子思子宋大觀二年從祀端平三年升列哲位咸淳三年配饗

亞聖孟子宋元豐七年配饗竝東嚮

少次列十二哲

先賢閔子損

先賢冉子耕

先賢冉子雍

先賢宰子予

先賢端木子賜

先賢冉子求　俱唐開元八年從祀　竝西嚮

先賢仲子由

先賢言子偃

先賢卜子商　俱唐開元八年從祀

先賢顓孫子師　唐開元時從祀廡廂宋咸淳三年升位

先賢有子若　唐開元時從祀廡廂　國朝乾隆三年升位

先賢朱子熹　宋淳祐元年從祀廡廂　國朝康熙五十一年升位　竝東嚮

東廡五楹祀

先賢公孫子僑七年從祀國朝咸豐 林子放唐開元二十七年從祀明嘉靖九年改鄉祀國朝雍正二年復 原子憲 南公子适 商子瞿 漆雕子開 司馬子耕 梁子鱣 冉子孺 伯子虔 冉子季 漆雕子徒父 漆雕子哆 公西子赤 任子不齊 公良子孺 公肩子定 鄔子單 罕父子黑 榮子旂一作期 左人子郢 鄭子國 原子亢 廉子潔 叔仲子會 公西子輿如 邽子巽 陳子亢 琴子張 步叔子乘 秦子非 顏子噲俱唐開元二十七年從祀 顏子何俱唐從祀明罷國朝雍正二年復 縣子亶 牧子皮 樂正子克 萬子章國朝雍正二年從祀 周子敦頤 程子顥俱宋淳祐元年從祀 邵子雍宋咸淳三年從祀

先儒公羊子高 伏子勝俱唐貞觀二十一年從祀 毛子亨國朝同治二年從祀 孔子安國唐貞觀二十一年從祀 后子蒼明嘉靖九年從祀 許子慎國朝光緒元年從祀 鄭子康成 范子甯俱唐貞觀二十一年從祀明改國朝雍正二年復 陸子贄國朝道光六年從祀

范子仲淹國朝康熙五十四年從祀　歐陽子修明嘉靖九年從祀　司馬子光宋咸淳三年從祀　謝子良佐國朝道光二十九年從祀　呂子大臨國朝光緒口年從祀　羅子從彥明萬曆四十二年從祀　李子綱國朝咸豐元年從祀　張子栻宋景定二年從祀　陸子九淵明嘉靖九年從祀　陳子淳國朝雍正二年從祀　眞子德秀明正統二年從祀　何子基國朝雍正二年從祀　文子天祥國朝道光二十三年從祀　趙子復　金子履祥　陳子澔俱國朝雍正二年從祀　方子孝孺國朝同治二年從祀　薛子瑄明隆慶五年從祀　胡子居仁明萬曆十二年從祀　羅子欽順國朝雍正二年從祀　呂子柟國朝同治二年從祀　劉子宗周國朝道光二年從祀　孫子奇逢國朝道光八年從祀　張子履祥國朝同治九年從祀　陸子隴其國朝雍正二年從祀　張子伯行國朝光緒四年從祀　竝西嚮

西廡五楹祀

先賢蘧子瑗唐開元二十七年從祀明嘉靖九年改鄉祀　國朝雍正三年復　澹臺子滅明　宓

子不齊　公冶子長　公晳子哀　高子柴　樊子須　商子
澤　巫馬子施　顏子辛　曹子卹　公孫子龍　秦子商
顏子高　壤駟子赤　石作子蜀　公夏子首　后子處　奚
容子蒧　顏子祖　句井子疆　秦子祖　縣子成　公祖子
句茲　燕子伋　樂子欬　狄子黑　孔子忠　公西子蒧
顏子之儀一作僕　施子之常　申子棖俱唐開元二十七年從祀　左邱子明唐貞
觀二十一年從祀　秦子冉唐從祀明罷　國朝雍正二年復　公明子儀國朝咸豐三年從祀　公
都子　公孫子丑俱國朝雍正二年從祀　張子載　程子頤俱宋淳祐元年從祀
先儒穀梁子赤　高堂子生俱唐貞觀二十一年從祀　董子仲舒元至順元年從祀　劉
子德國朝光緒三年從祀　毛子萇　杜子子春俱唐貞觀二十一年從祀　諸葛子亮
國朝雍正二年從祀　王子通明嘉靖九年從祀　韓子愈宋元豐七年從祀　胡子瑗明嘉靖九
年從祀　韓子琦國朝咸豐二年從祀　楊子時明宏治八年從祀　尹子焞國朝雍正二年從

祀游子酢　胡子安國俱明正統二年從祀李子侗明萬歷四十二年從祀呂子祖謙宋景定二年從祀袁子燮國朝同治七年從祀黃子榦國朝雍正二年從祀輔子廣國朝光緒五年從祀蔡子沈明正統二年從祀魏子了翁　王子柏俱國朝雍正二年從祀陸子秀夫國朝咸豐九年從祀許子衡元皇慶二年從祀吳子澄明正統八年從祀嘉靖九年罷國朝乾隆二年復許子謙國朝雍正二年從祀曹子端國朝咸豐十年從祀陳子獻章明萬歷十二年從祀蔡子清國朝雍正二年從祀王子守仁明萬歷十二年從祀呂子坤國朝道光六年從祀黃子道周國朝道光三年從祀陸子世儀國朝同治十三年從祀湯子斌國朝道光三年從祀竝東嚮

祭器房三楹居東廡之北西嚮舊藏祭器登一箇錫鉶二十四箇錫雲雷鐏一箇錫壺鐏五箇并杓酒鐏一箇磁盃一百二十三隻磁籩八十四箇錫豆八十四箇錫簠十六箇錫簋十六箇錫爵三十四隻銅牲俎三架牲盤二十二箇祝文版二座帛篚八箇木花瓶一箇磁香爐十二箇錫燭臺十二對錫粤寇之亂盡燬今

未備

樂器房三楹居西廡之北東嚮舊藏樂器琴四張并架瑟四張并架簫四枝并挂鬚笛四枝并挂鬚鳳簫二挂笙四攢并挂鬚篪二枝并挂鬚壎二箇并匣柷一座并木槌敔一座并竹帚紅座編鐘一十六口并架挂鬚木槌編磬一十六塊并架挂鬚木槌搏拊二面并架穿心大楹鼓一面并鼓架鼓衣挂鬚干二面節二枝并朱竿紅架舞扞并金龍首雉尾籥二十四副絳綾金龍麾旛一首朱竿紅架粤寇之亂盡毀今未備

齋宿房左右各三楹在兩廡之南東西相嚮

名宦祠三楹在戟門左南嚮祀

越上大夫少伯范公蠡

漢諸暨縣令伯仁張公敦

吳左丞相諸暨縣長敬風陸公凱

唐諸暨縣令郭公密之

宋尚書司封員外郎諸暨縣令元珍丁公寶臣
宋諸暨縣令錢公厚之
宋起居郎兼直學士院諸暨縣令子復熊公克
宋諸暨縣令汝光劉公炳
宋諸暨縣令晦之劉公伯曉
宋諸暨縣令家公坤翁
元都水營田司諸暨州知州君輔馮公翼
元湖廣宣慰使諸暨州知州有卿于公九思
元諸暨州知州吉甫單公慶
元浙江儒學提舉諸暨州判官自牧柯公謙
元中奉大夫侍講學士知制誥諸暨州判官謚文獻晉卿黄公溍
元甯國路教授諸暨州學正觀光俞公長孺

明諸全州知州棟德欒公鳳

明諸暨縣知縣立夫田公賦

明諸暨縣知縣張公眞

明諸暨縣知縣熊公禮

明諸暨縣知縣通夫吳公亨

明諸暨縣知縣許公璽

明諸暨縣知縣大器張公鉞

明諸暨縣知縣時泰單公宇

明贈右都御史兵部左侍郎諸暨縣知縣玉卿潘公珍

明禮部左侍郎諸暨縣知縣子禮朱公廷立

明諸暨縣知縣乾所時公偕行

明諸暨縣知縣又方尹公從淑

明贈翰林院左春坊左中允諸暨縣知縣毅軒陳公允堅
明贈太常寺卿掌河南道監察御史諸暨縣知縣貞一劉公光復
明諸暨縣主簿魏公忠
明諸暨縣主簿史公子疇
明諸暨縣儒學教諭袁公時億
明諸暨縣儒學訓導恆齋李公永
明監察御史諸暨縣儒學教諭宗堯甯公慶
皇清諸暨縣知縣毛公上習
皇清諸暨縣知縣朱公之釗已上三十七人俱據樓志
鄉賢祠三楹在戟門右南嚮祀
宋贈天水郡顯親左尉賈公恩
唐旌孝子堯叟張公萬和

宋八行上舍生適道張公堅

宋贈金紫光祿大夫太師文安縣開國男徽猷閣待制權戶部侍郎廷輝姚公舜明

宋贈衛尉少卿仲驤黃公振

宋贈朝請大夫開府儀同三司巨濟黃公汝楫

宋崇安縣令必先黃公開

宋中順大夫衡州知州剛夫王公琰

宋祕書郎直顯謨閣順伯王公厚之

宋旌孝子中理楊公文修

宋贈吳越路相司法參軍子欽楊公欽

宋封中山王靖江軍節度使楊公賢

宋旌義士吉甫朱公光

宋贈迪功郎仕龍何公雲
宋中順大夫德安府知府方中張公定
宋諸暨縣學正惟乾酈公元亨
元淮東道宣慰副使止善王公艮
元旌表孝子丁公祥一
元江西路儒學提舉廉夫楊公維楨
元松江路儒學教授師善胡公存道
元處士元章王公冕
元碧崖先生一飛吳公雄
元進書科舉人仲雲俞公漢
元瑞安州學正以道陳公志甯
元旌義士以高陳公嵩之

元旌義士筠西吳公宗元

元旌義士子兼方公鎰

元贈山陰縣子紹興路總管兼治中方公鐵

明翰林院典籍監察御史元輔黄公鄰

明贈刑部員外郎晉叔王公允升

明荆州府同知前本縣儒學訓導敏夫郭公日孜

明政和縣典史伯載郭公斯垕

明布衣溪園先生則民駱公象賢

明大理寺少卿升章吕公升

明翰林院修撰江西提學僉事孟堅王公鋋

明旌孝子以行趙公紳

明沛縣知縣履吉馮公謙

明崖州知州轉道州知州廷振徐公琦

明工部主事繼宗孫公逑可

明南雄府同知廷獻陳公翰英

明澧州知州敬之鄭公欽

明南京刑部尚書謚榮靖德宏翁公溥

明湖廣按察司副使子本駱公問禮

明廣東布政使司左布政使還沖陳公性學

明旌孝子叔達陳公于朝已上四十五人俱據樓志

明積分貢生翰林院待詔魯王時授監察御史章侯陳公洪綬據府志及全謝山文集

明左軍都督協鎮浙江開遠伯南柱吳公凱乾隆五十七年奉旨入祠

皇清贈按察司僉事永州府通判叔典酈公允昌

皇清贈副將湖廣掌印都司　卹子雲騎尉元儒宣公德仁

皇清贈刑部尚書河南道監察御史巡鹽長蘆仲紳余公縉

皇清旌表孝子庠生宗寶趙公璧

皇清贈山東兖沂河道副貢生魯嶧楊公學泗

皇清旌表孝子趙公氏璧

皇清旌表孝子樓公墨林

皇清旌表孝子樓公永叔

皇清旌表義士州同知銜聖臣郭公元宰　已上九人俱據樓志

皇清衢州府江山縣儒學訓導東軒蔡公英　嘉慶二十二年題准入祠

忠孝祠三楹在鄉賢祠右南嚮祀

宋贈天水郡顯親縣左尉孝子賈公恩

唐旌孝子蕘叟張公萬和

元旌孝子丁公祥一

明旌孝子以行趙公紳

明旌孝子叔達陳公于朝

明庠生中黃傅公日烱已上六人俱據樓志

明中府左都督挂淮海將軍印永豐伯　國朝賜謚烈愍搏九張

公鵬翼乾隆四十一年奉旨入祀

明都指揮僉事耀羽張公鵬飛同上

明都指揮僉事君石張公季熊同上

明巡撫河南監察御史大理寺少卿　國朝賜謚忠節元倩陳公

潛夫同上

明廣東新會縣丞署知縣周公于德據廣東省志

皇清旌表孝子陳公巧官光緒二十三年題准入祠

皇清贈按察司僉事永州府通判叔典酈公允昌

皇清贈副將湖廣掌印都司　卹予雲騎尉元儒宣公德仁

皇清旌表孝子庠生宗寶趙公璧

皇清旌表孝子陳公昇

皇清旌表孝子趙公氏璧

皇清旌表孝子樓公墨林

皇清旌表孝子樓公承叔

皇清旌表孝子張公瑞虬已上八人俱據樓志

皇清贈知縣職銜　卹予雲騎尉太學生芝厓壽公同春嘉慶三年題准入祠

皇清雲南提標右營都司　卹予雲騎尉麟碩陳公大定嘉慶八年奉敕入祠

皇清貴州清鎮縣知縣贈道銜　郵子雲騎尉竹坡陳公毓書咸豐辛酉奉敕入祠

忠聖祠三楹在黌牆外西甬道之西東嚮祀

元松江路儒學教授師善胡公存道

明諸暨縣儒學教諭耿公文高

官廳三楹在名宦祠東南嚮

省牲所三楹在忠孝祠南北嚮

土地祠三楹又門三楹在省牲所南南嚮

崇聖祠明嘉靖九年奉詔建初名啟聖祠專祀叔梁公舊在西廡

後萬歷二十二年知縣尹從淑移建於明倫堂東

國朝雍正元年　詔合祀五代更名崇聖祠乾隆二十四年知縣

張端木復改建於教諭署東同治元年粵寇之亂燬光緒十一

年孫篤祜即舊址重建正殿三楹前軒三楹並南嚮祀

肇聖王木金父位正中南嚮國朝雍正元年追封崇祀

裕聖王祈父位居左南嚮國朝雍正元年追封崇祀

詒聖王防叔位居右南嚮國朝雍正元年追封崇祀

昌聖王伯夏位次左南嚮國朝雍正元年追封崇祀

啟聖王叔梁紇位次右南嚮明嘉靖九年崇祀國朝雍正元年追封

配饗

先賢孔氏孟皮位東嚮西國朝咸豐七年配饗

先賢顏氏無繇位東嚮西明嘉靖九年配饗

先賢孔氏伯魚位東嚮西明嘉靖九年配饗

先賢曾氏點位西嚮東明嘉靖九年配饗

先賢孟孫氏激位西嚮東明嘉靖九年配饗

從祀

先儒周子輔成位東嚮西明萬歷二十三年從祀

先儒程子珦位東嚮西明嘉靖九年從祀

先儒蔡子元定位東嚮西明嘉靖九年從祀

先儒張子迪位西嚮東國朝雍正元年從祀

先儒朱子松位西嚮東明嘉靖九年從祀

明倫堂三楹在大成殿後南嚮明崇禎五年知縣張夬重建餘姚姜逢元爲記碑載金石志

國朝康熙二十五年知縣吳龍震教諭嚴曾榮訓導張暉同生員蔡廣生重建乾隆二十八年知縣黃汝亮修葺庫房一楹在明倫堂左膳堂一楹在明倫堂右

尊經閣三開二層在明倫堂後明成化五年知縣曹銓建永新劉

定之爲記碑載金石志後圮

國朝乾隆五年知縣沈朱霞同職監陳紹聖等捐募重建沈朱霞爲記夫六經者聖人所以見天地之心立天地之極以垂法於天下後世而爲載道之器也國家建立學校萃俊髦之士於俾究心於經術陶氣質而砥廉隅欲其窮理盡性因之以成天下之治學之有尊經閣正以尊聖人之經而尊閣之也己未夏攝篆暨土首謁文廟見陶峯聳翠於右湖光瀲映於前肅容入欽瞻而樹者檽星門也軒昂而臨者大成殿也至若崇聖宮明倫堂兩廡兩祠俱各完繕喬皇典麗心竊喜之不逾旬會聖天子頒發十三經二十一史分貯各學同寅友率諸生迎送贒序瞻顧斯閣闕焉未備閣在明倫堂後爲司訓署歲久傾圮不堪敬儲歟焉念之因商諸紳士且進高貲者勸之有職監陳紹聖幹進慕義慨然任新遂申上署捐薄俸并糾生監酈穎燧陳種義郭開勷金其灝等爲董事同赴村落勷勷愬愬悉心勸勉捐百金翼之刻日鳩工凡木石材料水運陸馳不耗不浮構堂五開重簷疏欞榱增二尋高三十餘尺於是圮者堅傾者葺樸者文黝堊而丹艧之尊經之閣淵淵乎其邃如矣始己未之季冬閱庚申夏落成夫聖教至今日誕敷海內已極雲霞蒸蔚之至更被　聖天子之德化類能尊經崇聖闡性命之闈奧發經義之精蘊則增光俎豆振釆庭廡誠體尊經之實庶不負重輝經閣之意也勒貞珉而爲之序

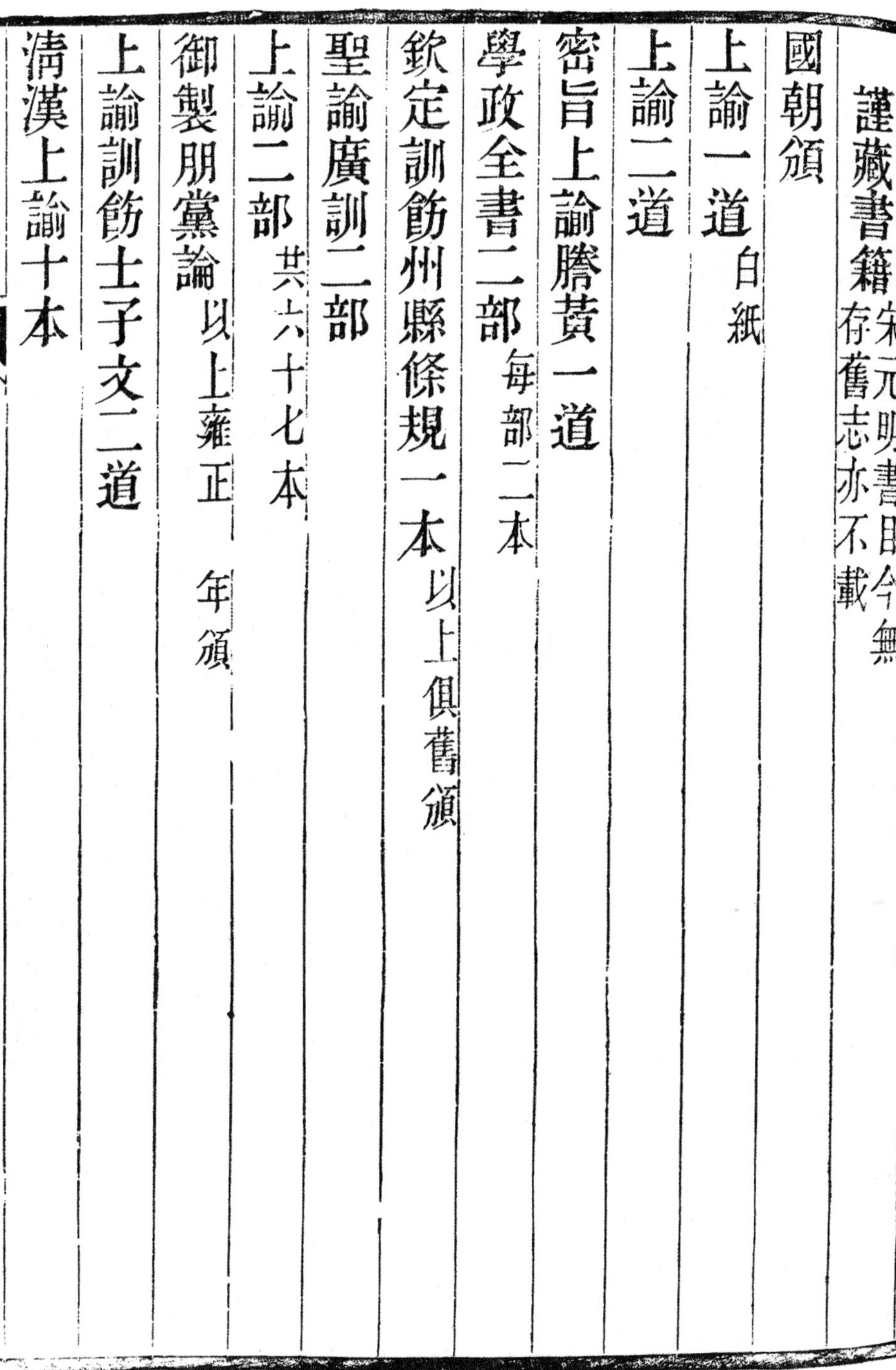

謹藏書籍宋元明書目今無存舊志亦不載

國朝頒

上諭一道白紙

上諭二道

密旨上諭謄黄一道

學政全書二部每部二本

欽定訓飭州縣條規一本以上俱舊頒

聖諭廣訓二部

上諭二部共六十七本

御製朋黨論以上雍正　年頒

上諭訓飭士子文二道

淸漢上諭十本

御製平定準噶爾碑摩文一道乾隆二十四年頒
御製平定回部碑摩文一道乾隆三十年頒
御製平定金川碑摩文一道
御製平定金川碑滿漢摩文各一道
御製平定青海碑摩文二道
臨雍御論二篇
御製詩文初集二集一部共五十四本
御製樂善堂全集一部十八本
御製詩三集一部
御製盛京賦一本
御製三省平定紀略一本
聖諭廣訓衍一部三本

十三經注疏一部 共十二函一百二十本

御纂周易折中二部 每部十二本

御纂尚書傳説彙纂二部 每部十六本

御纂詩經傳説彙纂二部 每部二十四本

御纂春秋傳説彙纂二部 每部二十四本 以上四書乾隆五年頒

御纂禮記義疏一部 四十八本

御纂儀禮義疏一部 四十本

御纂周官義疏一部 三十二本

周易述義一部 四本

詩義折中一部 八本

春秋直解一部 八本 以上三書乾隆三十年頒

駁呂留良四書講義一部 十本

佩文堂詩韻一部

二十一史一部共三十函二百九十二本

宏簡錄一部八十本

明史一部一百十二本

西魏書一部六本

御纂通鑑綱目二部

御譔資治通鑑綱目三編一部四本

大清律集解一部十二本

大清律會典儀注一部

大清律例一部二十本

學政全書二部每部十二本

吏部處分則例一部二十一本

勝朝殉節諸臣錄一部

大清通禮一部八本

御纂中樞政考八音則例一部廿六二十本

吏部則例一部十二本

禮部則例一部十二本

治浙成規一部八本以上二書道光四年頒

禮樂祭器圖考一本

文廟樂譜一部

學宮聖典訓士揩帖二本

學宮儀物撮要一本

經略儀注一本

科場條例一部二十本

減平章程冊一本

嚴禁鴉片章程一本

兩浙防護錄一本

性理精義二部 每部五本

朱子全書八部 七部三十二本 一部二十四本

欽定四書文一部

以上各書同治元年寇燬無存

十三經古注一部 四十八本 同治六年頒

鮑刻六經一部 四十本

御纂周易折中一部 十本

御纂尚書傳說彙纂一部 十二本

御纂詩經傳說彙纂一部 十六本

御纂春秋傳説彙纂一部以上五書俱同治七年頒

御纂禮記義疏一部

御纂儀禮義疏一部

御纂周官義疏一部

御批通鑑輯覽一部

三魚堂文集并陸清獻遺集全部共七本以上五書同治九年頒

射圃舊在尊經閣後中有毓秀亭後廢亭亦圮明嘉靖二十一年知縣徐履祥復之牓其門曰觀德國朝乾隆二十四年知縣張端木徙於崇聖祠西光緒十一年孫篤祜重葺之

教諭署舊在尊經閣左後圮乾隆二十四年知縣張端木重建於明倫堂東凡一十九楹樓志

訓導署舊有二一在育英齋後一在登俊齋後謹案前明有左右訓導故署有二國朝康熙四年鈌裁後圮乾隆二十四年知縣張端木徙建於明倫堂西凡一十五楹樓志

御製亭在尊經閣前右明隆慶間知縣夏念東建後圮萬歷間教諭龍奮河以聖諭不宜偏立邑人蔡子智改建於尊經閣前中隆慶駱志今廢

育英齋三楹在明倫堂東廂隆慶駱志今圮

登俊齋三楹在明倫堂東廂隆慶駱志今圮

敬一亭明嘉靖二十一年知縣徐履祥建中竪世宗御製敬一箴碑天下學校奉行一律見陳繼儒見聞錄亭前有沼周以曲闌見錢德洪重修學宮碑記今廢已久莫詳其處

昌黎伯祠在文廟右

學湖

學湖卽城內五湖之一湖水舊與他湖通明嘉靖二十一年知縣徐履祥於西南隅築隄以界之周以石欄圓曲如半璧亦稱芹湖履祥自撰記記文佚其略見乾隆四十六年邑人余炳重疏學湖記中後圮隆慶閒知縣夏念東復築之敎諭陳源記諸暨學宮西南皆水也今令夏侯涖學周視垣宇內外顧而歎曰非制也天子之學曰辟廱以水旋繞如璧也諸侯之學曰泮宮以水半於辟廱也今學宮之水偏帶西南不應古制合築隄以界焉乃屬曾尉尉訪前令徐公舊葺隄於是使人測其底度其廣面高深廣袤凡若干丈土石工價計百金公乃捐俸爲之倡勸民之有力而好義者助之凡三月而工成內水若拱抱宛然泮宮如制矣舊有漁租供兩學輿從之資

國朝順治三年敎諭方杰詳憲裁革禁網罟種荷芰自爲文紀其事後漸淤塞居民占焉乾隆中知縣嵩金蘭拓署旁建望稼樓驅居民於湖東許其塡造於是淤塞愈甚四十六年知縣袁秉

直吳鉞先後捐廉給價飭徙重加疏理始復舊規邑人余炳爲文記之芹湖蓋泮水也故名芹湖前明嘉靖間邑侯徐公始築隄隄成記曰規芹湖千尺以爲泮璧環植佳木門闕亘之復城北故濠百丈導芹湖入浣江規制具備後人遂呼之曰徐公隄後以地當縣會環泮民居稠密日久侵積塡占東西列屋爲廛者十有四茨茅甍瓦差錯靡蕪周環石闌無一賸者泮璧之形殘齧失舊矣近歲邑侯常公復以署旁建閣拓基徙民居於湖東聽其塡造爲屋者九辛丑秋七月署邑侯袁公涖暨右文重士八月季考一時雲集與試者四百餘人邑之士憫學湖之將廢也徐作林等五十餘人請於侯侯以近歲徙者告不在民遂捐俸給價立令拆移冬邑侯吳公至炳與作林等又以東西十四間請允而未果壬寅夏學憲韓城王公臨郡復以其事請王公飭郡尊木公檄縣拆移以屋數易主無從究其始占者各給屋價移費平屋屋十五貫樓屋屋二十貫移費家六貫合二百九十餘貫癸卯五月遂悉徙其居於是出土濬溝建岸豎闌工作具舉岸以粗石砌足累條石三層層厚八寸聯以釘石石長三尺面用蓋石厚四寸博三尺豎石闌石博厚長大稱之泮璧之形圓整如舊南岸爲執笏街乾隆己卯修文廟建平屋五屏焉今仍其舊以少偏於東建小屋左三右五崇其後環整與湖隄準如照壁木石工匠之費均出自邑之好行其德者經始於辛丑十月落成於乙巳十月邑侯蔣公申詳勒石董其事者徐君作林胡君序趙君槃鄭君如蘭樓君濬金君鎡陳君念沖蔣君煥章魏君家駒錢君鶴鳴章君人寅壽君五備趙君

思道酈君應櫄孫君克坊樓君大章蔡君英姚君元昇袁生曰森周君源瀛曹君文潤洪君超陳君紀石君謙陳生宗鑄炳姪大猷男拱辰監工勸輸分任其職炳年衰地隔不克日襄厥事而深羡同學之士好禮崇義能興起於學也觀學中各記六經閣後有所爲射圃者成化閒邑侯曹公重建學宮闢生徒號舍兩廡後各構層樓凡數十閒今皆無復存者因備述之以詒吾學之舊而並幸芹湖之得復其故始事於袁旣事於吳經事後於蔣則是三賢侯之大有造於學者媲美徐曹昔賢勿諼矣

又湮塞嘉慶十九年知縣劉肇紳捐廉爲倡勸募疏濬自爲文記之光緒十九年重加疏濬事詳城垣志

學額

明時生員之數府學四十人州縣以次減十（諸暨學二十八）人師生月廩食米人六斗有司給以魚肉未幾卽命增廣不拘額數宣德中定增廣之額府學四十人州縣以次減十（諸暨學二十八）增廣旣多於是設食廩者謂之廩膳生員增廣者謂之增廣生員及其旣久人才愈多又於額外增取附於諸生之末謂之附學生員凡初入

學者只謂之附學而廩膳增廣以歲科兩試等第高者補充之非廩生久次者不得充歲貢明史選舉志

國朝悉仍明制順治初歲科竝行取額四十名康熙初以科兼歲裁額十五名三年一試七年裁額止取四名十二年歲科復分取額十五名十七年常額考取外開援納例文武童生皆得捐貲入學二十二年停止仍額取十五名二十八年

聖駕南巡廣額大縣考取二十名諸暨爲大縣定爲例恭逢

慶典則

殊恩加額由部議頒行章志雍正四年奉

旨定額諸暨縣學考取二十五名歲科兩試凡五十名廩增額數仍明制不改樓志咸豐七年軍興捐餉部議分別輸數奨予加額諸暨加一名九年又加一名共二十七名同治五年又以捐輸

案加額二名七年閏四月以集團助勦克復縣城奉准加額四名九月以捐輸案又加額三名通共加十一名武生舊額十五名自咸豐興軍以來亦共加九名

學田

舊學田九十三畝五分一釐四毫又山一百畝樓志額徵租銀一十三兩二錢七分四釐內除年給孟貞女宣烈婦宋氏王烈婦蔡氏祭祀銀每名一兩六錢共銀四兩八錢外實解藩庫解送學憲賑給貧生銀八兩四錢七分四釐縣案

修理學宮田　坐附二都調陽騰字等號田一十八畝零康熙中生員蔡廣生捐貲契買充牆垣補葺之費糧存西隅二圖八甲蔡仁戶○樓志

賓興費田　一坐三十一都三十二都浮圖獸畫丙舍傍敵甲帳對楹筵字等號共田一百八十九畝八分八釐康熙間生員趙

光仁捐逢子午卯酉年正科鄉試凡文武生監應試者按名分給子月松等請縣詳憲規制載碑碑在文廟雍正元年立又捐徵租倉房一所在三十二都洋湖陳莊地方亦載碑內

一坐七十二都矜帶脩字等號共田一百畝康熙間候選州同知郭君捐是項田畝粤寇亂後捐裔據爲私產不復歸公故隱其名而不書

一坐十一都蓋敢毀傷纂過改字等號共田一百畝一分九釐六毫嘉慶間監生應榮捐規制與趙捐同詳載碑內碑建文廟嘉慶十八年立知縣劉肇紳爲記又捐徵租倉房一所在十一都應店街亦載碑內糧存十一都應樂義戶

童試卷資田

一坐六十九都泰南莊共田一百二十畝有奇乾隆間鍾添玉捐輸入官交庫收存通詳立案給禮書承辦縣試正覆場試卷邑人馮至爲詠卷價苦詩以紀其事鍾添玉少年亦自甘奴服

性眞特不俗濟水截河僞漾滌誓不取人來濯足願改故步追芳躅文場慨助二千金任請龍文瀉萬斛蘿繫松身百尺上蠅附驥尾千里逐此志可嘉矜此事可節錄猶云不許前愆蓋抑何繩人太刻酷周處折節改舊行未聞見拒於二陸洗心向善卽善機昔者林宗進賁淑不才有忠告告請吾黨容以腹君子成人美乘人新沐浴

一坐正二十四都蔡家畈田一百畝道光二十九年何重九佩九兄弟合捐交肄雅堂董事承辦府試正覆場試卷

一坐附二都玉字二十七都比倪孔字二十九都隨志性虧守字正三十都自廉字等號共田四十三畝九分七釐四毫道光閒壽惟仁捐輸入官交庫收存通詳立案給禮書承辦院試正覆場試卷規制詳碑碑在明倫堂道光二十五年立知府楊鉅源爲記甲辰春余奉　恩命來守越州閱一月校閱郡童子試心喜其人文之盛而美其讀書進取者之多也夫人知讀書則教化興教化興則風俗茂風俗茂則善良益多意其邑必有賢人君子潛移而默導之父詔兄勉故其子弟讀書之衆多至於如此冬十一月學使按臨歲試邑庠生樓堤等應試畢以者民

壽惟仁捐田充納院試卷資前經通詳立案復乞勒石垂久請余文爲記余嘉惟仁樂善之公與樓堤等用心之密也檢閱道光十七年卷蔣大令報祭祀莊耆民壽惟仁親送子弟赴考見寒士納卷維艱因捐田四十五畝零計值一千四百貫充公徵租捐備院考卷資核數足敷支用議規明晰洵足以嘉惠士林昭垂久遠益信邑之人文較盛有由然矣夫人心善否之殊視乎公私而已惟仁因送子弟之試念他人子弟納卷之無資遂割田以備院考之卷是其立心之公好善之誠深有合於古賢人君子之行宜何如其嘉尚邑之應 童試者復何如其忻幸而敎化之興風俗之茂善良之多則固 國家之慶有司之幸也余願邑人士讀聖賢書被善良之澤砥行立名以報 朝廷以光閭里方不虛受人之惠而司其事者無滓冒無隱蝕遵率舊章歷久不廢體惟仁樂善之心而矢以實心是卽善士矣余厚望焉

試院在縣治西舊時縣試卽在治內編列坐號不足則益以兩廊吏舍廨宇渙散關防不嚴乾隆閒曾買西三隅後街蟹眼橋裏姚舍山腳坐寡字民地一處擬改建焉旋以基阯狹隘不果道光閒試童愈多愈不能容乃擇治西公地之向賃民居者顧還工料撤而改建於庫西構正廳七楹南向左右廂房各二楹門

廊三楹立門於正中門以外爲橫道左右各啟一門左通縣署右通丞署道南啟一門與正廳門對構屋三楹亦南向前爲甬道甬道南構閣二層下層三楹上層立奎宿像甬道東構屋十三楹西向是爲東文場十三楹之中楹爲正廳供官用不設坐號案今亦編設坐號中楹前甬道之西啟一圜門門内爲露井露井兩旁南北相向各構屋九楹是爲中文場中文場南向之北北向之南楹如其數而各以中文場之後牆爲照牆露井圜門俱如前式是爲南文場北文場每楹設三几几以石爲蹠每几可編十六號鳩工於十二年七月告成於十五年八月共用銀二萬餘兩城鄉捐集鐫名於碑碑嵌廳壁左副都御史天門蔣祥墀爲記余弟宰暨陽吏治之餘尤留心文教暨邑人材最盛每逢歲科縣試官廨淺窄不足以資關防拔眞士於是議建試院卜地於毓秀書院之左凡所規畫閎敞堅固閱三載而後成遣人走京師囑余爲之記余唯天下事莫爲之前雖美弗彰莫

爲之後雖盛弗傳暨邑自漢朱翁子郝興文教嗣是代有聞人嘉慶戊午余奉 命典試浙江於暨邑得正副榜六人皆一時名士嗚呼何其盛也其前乎此者之淵源有自而後乎此者之蔚起無窮皆於此可知矣今者既有書院以藏修於平日又有試院以鼓舞於臨時後之學者步武前修益自奮勵蓋不唯領鄉薦題雁塔視昔有加而即此比戶絃歌人知禮義鄉鄰風俗之美亦於是焉在

其修理經費則翼聖會後裔捐孫吳二姓捐田以充焉

邑人蔣源鎬爲記

吾邑向無試院童子試於縣者率雜坐縣署廊廡試几則肩負以進咸病之而無以善之也乾隆四十八年邑君子醵錢爲翼聖會倡置試場版几復勸孫吳二姓捐田三十畝零歲收租息陸續添辦交工房收貯旋以餘貲清理學湖濬三思橋下溝道其後人遵辦迄今五十年矣道光壬辰邑尊蔣公倡建試院邑中諸紳士急公輸將成廣廈七十四楹楹設石蹴長几多士便焉癸巳翼聖會後裔即將孫吳捐田歸於試院籌備善後事宜余聞莫爲之前雖美弗彰莫爲之後雖盛弗傳是舉也前君子倡而率之後君子擴而大之洵美且盛矣其彰與傳也宜哉因樂爲善之前君子者徐君作林胡君序趙君槩鄭君如蘭樓君濬金君鐩陳君念沖蔣君煥章錢君鳴鶴魏君家駒壽君五備章君人寅趙君思道酈君應檣孫君克坊樓君大章程君遠蔡君英姚君元升袁君日森余君拱宸陳君鈞曹君文潤洪君超石君謙陳君宗鑄也

先是試院南向鋪前街市房障其前應試者仍由縣治堂下西

向斜趨進廳前橫道東啟之門南折而入文場光緒十口年城紳捐貲購鋪前街市房撤去之乃於奎宿閣下闢龍門而出外爲甬道兩旁構廊舍各五楹甬道南構儀門五楹直達鋪前街

一翼聖會轉捐吳樹本捐坐調字號田共十五畝九分八釐七毫

一翼聖會轉捐孫元音捐坐師字號田共十五畝二分六釐八毫

一坐寡字姚舍山下地六畝　統交毓秀書院董事兼理徵租

修葺

肄雅堂道光二十八年歲貢生徐漸逵等捌議勸捐集資爲公款以三年所入之息足抵兩試束脩之貲議定限數稟縣詳憲立案闔邑田銀並捐徵租送贄辛壬亂後田多荒廢租亦驟減學

額又復增廣經費不敷光緒閒四鄉籌辦續捐始克有濟

一原捐田一千五百九十畝九分五釐二毫

一續捐田六百四十七畝七分九釐九毫

一府城公局在倉橋街西嚮道光二十九年建後爲寢室設捐戸神主其中廳顏曰肄雅堂

一邑城公局在試院西南嚮光緒二十六年建中爲霍公祠祀紹興府知府子方霍公順武以裁革鹵晶陋規佽助局費士民感戴祀之故祠之西廂分設鹵商公局

書院

紫山書院在西門內紫山上明嘉靖十四年紹興府推官陳讓建求放心堂五閒教諭尹一仁有說詳名宦傳作聖堂三閒禮教堂三閒北軒四閒在求放心堂左南軒四閒在求放心堂右上廂房左右各四閒在作聖堂側下廂房左右各二閒在禮教堂後竹

軒二間在上軒廂房前耳房左右各三間門一牆周圍百在禮教堂側門間牆餘丈華表二座外曰養正之學內曰紫石山齋又籍吉祥鐘山二寺入官田一百七十四畝以充養士修葺費役大學士前浙江提學副使徐階爲記碑載金石志後有奸利二十二年知縣徐履祥案明之遂祀陳公讓并教諭尹公一仁於作聖堂初邑有紫陽朱文公祠三十二年知縣徐機嫌其湫隘近市遷祀作聖堂而改祀陳尹二公於求放心堂四十二年教諭林志與二生儒惑形家言謀遷學宮於郭外金雞山下悉鬻院田并舊紫陽祠以充費費盡而學不果遷隆慶初遷學之議復起知縣梁子琦力闢之鼓異說者僅毀求放心堂及南北二軒而止循謹諸生乃建梁公生祠於院側萬歷間知縣尹從淑修紫陽祀事增置兩廡齋房多士始稍集而肄業焉隆慶駱志然祠是修理無費漸就傾圮即梁公祠亦無有存者今紫山

土地祠其遺址也

毓秀書院在學宮左側乾隆二十四年重修學宮事竣董事者議請建立書院知縣張端木詳憲報可遂於二十六年鳩工建正廳三楹南嚮四面軒敞周以迴廊翼以廂房左右各三楹前爲門三楹後鑿方池進此則轉而西嚮建堂三楹顏曰麗澤齋自爲門亦三楹今廢再進後爲廳三楹北嚮今亦改作南嚮顏曰敬業齋左右爲書舍各二楹最後爲樓屋七楹堂居中南嚮顏曰作聖左右廂房各三楹外置竈房窖池計屋凡四十六楹費二千一百餘金城鄉捐集三載落成知縣張端木爲記書院之設與學宮相表裏者也有宋鵞湖鹿洞尚矣前明首善東林揩紳先生每嘖嘖道之　國朝崇尚文教加意各省書院頻年以來自通都大郡下至荒州僻邑各以書院義學爲首務猗與盛矣余莅暨之三年旣集紳士章君廷標等十有二人囑修學宮工將竣諸紳士曰諸邑幅隕廣闊家勤誦讀苟無義學何以示勸余曰令責也令實有心顧貲不能給奈何諸紳士曰願捐助不繼某等不惜出已財佐之

余乃相度學宮隙地繪圖以勘其成既而工雲匠雨百堵皆作建巍樓五楹爲藏書及山長棲息地其前爲講堂又前爲朔望會集之所其旁爲廨舍爲庖湢靡不畢具繚以周垣間以廣庭聯以長廊攸芋攸甯余環視欣喜深嘉諸君赴義之果爲能特創此舉也以其地居毓秀山之陽遂名爲毓秀書院云院將落成余適去官諸君屬余爲之記余惟凡百興作創始恆難加諸君之慷慨克任天下豈復有難成之事哉後之莅斯土者益加整植斯亦起教化善風俗之要務也乾隆二十六年辛巳季冬

張端木

撰并書

書院田產

一坐二十七都切磨隱慈字等號田九十九畝二分一釐候選州同郭元宰捐

一坐六十二都具飯適字等號田二十二畝五分八釐一毫樓志馮楚望楚華啟文合捐案祝陽馮氏譜載馮楚望捐具適字田二十畝零馮楚華捐飯字田四畝零啟文捐飯字田五畝零共田三十畝

一坐六十四都眠字號田四十五畝三分四釐四毫鶯峯寺僧

瑞蘭捐

一坐口口都口口字號田十三畝八分五釐刑部尚書余文儀捐案余公捐田百畝今董事徵租止有此數百年前事中更寇亂老成代謝尟有知其故矣

一坐西廡後屋三間學湖南岸店屋五間探芹橋橫街店屋前後二間探芹橋直街店屋二間學前街店屋二間後進五間

同文書院在天稠鄉牌頭鎮

達材書院在同山鄉九株松樹下光緒二十五年建中爲沈公祠祀知縣劒芙沈公寶青

翊志書院在花亭鄉澧浦

景紫書院在長阜鄉楓橋卽紫陽精舍遺址

社學舊在南門內卽紫陽祠址今廢府志

邑城義塾在試院左側光緒十二年知縣左元鼎捐廉剏設分敦

仁敦義敦禮三齋延師訓蒙時有漁艣山俞朝瑞妻孫氏捐坐垢想浴超驤字等號田五十五畝二分八釐六毫元鼎爲通詳各憲嚴立條約勒石紀之十八年城紳陳遇春捐辰字叛字號田十八畝八分於是城廂紳士塾款建塾署其門曰振文舉義

筠西家塾在孝義鄉流子里監生吳樹本捐田一百畝構講堂書室二十五楹延師以課族姓吳氏之先元義士宗元號筠西故以是顏也樓志

烏巖義學在開化鄉生員蔡廣生捐田二十畝公諸祠延師以課族姓

養正義塾在開化鄉獨山嘉慶十五年趙□□捐田四十餘畝延師以訓族人

朝陽書塾在長甯鄉陽春莊康熙時生員郭鉥建規制宏廠有亭

池花木

梯山義塾在長阜鄉楓橋小花墩監生陳邦泰建捐田五十畝屋十三楹延師以訓族人規制俱載碑記

敬修書屋在長阜鄉大溪周鏞捨宅捐田爲大溪周氏義塾

吳山義塾在龍泉鄉溪北徐載育徐大愷徐大元徐晝等捐置田四十畝屋十二楹延師以課族人

聽雨樓在花亭鄉湖藻乾隆間副貢張鴻儀建有田二十餘畝

環山書屋在花亭鄉杜家山道光七年杜益仁等撥祀田二十餘畝以爲塾產庠生杜夢白子克恭思唐從姪賡棠燮堂續成之

光裕義塾在同山鄉五指山咸豐八年周怡齋等捐集田三十七畝又購屋六間徵租延師以教族人

夫山書舍在槃浦鄉生員孟經捐田四十畝後董其事者續置田

二十畝構講堂書室一十六楹延師以課族人樓志

新湖書屋在紫巖鄉有覺嶺五品封職王元琦建徐昂爲記

育才書屋在紫巖鄉金家站光緒間金樹桂捐坐銀少霄字等號田二十四畝屋五楹屋後蔬圃一處延師以課族人

何山義塾在西安鄉何家山道光十七年監生何瀜捐田百畝延師以課族人

養正義塾在龍泉鄉梅嶺同治十一年增貢生傅巖庠生傅寶基廩生傅紹愔撥祀田五十畝延師以教族人

正誼書塾在龍泉鄉梅嶺光緒十年傅安石捐集田二十餘畝族姪炳南振海踵成之延師以訓族人

附存

白門義學在白門元方鎰建延金華吳萊主講席宋濂王褘俱

來受業今廢集賢書室在安俗鄉貢生毛楝建今存屏山草堂在横

山明黄池建池六世孫居愷妻陳氏又續建養正書屋分巡甯

給台兵備道爲之記今存

諸暨縣志卷十五

兵備志

古者寓兵於農即農即兵也守望交助不備自備也兵農分而兵制變歷代因革損益之故各詳史志方志之書亦載兵制如范成大吳郡志羅願新安志均有營寨一條施宿會稽志亦有軍營一條詳制度愼守禦也前志列武備一卷唐以前無紀載則無可考矣今仍自宋而下分列子目遵而續之閒加考訂附以郵傳以類從焉至累朝寇變勦撫之事散見史冊干戈所指休戚係之近而義民抗賊人戸幾燼則又刼運使然不盡由人事者彙編於後俾後人有所考鏡也

汛弁

宋制縣令多兼職兵馬都監建炎初詔郡縣守臣兼兵馬鈐轄以

武臣副之宋史縣惟楓橋鎮設有東尉司開禧間鹽盜竊發安撫辛棄疾申置見章志其他置守若何均無可考

元制縣置鎮守千戶案續文獻通考云各路立萬戶府各縣立千戶所其所部之軍每歲第遷口糧府縣關支而各道以宣慰司元帥總之又立縣尉司巡檢司捕盜司皆爲立巡軍弓手元史兵制縣之捕盜司在縣治東二百步轄鄉十有二官則同知判官輪署吏以刑房兼之楓橋鎮東去縣五十里湖頭鋪南去縣五十里開化鄉東南去縣四十里俱設有巡檢司見章志而縣尉司則舊志失載無可考矣案捕盜司所轄爲陶朱開元花山義安槩浦靈泉天稠金興花亭泰北泰南安俗十二鄉其長甯大部長阜東安西安紫巖六鄉在東北爲楓橋巡檢司所轄見章志以此推之則諸山同山長浦超越四鄉在西南當隸湖頭巡檢司龍泉開化孝義三鄉在東當隸開化巡檢司特紀載失之耳

明太祖洪武元年以太史令劉基奏自京師達於郡縣皆立軍衛大率以五千六百人爲衛一千一百二十八人爲一千戶所一百

一十二人爲一百戸所八年改在外都衛爲都指揮使司以統各衛所續文獻通考二十六年定凡天下要衝處設立巡檢司僉點弓兵應役明會典其後又令要害地方皆設官統兵鎮守其總鎮一方者曰鎮守獨守一路者曰分守獨守一堡一城者曰守備與主將同守一城者曰協守續文獻通考而前志亦第言楓橋舊有巡檢司餘俱靡有紀焉案明史太祖本紀守將謝再興叛再興院判也似仍元城守以判官輪署之制然當時未有天下非定制也

國朝駐防把總一員協防外委千總一員浙江通志案乾隆府志作輪防千把總一員外委一員防守向天嶺汛一員以紹協左營千把總輪防乾隆府志案向天嶺即嚮鐵嶺音轉而訛耳協防安華汛一員楓橋汛一員以紹協左營外委千把總協防巡緝一年一換以均勞逸乾隆府志

汛兵

宋弓手諸暨縣額一百十三人土軍管界寨額一百人紫巖寨額一百人萬曆府志

元弓兵三十名隸捕盜司章志　案元史兵制縣尉司巡檢司捕盜司皆設巡軍弓手則如陽塘管界湖頭等諸巡檢司當俱有額兵而其數缺載今無考矣

明民兵一百四十名乾隆府志　案續文獻通考孝宗宏治二年立僉民壯法州縣七八百里以上里僉五人五百里里僉四人三百里里僉三人百里以上里僉二人又明實錄嘉靖三十三年詔准兵部覆上提督張經條陳一編立本地主兵內開州縣二百里以下者編兵二百名核與崇禎癸未知縣蕭琦弭盜紀事內稱縣舊有兵按籍八百十有三之數不甚懸殊似二詔當時俱奉行也

國朝原設縣汛馬步戰守兵丁三十九名浙江通志　案乾隆府志作馬兵一名戰兵三名守兵二十四名官例馬一匹戰馬三匹

分駐楓橋口汛設煙墩三座守兵五名係縣汛兼轄乾隆府志

防守向天嶺汛馬兵一名戰兵十名守兵三十二名官例馬一匹戰馬一匹乾隆府志

安華汛

同治二年二月撫軍左委前令許瑤光查辦土匪命遊擊谷香山帶副中旗兵三百名駐札城中歸許調遣事平撤去

民壯

明英宗正統二年募所在軍餘民壯願自效者分隸操練續文獻通考以看守城池庫獄明會典　此爲召募民壯之始其額無可考或謂即民兵

國朝雍正二年定各省州縣額設五十名俱募壯健者充補內分鳥槍二十名弓箭二十名長槍十名與兵丁一體防守四年奉旨准將馬快八名添入班內合爲一役學長槍以專操習十二年裁十二名乾隆十二年裁十四名今存民壯二十四名馬快八名

賦役全書 章志云舊設民壯馬快以備守禦太平日久若輩無所用武第充官府差遣而已

鄉勇

明季令各府州縣隨宜招募使人自爲戰家自爲守 明實錄 案知縣蕭琦弭盜紀事召之數計百數三十數又三而人尚餘八焉又簡隸胥及郭之强有力者得千之半

國朝康熙間知縣劉餘瓏因四鄉多盜防兵寡弱復設鄉練六十名在城防守不食官糧里民照田給食事平則散有事復設統於縣無定額 章志

咸豐八年僞翼王石達開竄入衢嚴知縣許瑶光奉憲檄於城内外設立民團鋪戶及有力之家募人出費有差請紹協遣哨官二員率領訓練旣而賊蹤遠去遂罷

軍營

宋元時在道山坊 在西隅 明太祖移於諸全州城内 案州字上疑落新字 崇禎

癸未婺寇猝發，知縣蕭琦建義勇營於北城外，以屯練鄉勇章志今皆莫詳其處

咸豐辛酉九月，髮逆犯境，總鎮楊金榜札營城南五紋嶺，提鎮饒廷選分札城東金雞山、城西七岡嶺，布政使林福祥駐兵城中，共三萬八，不出戰許瑤光諸暨團練始末

教場

教場在縣東三里許浣江邊萬歷府志廣袤數十畝，當金雞山之陽，蔬植有禁，侵占宜察隆慶駱志今則半爲叢冢

明制每月朔望率兵操習於演武場，名曰落操

國朝除之，每歲霜降日觀兵一次章志 案章志廨署在演武場，廳三間，樓志無之，則廢已久

軍器

舊有軍器庫在縣堂之東貯器械弓箭銃砲火藥諸項載諸冊籍每年增修順治丁亥山寇入城焚毀殆盡其後漸加置造康熙辛亥知縣蔡杓重建庫屋如初章志 咸豐辛酉髮逆陷城又燬

順治初城四門列紅衣礮於月城內後運往甯波防海章志

咸豐八年髮逆竄浙知縣許瑤光奉憲札飭城鄉舉行團練准製旗幟軍仗 同治二年賊既平知縣朱廷樑出示令呈繳擡槍鳥槍酌給錢米光緒二十年知縣周學基奉憲收繳軍器照給官價

城防

窩鋪若干每歲一整闕柵必修鈴柝必飭宵行有禁旅店有稽知縣與典史每夜巡城臨視以備非常順治十八年山寇蠢動城中人運石城上纍纍如列伍有警則飛石擊之力省而功倍章志 案窩鋪城坊設以棲兵者其制如今之支更蓬太平日久無復見其設施粤寇亂後歲歲辦冬防則典史與汛主之

光緒二十年間西教蔓延耶穌在大雄寺之左天主在後街各造教堂城鄉多有歸彼教者民教時相訐訟官吏不能持平民憤無所洩勢洶洶二十四年知縣沈寶青設保衛於城練勇二棚稟大府遣把總二員率之以防時變其口餉斂費於城廂鋪戶又日捐廉一緡以佐之二十六年三月前宰倪望重復任罷之六月會匪變起燬教堂上憲調兵勦撫倪奉臬憲札飭照會城鄉團練邑紳稟請募勇四棚以儘先把總梁克成統之駐城中寶豐倉又駐官兵於邑廟十月奉文調赴東陽知縣葉昭敦因時届嚴冬城外空虛留四棚札於江東之上網廟是年楓橋亦募勇二棚其他鄉村大族但團而不練

保甲

順治初每鄉行團練法以捍衛一方太平日久革去鄉練而特嚴保甲知縣蔡杓每甲置一鼓二鑼有警擊之聞聲協應章志案保甲法自

乾隆以後或行或止久視爲具文咸豐年間髮逆逼近始於城廂設立門牌八年遵蔡侯故事稍用戒備四鄉大村亦有效行之者承平後又廢不講光緒七年知縣潘康保力加整頓編查煙戶雖山僻不漏而愚氓反怪其多事則習於惰窳故耳十三年臬憲蕭札飭通省舉行知縣胡永焯奉文辦理蕭去任而事遂輟二十六年以會匪之變委丞然亦虛應故事是在良有司有以振作之耳

要隘

關二

陽塘關西去縣城五十里浦江縣界嶺下兩山相逼唐宋置關於此元廢浙江通志明崇禎癸未婺賊蔓延復壘石置關今迹尚存章志

長清關西去縣城五十里富陽縣界元時設關萬歷府志案今槩浦鄉十二都之銅鈴頭下有木橋橋右有村曰寨頭卽其故址

寨三

管界寨東去縣城八十里唐宋有寨萬歷府志

新界寨南去縣城七十里浦江縣界舊設關後廢萬歷府志案今同山鄉二十

都有村名界牌宜者舊設巡檢司今遺址尚存

紫巖寨北去縣城七十里山陰縣界舊設關嘉泰會稽志後廢章志案今紫巖鄉六十都橫闕之東茅陽嶺脚有村名闕口者卽其故址

案以上五處舊志謂有巡檢司五俱唐宋所設而廢於元今亦莫詳其實矣

巖一

五指巖西南去縣城六十五里明初將軍李文忠築新城拒謝再興於此萬歷府志案今同山鄉五指山下有地名新州城里者卽是

嶺五

駐日嶺東去縣城六十里會稽縣界元末裘廷舉聚鄉兵處萬歷府志

古博嶺東去縣城七十里山陰縣界爲楓橋要道明初將軍胡大海克諸暨自茲路戳越郡嘉靖間倭寇亦由此入山陰舊有楓橋巡檢司今基址尚存乾隆府志

布穀嶺西南去縣城五十里屬同山鄉咸豐辛酉同知張振新遊擊周璧屯兵駐守於此新纂案土人亦呼鵓鴣嶺

避水嶺南去縣城五十里屬同山鄉下即豐江咸豐辛酉記名道張啟煊候補知府王錫熙參將劉錦標屯兵駐守於此

善阬嶺西南去縣城六十里義烏縣界咸豐辛酉七月髮逆由義烏逼境訓導韓煜文率團勇堵禦於此賊引去

附鋪舍

案此門前志隸建置列序廢驛於前其所稱引嘉泰會稽志亦即舊志所本無或異焉今驛已不設第相仍以存古蹟而鋪司兵工食銀例在存留項下報銷因爲政之一端也因爲參考異同附兵備後蓋元制急遞鋪續通考本隸兵考也

縣前鋪在譙樓西賦役全書下同

十里鋪東去縣一十里

張駝嶺鋪東去縣二十里

新店灣鋪東去縣三十里

櫟橋鋪東去縣四十里

楓橋鋪東去縣五十里

乾溪鋪東去縣六十里章志作干溪

古博嶺鋪東去縣七十里

右衝要八鋪每鋪司兵五名每名工食銀七兩二錢賦役全書

楓木鋪南去縣一十里章志作桐樹嶺光緒十年里人即故址建有廊舍

鱧魚橋鋪南去縣二十里章志作鱧湖橋

寒熱阪鋪南去縣三十里

李家橋鋪南去縣四十里

湖頭鋪南去縣五十里

羅嶺鋪南去縣六十里後以址改宣何公館

右偏僻六鋪每鋪司兵三名每名工食銀五兩惟羅嶺鋪每名給銀六兩賦役全書

案章志急遞鋪一十四處每鋪廳屋三間東西廊各六間郵亭前門日晷鋪司一名鋪兵六名與賦役全書所載不同何時裁減無檔可稽即鋪舍或存或改或廢不舉亦難求其舊制矣

附古驛

待賓驛在縣西南六十步今廢嘉泰會稽志下同

使華驛在縣東一百六十步久廢

亭閣驛在縣南二十里今廢

興樂驛在縣南五十里府志里作步今廢

楓橋驛在縣東五十里久廢

館驛　隆慶駱志案舊志載有館驛初名使華驛唐初名待賓館大歷中令邱岳改諸暨驛宋興國間名新驛後改皇華仍復

使華元改暨陽站今爲館驛夫舊志所謂今者非指正統景泰間歟然則諸暨舊有驛矣而不言設何官且館驛者驛傳總名豈有置驛而無專名者意或唐宋以來原有驛後革之而特存其館以爲賓客至止之地耳案使華驛在東隅永泰坊故坊又名使星所謂宋興國間者蓋郎太平興國自大歷至此想已敝廢更而新之故曰新驛自興國至嘉泰又二百餘年故嘉泰志謂久廢也元曰站猶之驛也明改爲館而仍古驛之名故曰館驛然則明之館驛即元之暨陽站宋之新驛唐初之待賓館古之使華驛也非謂於五驛之外又别有所謂館驛也

寇變勦撫

宋景平二年富陽縣孫氏聚合門宗謀爲逆亂會稽太守褚淡之遣隊主陳願郡議曹掾虞道納二軍過浦陽江願等戰敗賊遂摧鋒而前宋書褚叔度傳

泰始二年二月建武將軍吳喜等東平會稽喜進軍柳浦諸暨令

傅琰將家歸順喜遣彊弩將軍任農夫龍驤將軍高志之南臺御史阮佃夫揚武將軍盧僧澤等引軍向黃山浦東軍據岸結砦農夫等攻破之乘風舉帆直趣定山破其大帥孫會之自定山進向漁浦斬其軍主孔叡東軍於是敗散宋書孔覬傳

南齊永明四年富陽人唐寓之聚黨作亂水斷商旅黨與分布近縣會稽所領諸暨縣爲所劫破令凌琚之不經格戰委城奔走不知所在寓之據郡遣僞會稽太守孫泓取山陰泓至浦陽江郡丞張思祖遣浹口戍主湯休武拒戰大破之南齊書沈文季傳

梁大寶元年十二月張彪起義於會稽破諸暨永興等縣景遣儀同田遷趙伯超謝答仁等東伐彪破之梁書侯景傳

陳天嘉三年留異擁據東陽安都奉詔東討異本謂臺軍由錢塘江而上安都乃步由會稽之諸暨出於永康異大恐奔桃枝嶺陳書

侯安都傳

唐咸通七年夏逆賊袁甫犯境至槩浦縣人史昭討擒之隆慶驛志

案縣有史大夫祠浙江通志大夫諱昭咸通中充諸暨鎮遏使平裔中甫之亂黃巢犯境又卻之時同事異未知是一是二

乾符六年冬黃巢黨犯境聞有備禦宵遁去隆慶驛志

中和二年通鑑作元年冬十月浙東觀察使劉漢宏遣登高鎮將王鎮將兵七萬屯江干鏐率儒童鎮將徐靖浙江都遊奕使阮結銜枚宵濟大破之鎮走諸暨十國春秋武肅王世家

三年夏四月漢宏自領兵屯諸暨古剡嶺至於亭山龜山之下鏐又擊破之五月漢宏復遣將何肅黃珪等率本道排門軍營諸暨蕭山等處地鏐逆戰破賊一萬餘人

光啟二年冬十月鏐將兵自諸暨趣平水鑿山開道五百里出曹娥埭浙東將鮑君福帥眾降焉鏐與浙東軍戰屢破之進屯豐山

克越州事通鑑紀事本末

乾甯三年三月董昌遣暨陽鎮將陳郁自南泰了口至於富陽漁浦等處屯聚王命王球馬武軍都知兵馬使等擊之郁率其黨來降十國春秋武肅王世家

天復二年春盜聚陶嶺疑即八都陶隖嶺吳越王錢鏐討平之隆慶暨志

天祐二年九月衢婺副招討使陳璋復分兵與淮南將許野鶴犯暨陽王命楊習指揮使通鑑作方習逐之璋兵大敗十國春秋武肅王世家

南宋嘉泰四年冬有盜金十一者號鐵彈子聚衆剽掠不可御賊黨稍平謬傳其鬬死帥臣以聞已而復起白塔湖中尋伏誅萬歷府志

元至正十九年正月庚申胡大海克諸暨明史太祖本紀守將宵遁萬戶沈勝既降復叛大海擊敗之生禽四千餘人改諸暨爲諸全州移兵攻紹興張士誠將呂珍圍諸全大海救之珍堰水灌城大海奪

堰反灌珍營珍勢蹙於馬上折矢誓請各解兵許之胡大海傳

胡大海克諸暨錢萬戶來降太祖賜衣服令回後獻策於張士誠離諸暨城五十里築壩水發即沒城以戰船攻之可克謝再興戰數年不能破及紹歸附械萬戶至京太祖誅之劉辰國初事蹟

案此與明史稍異故附誌之

樞密院僉院胡大海伐越得諸暨命浦江翼右副元帥蔣鏞字大可移鎮諸暨與樞密院判官爲裨將宋文憲集蔣公墓誌銘

胡大海爲蔣英所害事在至正二十二年張士誠聞浙東亂遣弟士信寇諸全大海養子胡德濟自信州往救乘懈得入城與知州欒鳳院判謝再興分門守夜半出敵不意砍士信營破走之明史胡大海傳又李文忠傳云再興請益兵文忠兵少無以應會太祖使邵榮討處州亂卒文忠乃揚言徐右丞邵平章將大軍刻日進吳軍聞之懼謀夜遁德濟與再興率死士夜半開門突擊大破之諸全遂完

謝再興使部校鬻貨於杭太祖慮其輸虛實召再興還而以參軍李夢庚總制諸全軍馬既而忿再興功復遣守諸全再興忿夢庚出己上鳳復以細故繩之遂叛殺欒鳳與其妻王氏執夢庚降士誠夢庚死之明史欒鳳傳

樞密院判謝再興爲都督朱文正妻父隨太祖克婺州與胡大海攻紹興命守諸暨離城數十里張士誠令呂同僉築壩溪上水發淹城再興常偷掘其壩力戰功多再興心腹左總管糜萬戶嘗以違禁物往杭州貿易太祖恐泄國事拘二人殺之懸首於再興聽事再興次女太祖且主婚嫁右丞徐達復取再興回京聽宣諭別遣參軍李夢庚節制諸暨令再興還聽調遣再興愧無權勢怨曰女嫁不令我知似同給配又著我聽人節制遂執知州欒鳳參軍李夢庚元帥王玉陳剛以諸暨全城軍馬赴

紹興降士誠惟總管吳汝明棄妻子走回太祖以其忠義賜以

小于元帥妻劉辰國初事蹟

癸卯九月諸全叛將謝再興以張士誠兵犯東陽左丞李文忠令深引兵爲前鋒再興敗走深建議以諸全爲浙東藩屏乃度地去諸全五十里竝五指山築新城分兵戍守太祖初聞再興叛馳使詣文忠別爲城守計至則工已竣後士誠將李伯昇大舉來侵頓新城下不能拔敗去太祖嘉深功賜以名馬明史胡深傳

擢胡德濟浙江行省參知政事守新城士誠將李伯昇帥步騎大入寇李文忠傳士誠遣司徒李伯昇以十六萬衆來攻不克德濟固守乞師於李文忠文忠馳救德濟出兵夾擊大破之明史胡大海傳

踰年至正二十五年乙巳李伯昇復以二十萬衆攻新城文忠帥朱亮祖等馳救去新城十里而軍德濟使人告賊勢盛宜少駐以俟大軍文

忠曰兵在謀不在衆乃下令曰彼衆而驕我少而鋭以鋭遇驕必克之矣彼軍輜重山積此天以富汝曹也勉之會有白氣自東北來覆軍上占之曰必勝詰朝會戰天大霧晦冥文忠集諸將仰天誓曰國家之事在此一舉文忠不敢愛死以後三軍乃使元帥徐大興湯克明等將左軍嚴德王德等將右軍而自以中軍當敵衝會處州援兵亦至奮前搏擊霧稍開文忠橫槊引鐵騎數十乘高馳下衝其中堅敵以精騎圍文忠數重文忠手所格殺甚衆縱騎馳突所向皆披靡大軍乘之城中兵亦鼓譟出敵遂大潰逐北數十里斬首數萬級溪水盡赤獲將校六百甲士三千鎧仗芻粟收數日不盡伯昇僅以身免（明史李文忠傳）

正統十四年括蒼盜陶德二爲逆諸暨戒嚴大山葉氏居民乘時嘯聚知縣張鉞討平之（乾隆府志名宦志張鉞傳互詳）

嘉靖三十三年十一月倭寇自仙居向諸暨居民悉逃贊畫周述學謂知縣徐樾曰諸暨人强族眾令雖逃不遠公下令則鄉夫可集兩關有兵賊不犯矣樾然之即步往東關時天已暮惟一老人來謁樾令諭居民眾遂至千餘裂衣爲旗坼籬舉火鳴金鼓發火砲喊聲大震令南關亦如之是夜二更賊至見有備遂由山徑入山陰境萬歷府志

三十四年倭自諸暨突入郡境獲姚長子貫其肘使爲導兩浙名賢錄

案姚長子軼其名山陰獨山人樓志誤入忠節傳今刪去

三十五年倭寇由蕭山入縣界經靈泉同山鄉出東陽界去隆慶騷志

崇禎十六年東陽許都倡亂案明史陳子龍傳都爲副使達道孫家富任俠好施東陽令以私憾會義烏奸人假中貴招兵事發都適葬母白衣冠送者萬人即誣爲黨監司王雄遽捕之都遂反陳子龍說之降按院左光先與令善竟斬都等六十餘人　又案監司王雄陳忠裕公奏議作王鄘蔓延暨地閉城七日巡按左光先

檄署諸暨縣陳子龍誘執許都遣蔣遊擊案名若來剿餘黨悉平之知縣蕭琦有弭盜紀事章志

謹案許都反連陷東陽義烏浦江三縣與暨壤接賊出沒交界時至草塔烏龜山梵惠寺等處招號伏莽一時黑王三陸進十趙生光等弄戈應之窩居陽宕紫閬出掠十九十二諸都城中戒嚴知縣蕭琦禁民奔逃謀守禦以額兵不足恃加募義勇又簡胥隸之強有力者得千人捐俸為倡使邑人周公訓募集餉需士卒登陴日夜巡邏於去縣三十里許樹塞連援介馬親馳龍潭口善坑鷺鷥嶺諸要隘勉其村人循保甲法以自扼傳授方略懸賞募殺賊四鄉聲振死致者近百級生致倍之杖斃數十人斬十餘人黑王三陸進十趙生光等咸授首餘黨解散乃收拾散亡建營房搜寇田給工練兵以善後時征調官兵絡繹過暨琦每郊迎與主弁約法無庇兵不敢為民害事平親為文紀之末曰噫出不蓋入不鑪食不聊腹衣不解帶者五十朝昏其焦唇脫穎稿面枯心猶可言也家破子喪一淚不暇尚忍言哉琦吉水人時楚賊破吉水琦次子死焉其文奧衍謹存其略如此

國朝諸暨自乙酉五月中歸附實順治二年也未幾會稽鄭遵謙挾魯藩阻江明年丙戌六月再平章志

順治四年九月山寇入城燒毀縣堂典史郝朝寶教諭方烋俱被害知縣劉士瑄請兵勦之

陳洪綬盜賊詩不得爲君子可憐就小人縣官敲骨髓將帥沒周親聊綏須臾死甯知終喪身金雞何日下相率復良民　醢邑新爲盜使君故食人處心圖縣令藉口號頑民白刃既如意黃金復等身繡衣今按法怨氣頗爲伸自注縣官既逼民亂郎潛移家人苞苴城外請兵勦滅數千家俘婦女亦數千人復盡籍縣中居民商賈猶不足籍及鄉民至數千家古今史籍所未聞也　皇天憐暨邑御史出長安代作生民主先囚酷縣官銀鐺囊首惡縲絏貫羣奸盜賊應知悉投戈或不難自注官下司獄司胥吏縛去至百數人亦大快也御史秦公也蕺志

案浙江通志秦名世禎遼東人順治四年任巡按御史

順治五年戊子二月山賊虞仲紳潘天統等立寨虞村琴鳴陳瑞王化龍葛道二十翁韃子立寨宣家山連營至嵊縣梅溪陳瑞最悍刼掠民家無算團練總胡十八結鄉兵防守并請主帥勦平之乾隆府志

順治五年三月山寇陳瑞刼孝義鄉吳氏殺其家主四月刼楓橋

陳氏燬明陝西左布政使陳性學居室六月寇兵敗於閘橋乾隆府志

案陳瑞一名陳其古

順治五年石仲芳之黨湯梁七倡亂以紫閬爲巢穴士民奔撫轅請勦官軍入境仲芳就撫梁七亦解散免死十六年復叛楊家漊楊學泗以計擒之毛奇齡楊存園墓志

順治十八年八月山賊楊四等作亂巡撫朱昌祚署守道知府吳之樞勦平之章志

康熙十三年三月湯良四倡亂聚衆千餘巢於店口之楊樹隖四鄉不軌多附之肆行刦掠防汛往勦敗衄後遇客兵襲殺良四授首餘黨四散至秋復聚

康熙十三年甲寅山賊何九徐維英方懋公立寨何趙連營至會稽嵊縣王善長立寨山陰謝家橋賈村徐三立寨上金村及會稽

尉家嶴朱成龍據縣西南楓橋至縣數十里刼燒一空路無行人知縣劉餘珊署知縣姚啟聖相繼勦平之乾隆府志

夏溫台處山寇倡亂不逞之徒所在竊發嵊暨賊尤熾議者欲但守郡城巡道許宏勳曰二邑爲郡門戶不守二邑猶之不守郡也乃自率師搗嵊而分兵往諸暨十一月偕參將滿進貴取道仙巖直抵賊巢連破諸砦禽文武僞職二十餘人招降餘孽馮瑞芝等萬餘人嵊境悉平暨邑亦望風解散康熙府志

僞都督朱德甫陷諸暨踞城自守甲寅三月廿四日耿逆耀兵仙霞嶺直犯浙東伏莽探丸輩各授僞劄康親王命隨征同知姚啟聖統兵進攻大戰於紫閬山賊眾潰散僞都督恃其驍勇領兵殿後姚啟聖奮擊之斬於陣上餘各披靡遂復諸暨縣平定浙東紀略

案上言踞城自守下言統兵進攻則爲攻城明矣下又言大戰於紫閬山紫閬西去縣五十里攻城者而西向紫閬不幾南轅

北轍耶疑山爲近城之山非紫閬山或此句之上有缺文似應加賊遁走三字

康親王留兵四百名命姚啓聖鎮諸暨縣僞都督王三僞總兵楊芬生盧楚佩等率僞兵三萬七千五路侵犯姚啓聖孤軍力戰大敗賊於楓橋斬獲不可勝紀

七月六日賊首楊六陷城六曾充縣役犯盜繫獄夤緣得脫招集亡命焚刼凰儀樓時官兵聞報倉猝出勦賊偵知兵出城虛由小徑掩襲城遂陷踞城五日率黨數千犯郡城路遇喇都統督師入閩賊以爲勦兵也持戈直前害牛彔一人都統整衆撲勦遂斬楊六於黄公閘羣賊潰樓志 案乾隆府志云諸暨山寇聚衆數千建旗纛鳴金鼓聲言欲屠蕭邑蕭大恐適 王師征閩從蕭達暨遇於蕭之黄公閘部將出戒曰汝避吾不汝勦也言未畢身被隕焉大帥怒遂逐其醜類而殲之

八月二日賊復破城是時渠魁雖殄餘黨猖獗益盛何九嘯聚於東朱成龍掠於西李勉如翁與均各建旗號衆至數萬邑令防弁赴府乞師賊覘知無備擁衆入城恣行刼掠官兵星馳赴援賊方

釋甲酣飲砍殺及躪死者過半城遂復

朱成龍擁踞紫闔紫闔毗連富蕭暨浦四邑重巒迴繞易爲盜藪方兵入越周凝甫石仲芳倚爲三窟成龍入占其地擁衆萬餘潛通叛帥曾養性徐上朝等窺伺嚴衢浙東震動康親王遣撫不應九月二日遂發諸路大軍進攻牛頭嶺蒙叢險隘騎不得前又攻長青嶺自晨抵暮不克適順風大作縱火焚之賊遂大潰賊分守隘口者四十二營望見老巢火起皆鳥獸散紫闔遂平初邑長新泄見賊日盛倉皇申報稱西路皆賊故半邑居民恐遭焚戮被擄婦女一萬七千有奇後經册報在部章志

十二月十六二十都鄉團王明之等斬賊首朱成龍於二十都時紫闔雖破成龍未除聚衆萬餘流毒暨浦之交康親王遣朱别駕齎諭招撫成龍斬持諭胥役三人負固不服然其黨陰有異議潛出投誠日盈數百成龍勢孤尙腐心切齒於二十都團練於是空

穴而往團練見賊氣盛潛匿山隈縱賊入賊喜甚舍戈卸甲大肆搜刮負貲既重且醉且飽團練伺成龍單行無備從旁截殺成龍倉卒無備攢槊刺之立斃於巖坡之間羣盜遂息案當時知縣劉餘瑥以同山王明之王君猷王惠卿與其親丁十餘人率領民團禦之遂斬成龍事 聞獎明之守備大帥命其隨征辭不就職

咸豐十一年五月前阪村土豪何文慶者藉團練名句結台新嵊暨羣不逞自樹蓮蓬黨名目人給一鐵牌刻蓮房其上故又號鐵牌黨撫軍招之將以屬官軍五月初二文慶率黨入城適處鎮文瑞逗遛城中何黨無故砍殺其兵弁三人文瑞即整伍鬭於江東何黨潰官兵火廛舍一空無辜被殺數十人九月城陷文慶降賊授僞職志天燕隨攻甯波分踞鎮海新纂

七月賊蹤逼近有亡命糾集萬秧坵離城三十里毛祠遠近不逞日萃毛氏潛訴於縣知縣許瑤光親率兵勦之砍殺二十餘人遂散

案粵寇之亂暨人從賊者實繁有徒有授僞職桂天燕沛天侯者壬戌五月初六賊僞爲義軍誘包村亦由諸暨人虞某爲之

亂後饑荒又不免搶刼而或授首或罰鍰或且漏網令其後嗣多滅跡銷聲矣略而不書以其既亂而亂也蓮蓬黨萬秧圻則爲亂先故著之

粵匪入寇浙東辛酉四月金華陷自是官兵驛騷邑城戒嚴八月廿五日賊由浦江竄入西南鄉形蹤飄忽不敢停九月初浦義既陷遂大股由東南入蹂躪花亭開化龍泉金興等鄉有騎賊直驅街亭以下登半山遙望城中片刻而回十三日西南鄉團分路殺賊（邊壽團殺賊於牌頭周姓團殺賊於布穀嶺楊家漊阜埠等團殺賊於莊岡嶺）約官兵會勦不果團旋敗散二十四日官兵棄諸暨走二十六日城遂陷（是年善化許瑤光署邑篆）

（寇平後有書諸暨團練始末其前半紀被寇事極詳參錄於左）

十一年二月侍逆李世賢陷江常衢鎮李定太聽賊過不截四月十七陷龍游次日陷湯溪又次日遂陷金華枝股由處州入踞武義時余復幸暨以爲嘉興久失杭州特紹興爲左臂諸暨實杭紹之咽吭諸暨有失則紹興必瓦解而杭州無獨全之理朝夕岌岌謀所以保暨之策於是請處鎮文瑞由諸暨攻金華都司劉加玉分守浦江五麓嶺以防蘭溪已革提督米興朝勦

東陽土匪兼顧義烏以協戎吳再升協守不意五月晦日文瑞潰於孝順米興朝亦相率退吳再升復遲遲不進致賊入義烏突過植嶺蘇溪幸諸暨學博韓熤文率團勇堵於善坑嶺賊不敢踰暨旋由義烏引去六月浦江告急文瑞整隊復出總鎮況文榜協戎劉長培助之七月初四日賊逼浦城五麓嶺之營先潰文況劉合七千人困守城中不出築一壘聽賊長圍余夜運軍火餉米至浦不得入幾被賊攫去賴團勇相護得免省垣乃調饒廷選由藺溪來援饒率鬪兵駐城中撤同知張振新遊擊周壁往援浦潰於鄭義門已而饒復合福建道張敵煊兵再援浦又潰於自馬橋自是浦兵不能出暨兵不敢進賊焚掠淫殺日逼諸暨西南鄉諸暨民團磨刀礪矛已挺然生鬭志矣九月初四浦江陷義烏繼陷賊由鵓鴣嶺五指山善坑嶺分路犯暨總鎮楊金榜紮營城南五紋嶺饒軍門分紮城東金雞山城西七岡嶺藩司林福祥駐兵城中其三萬人不出戰十三日西南鄉團分路拒賊殲賊四百餘奪賊旗割長髮十餘級來獻約官兵會擊次日西鄉團敗賊於蒲岱嶺南鄉團亦抵豐江官兵尾團後相距四十里不與賊面團旋敗陣亡二百餘人賊勢乃熾然猶未敢遽犯縣城也廿三日賊由富陽石版嶺突竄臨浦義橋入夜火光燭天官兵驚慌棄諸暨走杭州置紹興不顧廿六日巳刻賊逼城城外閙楚軍亦皆散去獄囚噪余方入獄撫四而賊騎已入堂皇矣余不意其賊也至東門遇賊騎三各以長刀相劈遂昏倒俄而蘇有老嫗扶予行過石橋里許義民馬某昇余至楓橋何文慶蓮蓬黨至是復聚延余入村余知其詐也卻之乃裏創赴郡廿九日郡城失赴甯波甯波標兵亦無守志

上虞餘姚相繼陷

城既陷賊蹤遂徧縣境富陽賊由石版嶺竄掠梟浦花山義安諸鄉花旗賊由東陽竄掠開化龍泉孝義諸鄉而長甯長阜大部諸鄉又有蓮蓬黨匪句通周黃二賊爲害近城村落則踞城董酋李酋日遣賊夥出掠西南則蹂躪早及惟縣北湖鄉堵閘蓄水暫免賊蹤十月初六日西鄉賊由臨浦下竄周黃二賊由上谷嶺入嵊十三日嵊八破花旗賊東鄉八助之賊敗遁東陽花旗賊目皆廣東無賴專遊行刼掠爲賊黨所不齒竄踞暨東嵊西蔓延五六十里將爲度歲之計嵊八約我東鄉乘夜束草持火分道攻擊賊不爲備殺死無算直逐至東陽城外止既望董賊別走留李酋踞之曰餘天安出僞示安民訪召舊胥設僞鄉官有軍帥師帥旅帥司馬卒長等名造門牌每戶給一牌索番銀一圓命四鄉各村進貢米粟財帛豕雞須備市鎮設卡抽稅肩挑手挈皆須納稅掛名否即指爲奸細大村必駐賊四出刼掠十一月東鄉民糾嵊團攻縣城敗於落馬橋而包立身遂起義兵同治元年壬戌二月四鄉響應北自包村以外古塘長瀾直步店口等西則十二十三十一十都花山由諸山鄉橫衍南鄉之同山豐江牌頭西山帆山礦亭宣何五指山等村莊

數百大者自立小者附從無不稱義民思制梃殺賊三月初五日敗城酋於祝橋民瀾孫家溪義民爲多十五日遂圍城賊伏不敢出西北鄉義軍更番迭攻不能下凡七日而退是時西北要隘皆設守禦若近城祝橋跨湖橋七岡嶺等處均設局輪防賊懼甚咸束載思遁有暨人從賊者進曰此鳥陣也不日布穀鳴趣耕不暇矣圍七日互以槍砲隼擊殺傷相當義軍困疲各散去二十七日直步義兵又攻城賊窺西南無團即出東門來拒義民駐列北莊阪而以一軍遶出七岡嶺賊疑爲西團即退入城義軍猛追至白水河有十三人已踉蹌入月城城賊擁出民不能接應爲所殺至於四月踞郡陸酋大集賊黨轉輾仇殺而闔境遂糜爛包村之事論者多任意毀譽惟邑人郭肇所記頗實節錄存之間有傳聞失實者并爲改正

包立身者諸暨包村人世業農富膂力包村馬面山背爲山陰灰竈頭立身嘗往來肩販石灰力勝三百斤父母俱存二弟一妹妹名美英世謬稱其通兵法能騎射嘗陷陣殺賊實則一鄉女也立身性謹愿與人無忤咸豐十年庚申五月忽自言遇神人日可行數百里取信物與人語未來事多億中自言其師爲斗子巖白鸞仙人人謂白猨者誤也少未嘗讀書不識字取筆

作黨字示人人遂信之其後結兵殺賊至數萬級雖有富陽蔣某教以營律其實專以神道設教嘗言大刦將至惟行善可免知縣蒙古鳳九庵枌從胥吏蕭某石某言召立身與語而信使設壇建醮於城隍廟冀爲蒼生緩刦廟中舊有二十四鄉社神祠東西廡檐楹相接方醮時有黄犬不知何來上社神祠瓦東西馳而過須臾失所在衆譁然余聞心知爲不祥及寇作而驗蓋粤賊蹂躪殆徧諸鄉非包村則賊不大創害亦不若是之毒也

初立身言賊至無可避處惟包村終不至人有信之者徑挈家往其地平壤負山無險可守聚族二三百家無信立身者奔貴令下來及包村村人從之立身隨者老入城賊知其人特設素宴款之立身窺賊所爲既返倡爲拒賊之說時則有蕭某石某李某并城內鍾氏牌頭酈氏數家與者寥寥會賊遣僞鄉官齎門牌至包村執之搒笞死賊閧議往攻先是蕭石輩倡言無恐賊當有神兵助立身即婦豎持竹刀亦可殺賊賊嘗以間豎人之鹵去者其人知賊中怯爲大言恐之已不能無奪十一月初三日李酋選積年老賊五百人親率以往未至則村中人紛紛竄逸郎崇信立身者亦束裝上山以俟惟親信三十人不動少頃見赤白幟閃閃距半里許三十人鳴金震喊賊反奔李酋抽刀斬之不能止山上人見賊奔即羣喊馳而下三十人多習鳥槍者連環放之不絕立身手大金刀麾衆殺賊李酋至棄騎失履跣足疾走十里息纔屬郎又不窮追自是立身名大譟適月衆至萬諸暨山陰會稽蕭山嵊縣富陽諸縣敢死士及富室宦裔多歸之者十一月李酋一軍徙攻天台爲台人所殲郎有余

酋曰洽天義者至城踞之東鄉鄰嵊嵊人前此衝斯宅賊營茲間立身勝郎呼號東鄉人數萬假包村名攻暨城至則漫無紀律至落馬橋前隊爲賊所挫各鳥獸散於是賊又焚刼十餘日方戢兵余酋遂議攻包村王戌正月十六選軍數倍於李昇大礮以往包村人愈輕之安堵如故惟於村外四周編竹爲籬高纔隱人村前水田豬迦僅一徑可通人雖眾無所用之賊至閧若無人突有鳥槍出籬間礮其前隊大人旗手賊伍視大旗爲進退此賊礮旗倒眾無措遂狂奔村人乘勝追殺賊自相藉踏死無算自是賊中震慴聞攻包村即自分必死踞城一股不敢出隊矣

包村離縣遠去山陰漓渚近漓渚有賊卡踞郡陸酋僞來王者所轄已爲包村人截破僞來王者頗知戢軍山會八以是得少休而苛索富民銀帛皆土猾唐某爲導正月初五日索詐柵溪之銅坑寺寺僧赴包村潛告包村某往獲五八騎戮之唐脫爲來酋有養子某素親信嘗出郡城外三十里暱一少婦之變之包村人知之稔即覓傒輿具果餔假爲少婦言逆之賊子欣然就輿乃舁之之徑往包村來酋閧頓足百計丐人請贖許以萬金包村佯諾之而索唐與賊驍將某爲質來酋猶豫則已臠割徇眾矣酋大怒思親統大軍攻之未發也包村又襲其婁公賊卡婁公較漓渚愈近時猶嚴寒未曉而至賊於睡夢中墮首覺之裸投河中亦一死無脫者酋轉懼之甚乃遺驍將某率眾萬餘從婁公至臘嶺一路賊營相望廿五日以勁賊數千從馬面山後圍繞包村東北村眾殊驚惶立身故謂無妨惟嚴戒山上勿動約一時許率親隊數十人向賊薄之賊不覺反踵遂奔村眾見賊濟

咸鼓勇競逐及之賊即踣地受刃至臘嶺路隘人擠藉踏無算閲日賊復以百餘人搦戰包村人出即疾走立身戒勿追賊計無所施遂嗒焉歸郡詢之則果於臘嶺焦坑等處埋礮設伏也人益奇之二月既望來酋會杭賊陳酋嵊賊周酋號衆十萬親統之分兩道一自東由臘嶺山徑而已從西由尖山水道助賊者爲之鄉導旗幟蔽天戈鋋耀日顧蟻屯白塔湖遷延不敢近時包村已布檄遠近共殺賊應者如響若十二都孟氏直步傳氏大橋里呂氏其最著者西北一帶上自富陽界橫衍十九二十等都下訖山陰蕭山皆豎白旗號義軍矣去包村三里曰古塘有陳朝雲者年二十餘軀幹短小有膽素爲米肆業補麻袋至是包村四周已樹柵左近皆起義師無所屬山陰王某家富慕包村挾巨貲來主湖西周某則朝雲戚也謂朝雲自言得神人授可統衆殺賊王允爲助餉遂推之以爲率賊圍包村意在持久忽朝雲率衆上山鳴金羣呼殺賊不圖率外變倉皇失措西北鄉團又自山谷間出皆白布抹首衣白衣爛望如雪賊遂大潰衆四合又無可奔其率先驍賊潘某即包村所索易子賊者死於陣梟首去羣賊舁其屍奪路奔尖山來酋見羣舁一人無首紅巾羃之詢之大慟須臾義兵至賊猝不得遁黨賊者爲匿來酋空棺中以免其所統賊隊蟻船沿江一望無際敗賊爭覓船山陰天樂鄉團從隔岸發鳥槍擊賊火落舟中適火藥舟也轟發一風烈頃刻燒舟皆盡賊赴水藉踏火爇兵死匙脫者其由臘嶺一股四散鼠竄所過小村或不知狀猝見賊方懼難脫賊即長跽解腰橐乞免村民見如此即奪其手中刃斃之賊百輩俯首就戮不敢動有賊十餘越山谷見樵者脫棉其衷衣白

色以爲義師羣呼大仙饒命不敢走樵者揮斧砍之立盡是役也賊死者數萬人浙以來此爲巨創然實不藉包村力有西鳴武舉呂高華者偉有力自西一旅率高華統之足抗朝雲云案隔岸發烏槍擊賊火落火藥舟中者係次鳴俞寶善所統之團兵此言山陰天樂鄉團者誤也是日也賊舟至小滿山山陰天樂鄉團邀擊於江口賊舍舟登陸以兩路包裹之團兵陷其中垂敗諸暨鄉團烏合遙聚於兔石頭新江口一帶隔岸不相救并賓善兵至賊即揚帆鼓棹而去矣蓋寶善所統多獵戶最勁悍後敗於石坂嶺其死亦最慘

有自賊中逃者言來酋敗歸精銳略盡乃偏檄浙東西踞賊尅期復仇且請援於金陵羣賊難之來酋堅不可乃合僞王者五分道來攻四月十二甯波克復敗賊麕至方五十里皆賊壘矣顧賊黠甚圍包村者僅堅壁自守悉分精銳攻西南北鄉團各鄉勢不能相屬且難於持久遂相繼淪敗若十二都十三都直步長瀾等村村皆千餘家焚殺殆盡南鄉同山敗最後災亦少戢而在包村用事者皆富室有眷屬不肯出師救人僅僅爲自守計諸敢死健兒日日堅請出立身第云須時至亦無他設施而親信蕭石葦故胥吏不知遠謀井蛙自大惟恃立身一人且所恃者一子虛烏有之大仙皇惑猶豫萬喙洶洶以及於敗

壬戌四月僞梯王僞首王等十餘萬衆壁於楓橋與僞來王來必湖而軍二十六日包村突出數十人搗其壘賊敗走旋回軍撲團勇數十人者方入賊營掠物無紀律賊殲其半餘皆潰散自是立身遂閉營不復出矣右一則參辛壬紀事

先是人問立身包村可免刼否曰在刼者居此亦無益免則處處可免問本村人免否曰當此猶孳孳爲利烏得免問尊父母免乎曰亦難蓋人依包村僦其屋價倍昂後屋不給即屋旁蔬圃隙地皆作草舍亦昂其直矣立身故言

賊之攻包村者數十次無不奔北村外有大塘二先是立身指謂人曰吾殺賊塡尸二塘當滿至是果驗踞郡來酋每敗於包必東載待恐其攻郡焉當道聞其名屢欲招致之如甯紹台道張景渠同鄉朱久香閣學蘭各以書幣相款王孝廉堃陳大令其元皆親詣其村均莫爲應戰則占賊來何方嘗設備果然必大霧瀰漫敵不能窺其動作士卒或神馬纏頭示法術或縛草爲人插寨中搖旗以農具實土編竹木環營槍砲穿隙輒中有木匠陳紹先以力稱持斧劈賊自頂至踵爲兩半親隊多爭先敢死如武舉陳殿祥陳廷柱文生酈暄酈鍾村農包阿浩皆以馳逐酣殺死於陣包動典者至腹洞腸出又手刃數賊趣營門踣地而絕謂其全恃術者誤也賊畏之如虎且奇之卑辭厚幣聯之數四而後止即外圍盡潰賊無後顧而僞五王者衆號數十萬亦第環營十里以外無敢薄壘自五月初六賊僞爲大梁山援兵誘包包爲所敗賊遂知立身無術日逼村堡矣村中男婦四五萬人始猶各家其家繼則男女分廠席邃無隙尺地金觸尸穢飲水毒疫死無算既危求出墮匡彼鹵殺死無算婦女老弱相率自盡無算飢而死渴而死又無算至於七月朔大潰不過十之一二矣事平斂骨封塚册報枯顱十萬餘千則賊嘗與焉　右一則參山陰陳錦書卿勤餘文牘

案賊之僞爲大梁山援兵則鄰村虞秀裳教之也

是歲西北半縣田盡荒蕪東南尚得耕耨而賊營相望所距二三十里許稻皆爲賊所穫村中少壯或不避則脅之傭多不能回

八月初旬賊以大股深入龍泉開化孝義花亭諸鄉甚至搜山拔叢徹宵不戢十四日斯宅不守前此六月斯宅土猾某導賊入村恣虐族人族衆切齒羣起除猾賊遁去時高湖踞賊嘗掠東鄉東北隔絕諾傳包村剋日出師遂建義旗以距高湖之賊而賊亦弗至至是賊以大股來壓民鑒於西北慘禍不與力抗得保廬舍十七日賊酋那天義由嵊之鍾家嶺敗竄東鄉二十三日復由嵊去閏八月十三日東北鄉駐賊始分黨由東北別竄是時官軍攻金華蘭溪甚急侍逆屢召赴援而羣賊輒游移遷延始則以攻包村爲辭繼則藉口斯宅至是始行又分夥數萬入嵊禦團然則義民之牽制賊勢以暗助官軍唾手者實不爲無功矣

十月初前甯紹台道張景渠克復餘上二邑新昌嵊縣之賊一時遁竄諸暨蜂擁東鄉然賊情倉皇不敢久駐分由西南義浦而去意在援救能游湯溪也

十一月余匋率黨援蘭溪賊譚星未幾敗回次年正月遁

十二月道委代理諸暨縣陳煥聲至自嵊縣暫駐東鄉馮蔡村民咸額手相慶知平賊有日矣

二年正月左文襄（諱宗棠字季高湖南湘陰人以辛酉十二月督師至衢時駐節金華）令布政使蔣公（諱益澧字薌泉湖南湘鄉人）按察使劉公（諱典字克庵湖南甯鄉人）各率所部諸將分路追勦合攻諸暨時已連克龍游湯溪蘭溪金華各城賊失重險枝葉披離侍首戴梯四僞王由義烏竄入邑之東西各鄉東陽義烏之賊亦向龍泉開化二鄉一路紛竄賊無行糧穅秕盡被搜括十六日余匋聞風膽落率衆遁而以城屬僞鄉官方某（匋初擬由浦入富至白馬橋聞官軍營壘已逼浦城遂奔回城越宿下竄）十八日劉臬憲部將王少春黃有功李耀南喻可宗楊芳桂各率所部由牌頭攻諸暨之南劉璈及宋明亮齊蘭禮各率所部由草塔截其竄逃之路（時浦江已克諸將由白馬橋至牌頭草塔等處）

截賊上竄以四僞王蟻屯臨浦尖山等處也二十二日二十都鄉團踴躍進城僞鄉官
率遺賊夥黨詣葉護提督軍前乞降受之時余賊雖走僞經政司張懋夫等猶留守城池
至是遂降二十三日蔣藩憲前隊總兵高連陞副將熊建益擊賊酋何
文慶於江東賊敗遁西路劉軍黃少春等亦率隊至城遂復何文慶偵
知余酋遁走由紹興率黨數千道楓橋冀踞縣城適高熊二將由
義烏率所部馳至委署陳令先存街亭風聞東路有賊逆上謁次
稟明二將整隊飛馳兜勦遇於迓福門奮擊之斃賊百餘生
擒數十何文慶纔至長官橋其黨已反奔遂狼狽鼠竄而去越日
東陽永康敗賊萬餘又紛紛竄至知官軍駐城偃旗韜戈疾奔去
葉護提督部下都司楊應
龍截擊於路頗有斬獲諸將搜緝附城村莊遺匪三日遂移營
劉軍由應店街踰石版嶺進勦桐廬富陽當杭州之西蔣
公所部高熊二將由臨浦義橋蕭山而前當杭州之南而首梯
戴三酋因官軍追躡羣率黨由義橋登舟下竄人多船不能容沿江溺斃無數二
十六日甯波中外兵復紹城蕭山賊亦遁浙東以清見許雪門書諸暨殉難始
末文襄命遊擊谷香山帶副中旗兵三百名鎮守諸暨尋赴郡

同治二年正月二十三日城既克復道委代理知縣陳煥聲幫辦諸暨防務閒用知縣馮志勤入城城中滿目蕪穢應祀各廟及丞尉衙署監獄倉庫無一不遭拆毀惟 文廟書院與印官衙門巋然然亦僅存壁瓦矣因暫駐南司蔣姓宅時兵馬絡繹辦公吏胥一無可訪惟投誠幾輩與一二帶團勇者句當公幹至二月初四日纔將克復稟報所稟係賊黨投誠鄉團復城等語多粉飾不可據大干各憲駁飭蔣公既到卽改委隨員朱廷梁代理於二月初八日履任於是鄺清衙署訪召舊胥供職前令許瑤光奉左帥命來暨二月初四到查辦土匪副中旗兵三百名歸許調遣乃設善後局於僞首王府在文廟之右嗣作糧廳公館今歸還地主矣飭勇糞除街道街路瓦礫堆塞白骨狼藉大鼠長尺餘成羣嘯嚆不畏人臭穢薰蒸觸之卽病收埋遺骸城中無遺粒賊儲粟於城隍廟右遁走之時一炬焚之蒙蔣公發給賑米二千一百石命城鄉設粥廠以食餓者廠既設饑民成羣跛躄入城跌卽僵卧不起死者日以百計施藥餌以振時疫又飭自金華運穀

三千石至暨部署略定蔣公進勦杭州大隊拔營許公協邑侯出示安集四鄉收繳軍器借給耕牛耔穀以開濟農民種子即金華之穀耕牛乃曾充僞鄉官者照過輕重罰鍰以買牛於江西按莊給牛一口穀若干石命紳者領之限次年完繳後亦免當時村莊或無紳者則推之於都於鄉具領不令向隅招商買貿易命紳董勸籌米捐平糶時他縣有抽各項釐捐以充濟繁費者後經左帥奏准我邑獨不辦以致百端難舉則當事之膜視桑梓也修葺書院以待開課編立條款命設局江藻采訪闔邑陣亡殉難男婦暨收埋包村骸骨當時福建建甯鎮林文察駐暨捐洋銀四百五十元以倡嚴緝蓮蓬餘黨謠傳何文慶祖墓有異兆奉憲札飭遷棺棺中蜈蚣斗許無他異捕何文慶子長齡於狹山斬之四鄉之附賊爲惡者搜捕淨盡凡由鄉閒獲送隨即梟首一二不法村莊則以兵勦之除暴安良至今猶載口碑也是年雨暘和調高下有秋田雖强半荒蕪而穀熟價減六月以前米一升值百二十至七月減去半國家又蠲租賦百貨漸湊閭閻安堵斯民欣欣有生機矣

光緒二十五年庚子直隸有義和團之變邑人平日受教民之辱者憤思報復而南鄉尤甚莠民楊某以神道煽惑鄉愚王某羣不逞之徒從而附會之六月初旬結盟於斗子巖之龍王殿十二日牌頭鎮教堂燬城中教主聞之攜眷去十三日刼城中耶穌教堂知縣倪望重坐視不出楓橋鎮教堂亦被刼時紳士編修陳遹聲方在城修志馳函命其家護教士戴某出境十四日訛言南鄉民變知縣倉迫無計請陳紳偕城紳廩貢生孫篤慶馳往諭之至牌頭夜已二更矣王某等方糾衆數百人聲言欲攻縣城百端曉諭始散去十五日黎明天大雨南鄉紳士均集同文書院蒙雨上斗子巖遣散餘衆十六日陳孫二紳偕南鄉歲貢生樓敬熙馳回縣城蘘圖善後至會義橋聞城內教堂已於十五日被焚矣十七日匪黨刼守城兵軍器將鬧衙署知縣窘甚至書院問計乃議令城

守劉弁率捕役鍾某等閉城搜捕城内民之避亂者爭思出城而城外匪類思乘閒搶刼者各操兵樹幟聚七岡嶺窺城中虛實至數千人勢洶洶幾釀大變既而鍾捕役遇匪黨七人於龍角石里盡獲之立時訊問斬五人梟示城樓而城外之匪類散城内之民心稍安越數日令武舉人蔣君誘緝匪首王某斬之又數日前任知縣沈寶青奉巡撫命偕某參將率兵至陳紳勸沈前令駐兵城中箭從往南鄉慰諭百姓亂遂定蓋沈前令素得南鄉士民心也

諸暨縣志卷十五終

諸暨縣志卷十六

田賦志

戸田之賦由來舊矣漢魏以後以唐租調庸最爲近古自楊炎更議兩稅古法蕩然顧宋以後循而不改明之一條鞭善矣

國初承明制至乾隆而法乃大備咸豐辛酉東南兵起版圖半燬嘉道以後之籍遂無所稽左文襄公奏定課則官民始有所遵守兹編分爲四目曰成案斷始於明以

國制多沿明例也曰戸口曰田額曰賦額皆始宋元者以唐以前邑額無徵也不書纖數遵康熙二十四年乾隆三十一年

上諭也賦額之附六曰起運曰存留曰鹽課曰漕課曰站課曰外賦循賦役全書例也

成案

明洪武十四年詔天下編賦役黃冊以一百十戶爲一里推丁糧多者十戶爲長餘百戶爲十甲甲凡十人歲役里長一人甲首一人董一里一甲之事凡十年一周曰排年在城曰坊近城曰廂鄉都曰里里編爲冊冊首總爲一圖鰥寡孤老不任役者附十甲後曰畸零僧道給度牒有田者編冊如民科每十年有司更定其冊以丁糧增減而升降之冊凡四一上戶部三存布政司及府縣上戶部者冊面黃紙故曰黃冊定賦役法一以黃冊爲准冊有丁有田丁有役田有租租曰夏稅曰秋糧凡二等夏稅無過八月秋糧無過明年二月丁十六曰成丁不及十六曰未成丁凡二等成丁而役六十而免又有職役優免者役曰里甲曰均徭曰雜泛凡三等以戶計曰里役以丁計曰徭役上命非時曰雜役皆有力役有雇役州縣驗冊丁口多寡事產厚薄以均其力明史食貨志黃冊後成具文有司

徵稅編徭則自為一冊曰白冊

二十年分行州縣隨糧定區區設糧長四人量度田畝方圓次以字號悉書主名及田之丈尺編類為冊狀如魚鱗號曰魚鱗冊先是編黃冊以戶為主詳載舊管新收開除實在之數為四柱式而魚鱗冊以土田為准原阪墳衍下隰沃瘠沙鹵之別畢具魚鱗冊為經黃冊為緯賦役之法定焉

隆慶元年諸暨縣知縣梁子琦創行投櫃法

先是嘉靖四十五年巡按浙江監察御史龐尚鵬始奏請行均平條鞭法邑之賦役舊分為二自此法行而役亦賦矣錢糧上納舊有收頭奸民轉輾謀充挪新補舊終不可了自有投櫃之法而弊始絕隆慶志略

萬曆六年令天下府州縣通行丈量三年之內完丈造冊繳報

洪武自造魚鱗冊遂令額外荒土任民開墾永不起科又有不准額外丈量之禁數傳以後夏稅秋糧漸以變易墾田則或朝廷從新起科或勢要指爲無糧地土據爲已有甚至本額徵糧之地一例混奪民產既失稅籍猶存苦不堪言而國家之正賦亦因以失額張居正當國以小戶多虛糧致累里甲賠補故建此議於是失額田糧一例埽除民賴其利王圻續文獻通考

九年行一條鞭法此法自嘉靖始議行

一條鞭者總括一州縣之賦役量地計丁丁糧畢輸於官一歲之役官爲簽募力差則計其工食之費量爲增減銀差則計其交納之費加以增耗凡額辦派辦京庫歲需與存留供億諸費以及土貢方物悉併爲一條皆計畝徵銀折辦於官自嘉靖時巡按龐尚鵬隆慶元年餘姚知縣鄧材喬已議行至是年朝廷

始頒爲定則四十六年驟增遼餉三百萬戶部尚書李邦華援征倭播例請畝加三釐五毫明年又加三釐五毫又明年兵工二部復請加二釐遂爲歲額崇禎軍興又一再請加以迄於亡

二十二年諸暨縣知縣尹從淑創行清收法

邑自一條鞭法行公私兩便而櫃頭數易侵漁漸多收儲者駕虛名謀解者掇空批從淑定爲清收之法析戶析丁實收實折申定永額勒石以垂不朽隆慶騶志

國朝順治元年禁天下毋得正賦外再收火耗各直省文臣齎錢糧冊籍以進皇朝文獻通考

三年令漕白二糧與歲貢絹布俱官兌官解以紓民困

四年詔天下編審人丁

五年令三年編人丁一次戶有四曰軍曰民曰匠曰竈各戶凡上

中下三等丁有民丁有站丁土軍丁衞丁屯丁之數而登諸黃冊由戶部彙疏以

聞

六年頒行易知由單

十二年頒部鑄步弓尺於天下廣一步縱二百四十步爲畝（方廣十五步縱十六步）

十三年頒示賦役全書及丈量冊黃冊赤歷會計冊易知由單截票串票印簿循環糧冊奏銷冊之式

賦役全書先開地丁原額繼開荒亡次開實徵又次開起運存留附開開墾地畝招徠人丁每州縣各頒二部一存有司查考一存學宮令士民檢閱丈量冊以田爲主黃冊則以戶口爲准與賦役全書相表裏赤歷每年頒二扇開列戶口錢糧數目一

備賸員一令民自登納數布政使歲終磨對會計冊則備載州
縣正項本折錢糧凡起解到部逐項注明年月日期解戸姓名
以杜侵欺併稽完欠其徵收則承明代一條鞭法由單則每州
縣開列上中下地丁正雜本折錢糧末編總數刊成定式每年
開徵一月前給散花戸使民易知截票開列實徵地丁錢糧數
目分爲十限每月限一分串票用印鈐蓋就印字中分爲兩一
給納戸一留庫櫃存驗印簿由布政司發令糧戸親填入簿季
冬繳司報部糧冊則以各區納戸花名細數繕造成冊務與一
甲總額相符易於摘比循環簿照賦役全書款項按月循環徵
收奏銷冊以直省錢糧支解完欠按年彙造清冊歲終送府轉
司達部據以銷核

定五年編審人丁一次

十五年定編審人丁冊於次年八月內到部

康熙六年令蠲免年分流抵一項將完戶今年應蠲之分數與抵免之銀數塡入次年由單之首每戶各報一單得於次年正賦中算除從給事中姚文然奏請也本年已完糧得蠲免之令準於次年正賦除還曰流抵

令停止直省造送黃冊會計冊

十一年令浙江所屬食鹽鈔銀攤入地丁徵收

十七年令浙江等省衛所屯丁照州縣人丁例一體編徵

十八年令州縣日收錢糧流水簿於歲底同奏銷冊齊送磨對其歲造赤歷永行停止

二十四年令重纂賦役全書止載切要題目刪去絲毫以下尾欠以杜吏書飛灑駮查之弊

二十五年令各省不得作分數雜項錢糧通歸地丁案內報銷

二十六年賦役全書成

二十八年行三聯印票法

州縣錢糧向用二聯印票官胥借名磨對將花戶所納之票强留不還遂有已完作未完多徵作少徵者今行三聯票一存州縣一付差役應比一付花戶執照所徵戶均給三聯印票照數塡寫如州縣勒令不許塡寫及無票付執者以監守自盜論

三十六年以浙匠班銀派入地丁徵收賦役全書

浙江匠班一項戶籍雖在八丁已絕其實徵銀七千四百九十餘兩均派於地丁項下帶辦皇朝文獻通考

三十九年令設立徵糧滾單賦役全書

凡徵糧立滾單每里之中或五戶或十戶止用一單於納戶名下注明田畝若干該銀米若干春應完若干秋應完若干分作

十限每限應完銀若干給與甲內首名挨次滚催令民遵照部冊自封投櫃不許里長銀匠櫃役稱收一限若完二限又依此滚催如有一戶沈單不完不繳察出究處皇朝文獻通考

四十三年令州縣徵收串票將漕項地丁數目分別注明毋許蒙混徵比賦役全書

五十一年乾隆府志作五十二年樓志作五十六年誤

上諭海宇承平已久生齒日繁人丁雖增地畝並未加廣應令直省督撫將見今錢糧冊內有名丁數勿增勿減永為定額自後所生人丁不必徵收錢糧止將增出實數另造冊題報直省督撫及有司官編審人丁時不將所生實數開報者特恐加增錢糧是以隱匿不據實奏聞豈知朕並不加賦止欲知其實數耳於是九卿議嗣後編審人丁據康熙五十年徵糧丁冊定為常額其新增者

謂之

盛世滋生人丁永不加賦有司將所增丁口實數别造清冊謂之

盛世滋生戶口冊

五十二年頒

恩詔復申明滋生人丁不加賦之令

五十五年戶部議以編徵新增人丁補足舊缺額數除向照地派丁外其按人派丁者如一戶之內開除一丁新添一丁卽以所增抵補倘開除二三丁本戶抵補不足以親族之丁多者抵補又不足以同甲同圖之糧多者頂補如有餘丁歸入滋生冊內造報

雍正二年令提解州縣火耗以給官養廉及他公用

考錢糧出於丁田之中火耗加於錢糧之外自明以來始有之蓋由本色變而折銀取之於民也多寡不一解之於部也成色

有定此銷鎔之際不無折秏而州縣催徵之時不得不取盈以備補秏亦猶糧米之有秏米也迨行之既久州縣重徵於民上司苛索於州縣日增一日因循瞻徇視爲應得之物遇公則加派私徵皆取之民又不止重秏而已此其故由有司無養廉之資而閭閻滋科派之累自提解火秏之法行百姓永無籍名苛派之累官吏得有潔己奉公之資加於民者無多益於民者甚大

皇朝文獻通考

令各省州縣將下年徵糧之紅簿於上年十月內申送布政司鈐印於開徵前給發州縣徵收時眼同花戶登記塡寫串票上司盤查即取布政司鈐印之紅簿對驗徵收卯簿該官務須親對完欠毋得假手戶房民間輸納銀色不足者自應傾銷但州縣設立官匠因以累民者甚多令地方擇銀匠之信實者數人連名互保聽

民投鋪領鋪

上諭民間輸納錢糧用自投櫃法亦屬便民之道但偶有短少令其增補每至多索其數浮於所少之數理應將原銀發還仍於原封內照數補足交納庶可免多索之弊

四年令浙江丁銀攤入地畝徵收每賦一兩徵丁銀一錢四釐五毫不等

諸暨原額田地山塘蕩等項加新陞共徵銀四萬八千一百二十四兩三錢三分七釐有奇米五千四百七十八石四斗八升三合六勺有奇每銀四兩二錢五分三釐有奇米四斗八升四合二勺有奇派成丁一口每銀三兩八錢三分三釐有奇米四斗三升三合三勺有奇派食鹽鈔丁一口每銀三兩二錢二分一釐有奇米三斗六升六合七勺有奇派食鹽課口一口賦役全書

六年定行順莊編里法

如一人有數莊數甲之田分立數戸者併爲一戸或原一戸而實係數人之產卽分立的戸花名若田畝未賣而徙住他所者於收糧時舉報改正田坐彼縣而人居此縣者就本籍名色別立限單催輸皇朝文獻通考

雍正十年諸暨縣知縣崔龍雲申嚴順莊滾催實革里書永禁碑爲申嚴順莊滾催實革里書爲害錮弊之禁勒石永遵事雍正九年十一月十九日奉

太子少保兵部尚書都察院右副都御史總督浙江等處地方軍務兼理糧餉管巡撫事李前事憲示內開照得浙省徵輸每圖設立糧長現年代催應比里書害□苛派□民爲害已久從前歷有禁案無如名色變幻未嘗除根藪之詭立戸名瓜分散

裝滾催阻礙逋賦纍纍本部院題明奉
旨特行順莊滾催永除糧長現年戸首單頭各種名色參官處役已費數年苦心漸見成效但利於民者不便於蠹役日後阻撓變計良法不行除另候縷悉弊端刊書編布外先須經久規條簡切勒石永禁官民交相遵守條款列后

計開

一永定順莊之法各屬糧戸俱照本人住居用的實姓名挨戸順編不許參差跳越别圖田地盡行歸併戸下不許瓜分詭名祀田公產塡明族長值年的名俱於開徵時不論錢糧多寡照冊内住居挨戸塡單每月分定限期止發總保交給首戸以次傳知不許差役分發各戸單到案限完納將銀數日期自塡單内末戸完日即交櫃書繳銷不許造戸改滚差人追單如有匿

單抗欠者一月限滿口挐本戶究處不許列單總催總比其外縣人民各編某縣寄莊注明佃戶姓名另立限期發單交佃傳知秋收不完着佃扣租交納南米漕糧屯衛以及各場竈課亦照此滾催至莊民如有遷移各鄉於月終報縣推轉發滾此法永行毋許變更

一永革糧長現年差入下鄉之弊徵糧既發滾單不須輪卯應比從前一切糧長現年戶首遞年單頭總催等項名色盡行革除敢有仍令催糧比口并濫差下鄉滋擾者官參役處

一永除圖甲之弊從前各圖限定田數立爲十甲分派值役挨年輪甲圖管今按住居順莊不拘田數多寡所有原圖十甲名色盡行革除以絕糧現弊根永不許借均田均役爲名虛立都圖躭擾勻裝紛更成法

一永革里書之弊歷年里書盡行革逐不許更名盤踞所管冊籍追出交官簽典誠實縣書經管每年換充鬮分不許一人坐管凡糧戶查冊□勒需索稟縣立拿詳究徇庇赴上司呈控并參

一永禁吏蠹需索之弊紹興府屬糧現既革凡戶糧刑房丁田科里書冊書圖書圖差圩長圩總管圖甲首歇家等項人役上卯開手銀錢酒席添□冊費卯包飯錢差錢杖費到鄉酒飯船錢歇宿冬夏二季抽豐年規銀米以及派值省府人夫科斂修倉經臨過往雜差等項勒索陋規盡行革除其地方命盜踏勘句攝人犯等事一概不許干涉□民永値供應

一永定由單之法每年開徵前將各戶田地山塘核明科則加減確數按戶頒給易知由單印官□備公銀發給紙工不許分

文科派倘有飛灑暗派浮加單費及匿單不發者揭報參究

一永定推收之法凡典賣產業於成交稅契時隨卽推收過戶不許賣主措勒因順莊初行各縣多有只將田糧數目彼此開除未有田畝字號清付莊書借此措勒橫索是以今屆大造之年暫令各圖有田殷戶一人情願認充者管理冊籍推收完竣交□歸農並不令其每年管冊亦不許州縣抑勒承充差擎滋擾一切錢糧催比等事不得干涉殷戶致累并照程升司議定凡推出收入田一畝只取銀一分地山塘等一畝只取銀五釐以爲紙飯費敢有縣蠹借名把數勒索殷戶包費多取推收分文者拿究處死嗣後民間典賣產業卽將字號推付過戶則逐年推收既清卽屆大造亦無容另點殷戶承管更爲便民永宜遵守碑文

八年申明三聯串票之法皇朝文獻通考

嗣後州縣收糧米之時預將各里各甲花戸的名塡定三聯版串一給納戸執照一給經承銷冊一存州縣查對按戸徵收對冊完納卽行截給其未截給者卽係欠戸有糧無票有票無糧者卽係書吏侵蝕查比查究甚易

十一年令錢糧小戸一錢以下及大戸一錢以下之尾欠皆准納制錢每銀一分完制錢十文

乾隆六年禁官吏於滾單多開分數以圖混收

二十三年令州縣錢糧隨徵隨解不得久儲庫內從戸科給事中黃登賢請也

戸部議請從黃登賢奏删除地丁錢糧奏銷項下折徵顏料等款目

二十九年續纂賦役全書

三十一年

上諭銀庫司所奏月摺內地丁項下開寫絲毫忽微等細數此等名目極爲纖悉而秤兑時竝不能將此數分析彈收徒屬有名無實嗣後各省徵收錢糧以釐爲斷不必仍開細數

三十三年詳准諸暨錢糧銀米一條統徵科則由單一律須發不必徵收本色賦役全書

諸暨南米原徵本色每年除派紹協之外餘皆儲省倉以爲滿漢兵餉及織造匠役月糧之需因地方向來不產圓米又處山僻不通舟楫難解本色康熙雍正閒每年開徵鄉老等集城隍廟議價私折銀於官役赴省購米交倉雍正五年總督李因杭城市價長落不齊恐啟加派多收之累議飭每石定價銀一兩

三錢外加秏銀一錢科算折徵歸入地丁項内統徵分解每於秋收之後藩司委員採辦又緣外辦與部檔不副經藩司張奏准據實造報嗣因原定折收正秏與乾隆十一二至十五六年米價相懸過多經巡撫永於乾隆十六年請照乾隆十五年時價酌中定額除秏銀仍按原徵收納外其價每石增三錢共徵正秏一兩六錢解司委辦價昂兼買籼米搭放十六年以後米價有加無減委辦賠累又難再議加價乾隆二十四年經巡撫莊　題准收本地尖米乾隆二十八年以漢軍出旗爲民額米有餘巡撫熊　奏定於乾隆二十九年爲始舊例改折銀一兩六錢併入地丁統徵分解所有南米内奉派紹協米一款應仍徵本色放給知縣黃詳請隨同省米改折價銀未奉允准又經藩司索詳請將省米亦照撥協營糧徵收本色於青黃不接

之時糶價解司檄飭到縣隨有糧戶樓安國等以懇復折徵上
顲經巡撫熊批司議覆藩司索詳覆省米依舊折徵營米石斗
大戶徵收本色升合小戶聽輸折價諸暨糧戶升合居多竝無
石斗大戶乾隆三十三年署知縣陳復詳請統隨省米一條編
徵折價買米給放纂入科則徵收如不敷買官爲賠補奉藩司
劉知府明轉詳總督崔巡撫永批准立案自此諸暨南米每石
永折正耗銀一兩六錢萬民稱便樓志

咸豐□年續修賦役全書

同治三年閩浙總督左宗棠奏爲覈減紹興府屬浮收錢糧恭摺
奏祈
聖鑒事竊浙東各屬地丁南米經臣上年奏明應一律核減竝將
温州府屬先行減定在案茲查浙東八府錢糧徵數以紹興爲最

多浮收之弊亦以紹興爲尤甚山陰會稽蕭山諸縣完納錢糧向有紳戶民戶之分每正耗一兩紳戶僅完一兩六分至一兩三四錢而止民戶則有完至二千八九百文或三四千文者以　國家惟正之供而有紳民重輕之別以閭閻奉公之款徒爲吏胥中飽之資官司以賠累爲苦民戶以偏重爲苦若不明定章程刪除浮費弊累日甚其何以堪孟子論治以經界不正井地不均穀祿不平爲深憂者此也臣於上年釐定温屬地漕後即飭奏調來浙差遣候選知府戶部郎中顧菊生前赴紹興會同該管道府將歷年官徵民納實數及向來流攤各款逐細清查分別裁減茲據顧菊生等稟稱紹屬八縣六場正雜錢糧有照銀數完納有照錢數完納殊與定例有乖現擬統照銀數徵解其一切攤捐名目及道府各署陋規概行禁革并擬於正耗錢糧之外仍視各縣前徵多寡

每兩酌留平餘以爲各該縣場辦公之用開送徵解留用數目清冊前來臣細加覆核除正耗仍照常徵解外紹屬八縣額徵地漕等款并蕭山公租竈課銀四十五萬三千四百七十四兩零新昌一縣徵數業經減定勒石毋庸議改外其餘七縣共實減去錢二十萬五千一百零六千文南米額徵本色米七千餘石折色米一萬五千二百六十七石零減去本色耗米三百六十一石減折色耗錢一萬二千零七十二千文六場竈課額徵銀一萬四千三百八十九兩又蕭山牧租額徵錢一萬三千九百十六千文實減去錢四千二百四十二千文計共減錢二十二萬一千四百二十千文米三百六十一石但能永遠遵守大小戶一律完納以十年之通計之民間卽可多留二百餘萬千之錢三千餘石之米矣旣無須損上以益下民力自見其有餘亦無須裒多以益寡貧戶不憂

其不足官之徵收有定章則上下之交肅民之完納有定數則胥吏之弊除此次定章之後臣當飭令各屬一體勒石遵守如有官吏陽奉陰違於定章之外添設名目多取分文者定即立予撤參如大戶不遵定章完納致官有賠累之虞民有偏重之苦者亦必核實懲辦以昭儆戒所有覈減紹興府屬錢糧緣由理合恭摺具陳伏乞

皇上聖鑒訓示四月十一日內閣奉

上諭左宗棠奏覈減紹興府屬浮收錢糧一摺浙東各屬錢糧以紹興府屬徵數爲最多而浮收之弊亦最甚經左宗棠查明核減將紹興府所屬八縣六場正雜錢糧無論紳戶民戶統照銀數徵解一切攤捐名目及陋規等項概與革除計除正耗仍照常徵解外共減去錢二十二萬有奇米三百六十餘石民困諒可稍蘇即

著照所議辦理嗣後竝著爲定章永遠遵行不準再有紳戶民戶之别致滋偏重其地方官吏尤當潔已奉公剔除積習倘敢陽奉陰違添設名目格外索需及大戶不遵定章完納者即著該督撫核實查參懲辦以重國帑而恤民瘼欽此縣案

又札諭一道

爲曉諭事照得本部堂督師入浙以來目擊彫殘勤思撫字疊次札飭各該地方官嚴禁浮勒核減徵收以蘇積困復經照會顧郎中前赴紹興會同該署府楊守詳查紹屬各縣場前徵銀米各數分别釐減浮費去後兹據顧郎中楊守以紹屬各縣場錢糧除新昌一縣已經勒石定數毋庸更改外其餘各縣場應統以一兩一錢作爲正項外每兩酌留平餘津貼辦公竝將一切陋規裁革酌定用款稟復前來本部堂細加酌核所擬均尙

妥協當即據情入　告所有紹屬徵解錢糧合行出示曉諭爲此示仰紹屬軍民人等知悉自同治三年上忙啟徵爲始除正項一兩一錢外山陰縣地漕每兩准留平餘錢三百文南米本色每石准留米七升折色每石准照五千文折收會稽縣地漕每兩准留平餘錢四百文南米本色每石准留餘米七升折色每石准照五千文折收蕭山縣地漕公租竈課每兩准留平餘錢四百文南米折色每石准照五千文折收零戶米每石准照三千三百六十文折收牧租每千准照一千一百文徵收諸暨縣地漕每兩准留平餘錢三百文上虞縣地漕每兩准留平餘錢二百五十文餘姚縣地漕每兩准留平餘錢二百八十文嵊縣地漕每兩准留平餘錢三百五十文曹娥場金山場均每兩准留平餘錢四百文錢清場東江場均每兩准留平餘錢三百

文石堰場每兩准留平餘錢二百文自示之後准爾等地方刊碑勒石永爲定例無論大戶小戶一律照章完納不得稍有抗欠其完銀米應概用板串書吏不得包徵包解如有奸胥蠹役仍前勒折浮收或藉代墊及各項名目需索加費許赴該管地方官控訴申理爾等亦宜互相勸勉踴躍輸將毋得任意抗玩致干咎戾其各凜遵毋違等因除示諭外合行札飭爲此札仰該縣即將發來告示實貼曉諭以便周示毋違此札

附章程五條

一實徵一兩一錢解司除正款並耗銀餉餘外籌補一款現在裁革所餘之銀應作爲解費省歇傾工火耗釘鞘等項之用歸縣自行開銷其從前一切攤捐名目及各署陋規盡行裁革

一各縣徵收錢糧照例應用板串嘉慶二十四年曾經司詳通

飭在案嗣因日久弊生改用活串致書吏弊端百出現在更定新章應統用三聯板串如某戶應完銀若干均查照糧冊於串票內註明上忙完銀一半下忙完銀一半庶書吏不能有大頭小尾重徵倍徵諸弊而州縣發出串票若干即應徵銀若干亦易於隨時稽察　一串票櫃書向有票錢現在雖未全行裁革亦應明定章程不准例外多取其完納銀米花戶應隨完隨給串票不准延閣　一幕友修火自此次定章之後亦應減省大縣准請刑名一席錢穀一席其小席祇准酌留二三人中小縣刑錢併請一席小席准留一二人至府署向有發審修金由各縣攤派現已提辦公即不准再問州縣攤派　一院府縣試經費自此次定章之後皆不准列入流攤每屆應實用若干亦應由府預先酌定案年提存

附稟

敬稟者本年三月初四日奉憲臺批另發章程五條並仰妥議稟覆繳等因奉此遵經卑府鈔行各縣場遵辦一面移知司員會查奉發飭議章程內如錢糧應用板串徵收一條在附郭之山會二縣徵收皆用板串惟郡外各縣場或有改用活串徵糧之事當由卑府遵飭嚴查禁止又櫃書串票一條向例每張准取錢一文現當遵飭查禁多索又幕友修火一條亦當督屬凛遵辦理惟實徵一兩一錢解司條內有籌補一款現在裁革等諭此係道光二十九年辦理清查案內奉前撫憲　奏准提補通省挪缺之款並奉核定各屬每解地漕銀隨解籌補銀十兩令遵辦在案茲蒙裁革似應請　奏又院府縣試經費每屆實用若干應預先酌定按年提存一條檢核擬呈清册原定各縣

每年各考費暨各房費并捐給各款山陰縣錢二千四百串會稽縣錢一千八百串蕭山縣錢二千串諸暨縣錢一千二百串餘姚縣錢二千串上嵊二縣錢各一千四百串共一萬二千二百串議請酌提一半爲考試經費以三年兩屆而計共可提存錢一萬八千三百串歲科兩考有文武兩試及專舉行文試之年分應用經費不無多寡並議以一萬串爲歲試各經費八千三百串爲科試各經費核與向辦歲科兩考用數亦皆有絀無盈仰蒙憲臺明諭不准列攤尤慮州縣更調不時或涉偏枯若按徵數提存設遇歉歲蠲緩款難如數提足計唯將每屆酌定考費錢文議令各縣按照在任月日預先存出如遇交代責成前官存交後任或提儲府庫俟屆辦考之年按數動用第不准有不敷名目額外加派以杜冒浮是否有當合將遵飭會議緣

由稟覆仰祈批示旋皆批准

戶口自攤丁入地後戶口無賦記報無繫重輕故多不實是編從略

宋

大中祥符籍戶四萬九千六十二丁七萬七千八百六十七嘉泰會稽志

嘉泰籍戶四萬二千四百二十四丁五萬六千四百二十二不成丁一萬八千五百二十七

元

至元籍戶五萬三千九百七十八丁缺隆慶駱志

明

洪武籍戶三萬一千三十七丁一十七萬九千六百四十四萬歷府志

永樂籍戶四萬一百四丁一十六萬四千四百六十九

宣德籍戸三萬六百七十一丁一十四萬七千五百五十隆慶駱志

宏治籍戸一萬九千五百二十七丁一十一萬四千一百四十六

成化籍戸二萬一千一百丁一十一萬九千一百三十七

正德籍戸一萬九千三百二十六丁一十一萬二千一百四十六

嘉靖十年籍戸二萬九千四百二十七丁一十一萬三千一百四十六

嘉靖末籍戸一萬九千五百四十丁八萬九千七百八十八

萬歴籍戸一萬八千四百一十丁三萬八千六百八十四男二萬三千七百九十六女一萬四千八百八十六萬歴府志

明末籍戸缺丁三萬八千六百八十四男成丁一萬一千二百八十五幼丁一萬二千五百一十一女一萬四千八百八十八章志

國朝

順治三年戸口照明末之舊康熙四年戸二萬七千九百五十三丁原額三萬八千六百八十四新增一百一十一共三萬八千七百九十五男成丁一萬一千三百一十三幼丁一萬二千五百五十四婦女一萬四千九百三十八章志康熙二十年實在人丁三萬八千八百五五十二年令據五十年丁冊定爲常額以續生人丁入盛世滋生冊永不加賦是年諸暨新增人丁八百四十一康熙府志康熙六十年原報原額人丁四萬一千一百一十四雍正四年實在人丁四萬一千二百八十六九年編審舊管人丁四萬一千二百八十六新收人丁三千六百三十九開除人丁三千九十三實在人丁四萬一千八百三十二內除原額完賦成丁一萬一千三百一十口每口仍徵銀一錢一分徵米五合六勺外實

盛世滋生增益土著成丁一千七十九口永不加賦除食鹽鈔丁原額完賦一萬二千五百五十四口每口仍徵銀六分四釐米五合六勺外實在滋生土著增益食鹽鈔丁八百八口永不加賦除食鹽課口原額完賦一萬四千九百三十八口每口仍徵銀一分五釐米五合六勺外實在滋生土著增益食鹽課口一千一百四十口永不加賦賦役全書

乾隆籍戶十一萬八千三百五十八男女大小丁口共九十五萬六千五百五十六乾隆府志

光緒二十五年戶四萬二千二百七十成丁男五萬四千四百一十九口女大四萬四百五十四口小三萬五千五百五十一口

田額地山塘蕩附

宋

祥符籍紹興合郡土田山蕩共六百一十二萬二千九百五十二畝七分八釐有奇萬歷府志八縣無分數

元

至元額官民田共六千四百二十四頃九十四畝額外富儲橋裏岡山登平草湖白塔六莊事產民田地山蕩共七十六頃一十六畝五釐　額外官職免糧田缺數　馬站田二百四十七頃九十三畝五分八釐　職田八頃一十七畝三分一釐　本州儒學田九頃五十畝四分三釐　蒙古學田一頃八十六畝八分六釐　和靖書院田七畝四分　月泉書院田二十四畝四分　蘭亭書院田二十四畝四分　稽山書院田八十九畝六分　僧寺舊有田九十八頃二十七畝一釐　甯徽寺田一十一頃六十五畝二分八釐　廢寺田一十一畝七分五釐隆慶暨志

明

洪武籍田地山蕩共一萬五百四十六頃五十一畝六釐萬歷府志

嘉靖籍新量田地山塘蕩共一萬八百四十二頃一十畝八分五釐初民田分十二則有阡陌相連而則例迥別者民已疑之及後飛灑詭挂姦弊百出浮田浮米賠貱不貲於是長量𡙡平之議興矣經知縣王陳策徐懋二次料里尚未就緒林富春始勒有定冊且鐫之石及去任本府通判蕭惟春來署縣事爲黠者所餌執議覆量設施佈置惟黠者是聽一縣騷然姦頗叢生無長幼知其不逮林冊之覈竟莫之奈何黠者初以立祠餌蕭及後事定不洽輿情黠者死蕭遂無聊私一二富民諷使立碑於楓橋而去不久死碑亦旋仆人多快之隆慶踏志

萬歷籍共田地山蕩瀝一萬一千三百八十七頃七十畝八分六釐內田七千九百九十頃九畝四分九釐萬歷十年丈出開墾田一百一十七頃七十畝二分清出田四百一十二頃七十五畝七釐究出零星隱田四十四頃六十七畝一分一釐三毫秋糧米一則田七千五百七十七頃三十四畝四分一釐三毫每畝四升三合二勺八秒泌湖上則田一百一十頃二十五畝三分三釐六毫每畝一升五合泌湖中則田一百九十五頃七十八畝一分三釐九毫每畝一升二合泌湖下則田一百六頃七十一畝六分每畝七合折丁一則田十畝

泌湖田無地一千四百三十頃二十二畝四釐八毫內萬歷十年丈出一頃五畝四分五釐夏稅麥每畝一升四合七勺山一千六百八十一頃四十九畝八分五釐六毫荒絲每畝三釐一毫蕩三十二頃五十七畝四分夏稅鈔每畝二百二十八文八分秋租鈔四十二文二分塘二百五十頃九十二畝七分七釐五毫內萬歷十年丈出二十六頃六十九畝五分九釐四毫夏稅鈔每畝二百二十八文八分秋租鈔四十二文二分瀝二頃三十九畝三分夏稅鈔每畝二百二十八文八分秋租鈔四十二文二分萬歷府志

國朝原設版圖一百六十四里自雍正六年行順莊編里法改為五百五十六莊以千字文編各莊田畝細數

原額田七千五百七十七頃三十四畝四分一釐三毫雍正七年為請定各省耕籍等事案內置籍田除田四畝九分實該田七千五百七十七頃二十九畝五分一釐三毫賦役全書

泌湖上則田原額一百一十頃三十五畝三分三釐有奇中則田一百九十五頃七十八畝一分三釐有奇下則田一百六頃七十

一畝六分地山開墾成田原額一十一頃六十一畝二分八釐有奇康熙六年丈出田八十六頃三十二畝八釐有奇十六年清出田一十四頃五十畝九分八釐二十六年新墾田五頃五十七畝四分三釐有奇三十一年新墾田四頃六十七畝三十二年新墾田四十三畝三釐有奇三十三年新墾田三十九畝八分九釐有奇康熙三十四年新墾田三十一畝五分二釐有奇三十五年新墾田三十六畝二分九釐有奇三十七年新墾田九分四十一年新墾田三頃二十畝六分九釐有奇四十二年新墾田一頃四十二畝七分六釐有奇四十九年新墾田三頃六十三畝六分一釐有奇五十二年新墾田三頃二十二畝五釐有奇雍正二年新墾田六頃七十三畝六分一釐有奇十一年新墾田七頃四十六畝七分二釐有奇乾隆元年地山塘蕩改爲田六十九畝一分四釐

有奇二十九年新墾田七頃四十四畝八分六釐有奇又改地山塘蕩爲田九頃七十畝四分三釐有奇實該田一百六十七頃七十四畝三分六釐有奇

原額地一千四百三十頃二十二畝四釐八毫雍正七年置買籍田壇基除地一畝七分乾隆元年爲加陞糧銀案内地改爲田除地六十一畝四分五釐有奇二十九年爲加陞糧銀案内改地爲田除地八頃三十四畝五分二釐有奇實該地一千四百二十一頃二十四畝三分六釐有奇

新墾原額地八十六畝二分四釐康熙六年丈出地五十七頃一十五畝六分三釐有奇十六年清出地八頃二十三畝四分五釐有奇二十六年墾地二頃三十九畝五分九釐有奇三十一年墾地二頃六十五畝六分三十二年墾地三十一畝八分五釐有奇

三十三年墾地三十六畝六分九釐三十四年墾地四十六畝一分三十五年墾地二十二畝五分三十七年墾地四十一畝一分四十一年墾地三頃一十六畝有奇四十二年墾地一頃九畝八釐四十九年墾地三頃七十一畝八分五釐五十二年墾地一頃六十八畝三分一釐有奇雍正二年墾地四頃二十畝三分九釐有奇十一年墾地四頃十二畝三分二釐有奇乾隆元年山改爲地八畝八分三釐有奇二十九年墾地四頃六十畝一分四毫又山塘蕩改爲地一頃一十九畝六分八釐又爲加陞糧銀案內地改爲田除地一十八畝九分六釐一毫實該地九十七頃六畝九分一釐有奇

原額山一千六百八十一頃四十九畝八分五釐乾隆二十九年墾山三十八畝四分除康熙六年丈缺山四十三頃一十二畝三

分七釐有奇乾隆元年爲加陞糧銀案內山改爲田地除山九畝三釐有奇二十九年又改除山一頃七十五畝八分九釐有奇實該山一千六百三十六頃九十畝九分五釐四毫有奇

原額塘蕩二百八十五頃八十九畝四分七釐有奇康熙六年丈出二十頃一十七畝七釐有奇二十六年墾出一十畝五分五釐三十二年墾出一分三十三年墾出一畝二分五釐雍正十一年墾出三十畝八分二釐乾隆二十九年墾出二頃三十八畝一分一釐有奇乾隆元年改田除去七畝四分九釐有奇二十九年又改除六十畝六分五釐有奇實該塘蕩三百八頃一十九畝二分三釐有奇

賦額

宋吳越時兩浙田稅畝三斗宋太平興國中從王贄議畝稅一斗

嘉泰元年籍夏戶人身丁錢一萬三百一十四貫七百五十文萬歷府志樓志作八千四百三十七貫一百五十文紬一千一百六十六疋一丈四尺四寸一分一釐樓志作一千四百五疋三丈八尺三寸絹一萬八千六疋二丈八尺六寸三分六毫樓志作二萬八百二十疋二丈二尺綿八萬四千四百四十三兩一錢六分八釐七毫五絲樓志作一萬一千五百二十九屯三兩四錢八分秋苗米三萬四千三百九十七石六升三合一勺樓志作三萬四千二百九十七石六升三合一勺

和買絹一萬八千八百五十五疋二丈二尺四寸宋時舊額之外創增和買寶慶府志云太宗時馬元方爲三司判官建言方春民乏絕時預買給官錢貸之至夏秋令輸絹於官故曰和買然在昔權宜措置至於一歲之間或行於一郡邑而已祥符中王旭知潁州因歲饑出庫錢貸民約蠶熟人輸一縑其後李士衡行之陝西民以爲便熙甯行新法乃施之天下示爲準則是時會稽民繁而貧所貸最多後來錢旣乏支所買之額不除遂以等戶貲産物力而科配焉然會稽爲額獨重於他處最爲民病建炎三年詔減四分之一紹興二年守臣朱勝非又請免十分之一紹興八年又減湻熙八年又減紹興一府遂以十萬疋爲額

役錢二萬六千三百七十八貫八十一文水

陸茶錢八百三十貫文樓志作八百二十貫文　小綾六百疋折錢三千七百一貫四百文　湖田米四千二百一十石三斗二升　職田米一千四百一十一石五斗八升　折帛錢七萬五千五百三十七貫一百二十六文　折紬綿七千七百八十六兩　折稅絹麥七百二十石　折苗糯米三千九百一十石六斗一升　課利都稅務祖額八千六百八十一貫二百一十五文遞年趁到四千八百一十八貫三百七十八文楓橋場祖額一千九百五十五貫六十七文遞年趁到三千九十貫五百六十九文　鹽每歲住買八萬二千五百斤　茶每歲住買六千一百三十斤　酒諸暨屬戶部萬歷府志

元取於內郡曰丁稅曰地稅仿唐租庸調也取於江南者曰夏稅曰秋糧仿兩稅也

夏稅錢六百九十八錠二十四兩六分六釐　絲四十五斤三兩

三錢六分二釐七毫　大麥二百五石九斗四升六合　秋糧一萬九千一十七石三斗六升六合　秋租鈔八錠二十九兩三錢五分九釐　糙米三百三十八石九斗四升四合　大稅穀二千一百四十一石一斗一升　大尖穀一千三百一十九石四斗七升六合　白荳五升二合　房地賃錢中統錢七錢五分　課程周歲該辦中統鈔四十三錠二十二兩七錢隆慶駱志

明起運存留各項俱注在各類

洪武籍夏稅麥二千一百九石五斗一升一合有奇鈔六千五百四十貫三十文荒絲五百三十四兩　秋糧米三萬三千二百七十二石七斗九升八合有奇租鈔七百九十貫九百二十六文賃錢三百八十二貫三百三十文萬曆府志

萬曆籍農之賦四曰夏稅麥二千一百九石四斗六合派於地曰

秋糧米三萬三千二百七十一石六斗九升七合，徵於田曰夏稅鈔一千三百八錠一貫一百二十三文，徵於塘蕩瀝（府志作一千五百八錠一貫一百三十三文）曰秋租鈔二百四十一錠二貫五百六十四文，亦徵於蕩塘瀝（萬曆府志）

派法每畝均科內派北折南折備折存折扣折改折海折餘卽係本色南北折以輸兩京扣備海等折以輸軍門或年有年無而存留本色若存折改折則以供俸若饑年之賑及輸府倉庫起運北折不論麥米每石俱折二錢五分路費每兩貼二分二釐五毫南京各衞倉米每石折銀七錢三分五釐路費每兩貼八釐有奇派臏米每石折銀七錢路費每兩貼一分一釐有奇南折米每石折銀六錢路費每兩貼一分一釐有奇（以上俱解司達京）存留存折麥府倉一項每石折銀九錢一項折八錢存折米府

倉每石折銀五錢五分備折米每石折銀五錢充餉扣折米每百石無定數改折米各倉學每石俱折銀五錢五分夏秋鈔每貫折銀二釐乾隆府志

桑之賦一曰農桑絲惟諸暨山有荒絲五百三十五兩每兩折銀六分二釐共三十三兩四錢七分五釐萬歷府志

廛之賦一曰房租賃錢三百八十三貫三百三十文

傳之賦二曰馬價四百六十五兩四錢七分五釐曰驛夫今類入均徭

兵之賦一曰兵餉四千三百二十一兩五錢六分七釐

戶之賦二曰蕩價諸暨無曰諸鈔諸暨缺

口之賦二曰鹽糧米內分三項顏料解京者每石折六錢解各學者折八錢解各倉者折五錢常本折半二百一十六石責辦於鄉都成丁之人每丁五合六勺遇閏增加曰鹽鈔七百二十五兩三

錢五分六釐六毫每鈔一貫合銀一釐輸京庫府庫責辦於城市成丁之人每丁一釐五毫[illegible][illegible][illegible]二
里之賦三今謂之三辦曰額辦銀有桐油銀白硝鹿皮狐狸皮銀弓箭弦條銀胖襖銀藥材銀農桑絲絹銀
俱解京二百三十九兩一錢六分三毫曰坐辦銀有水牛等皮料銀歷日紙銀軍器料
銀淺船料銀段疋銀漆木料銀四司工料銀果品銀牲口銀蠟茶銀菜筍銀俱解京二千三百三十九兩八
錢五釐二毫曰雜辦銀有科舉禮幣進士舉人牌坊銀預備上司各衙門書手工食銀軍器路費銀上司各
衙門新官到任隨衙下道家伙祭祀豬羊品物等項銀修理各衙
所城垣民七料銀武舉銀戰船民六料銀文廟啟聖祠名宦鄉賢
祠社稷山川壇厲祭銀各祠廟祭銀鄉飲酒禮銀孤老布花米柴
銀表箋綾函紙劄工食銀表箋委官齎捧盤費銀拜進香燭銀拜
賀萬壽冬至正旦令節習儀香燭銀迎春芒神土牛春花春鞭三
牲酒席銀門神桃符銀三察院按臨門廚米菜銀三察院考試生
員試卷果餅花紅紙劄筆墨府學銀恤刑按臨心紅紙劄油燭柴
炭門皁廚役工食米菜銀各上司及查盤委官心紅紙劄油燭柴
炭并門皁工食米菜銀上司按臨并本府朔望行香講書紙劄筆
墨銀府送使客下程銀縣送油燭柴炭銀兵巡道駐劄士夫交際
下程祭席銀水利道坊夫工食銀提學道按臨生員試卷果餅花
紅紙劄筆墨銀季考生員試卷果餅花紅紙劄筆墨銀歲貢生員
正陪路費花紅旗匾酒禮銀起送科舉生員路費花紅酒席銀迎
宴新舉人旗匾花紅彩段酒席銀起送會試舉人路費卷資酒席

銀賀新進士旗匾彩段酒席銀兵巡道新任祭門豬羊三牲香燭銀府縣新官到任祭門豬羊三牲香燭銀府縣新官到任修理衙宇銀府縣應朝起程復任酒席銀府縣陞遷給由酒席銀修理各察院分司公館銀修理府縣廳堂公廨監房教場及養濟院等處工料銀城垣繪圖紙劄顏料銀優恤節婦養贍米布銀上司府縣卷箱架杠鎖索機單銀察院分司公館置備家伙銀府縣心紅紙劄等項銀府縣皁隸工食銀府縣官船水手銀短遞夫工食銀經過使客皁隸工食銀馬匹草料并馬夫工食銀大小河船價并稍水工食銀預備雜用銀俱留府縣庫二千一百兩八錢二分

力之賦二曰銀差曰力差嘉靖四十三年一概准銀雇募有各驛館夫各倉斗級巡鹽應捕鋪兵解戶獄卒弓兵織夫皁隸分守溫處甲首看守各館門子各學庫子祠夫閘夫各場工腳巡攔南京直堂皁隸柴薪三院坐船水手布政司廣濟庫庫子縣耳房庫子各學庫子布政司首領都司運司府縣衛首領柴薪府縣馬夫各學齋夫各學膳夫會同館長夫府縣及備學公堂家夫包陪富戶各渡稍夫民壯捕兵健步預備織造坊夫短送夫惟巡鹽應捕一項先議免僉役後銀抵課祇用民壯弓兵巡緝巡鹽察院批再議紹興府議仍照額名數選募勤實之人充役分布行鹽地方巡獲鹽船人犯不許縱放諸暨輸三千七百七十四兩一錢八分一釐

自一條鞭行後賦額大率二項曰本色米共二千七石五斗六合

有奇一則田每畝徵三合三秒泌湖上則田九勺中則田七勺下則田五勺曰條折銀共三萬二千六百三十七兩三錢三分三釐一則田三分八釐二毫泌湖上則田七釐三毫中則田五釐九毫下則田三釐四毫地徵一分一釐山一釐三毫蕩塘六毫五絲人田丁每丁共徵一錢一釐七毫此外不入條鞭者惟鹽糧米鹽鈔銀數皆且前門攤鈔六十七兩八錢一分有奇

國朝

乾隆籍一則田七千五百七十七頃二十畝五分一釐有奇每畝徵銀五分六釐有奇該銀四萬三千三十九兩三分六釐有奇每畝徵米七合該米五千三百五十七石一斗四升七合有奇乾隆府志

泌湖上則田一百一十頃二十五畝三分三釐每畝徵銀四分四釐三毫該銀四百八十八兩四錢二分二釐有奇每畝徵米二合三勺該米二十五石三斗五升八合有奇

中則田一百九十五頃七十八畝一分三釐每畝徵銀二分九釐

六毫該銀五百七十九兩五錢一分二釐有奇每畝徵米二合一勺該米四十一石一斗一升四合有奇

下則田一百六頃七十一畝六分每畝徵銀一分七釐該銀一百九十二兩二分一釐每畝徵米一合六勺該米一十七石七升四合五勺

地山開墾成田一百六十七頃七十四畝三分六釐有奇每畝徵銀三分八釐五毫該銀六百四十五兩八錢一分三釐有奇每畝徵米二合六勺該米四十五石四斗二合有奇

地一千四百二十一頃二十四畝三分六釐有奇每畝徵銀一分七釐該銀二千五百二十九兩八錢一分三釐有奇

新墾地九十七頃六畝九分一釐有奇每畝徵銀一分二釐該銀一百一十六兩四錢八分三釐有奇

山一千六百三十六頃九十畝九分五釐有奇每畝徵銀三釐該

銀五百五十六兩五錢四分九釐有奇

塘蕩三百八頃一十九畝二分三釐有奇每畝徵銀二釐該銀七十兩八錢八分四釐有奇

成丁一萬一千三百一十三口每口徵銀一錢一分該銀一千二百四十四兩四錢三分每口徵米五合六勺該米六十三石三斗五升二合八勺

食鹽鈔人丁一萬二千五百五十四口每口徵銀六分四釐該銀八百三兩四錢五分六釐每口徵米五合六勺該米七十石三斗二合四勺

食鹽課八口一萬四千九百三十八口每口徵銀一分五釐該銀二百二十四兩七分每口徵米五合六勺該米八十三石六斗五升二合

外賦入地丁科徵稅課局課鈔銀四十五兩均係編徵抵裁充兵餉係隨糧帶徵卽在地丁編徵之內

外賦不入地丁科徵銀六十八兩三錢九分八釐有奇內本縣課鈔銀六兩八錢二分一釐門攤鋪戶出辦歸經費用稅課局課鈔銀六十一兩五錢七分六釐有奇市鎮鋪行出辦歸經費用

加顏料新加蠟茶新加顏料時價蠟茶時價藥材時價匠班銀六項於地丁項下帶徵共一百七十六兩九錢七分四釐有奇

加零積餘米改徵銀三十兩六錢六分七釐有奇

加孤貧口糧米改徵銀一百五十四兩八錢

統共額徵田地山塘蕩人丁外賦一切等項五萬九百二十兩三錢三分三釐有奇除去收零積米三十石六斗六升七合有奇孤貧口糧米一百五十四石八斗實額徵米五千五百一十六石九斗八升七合有奇後將丁口徵額銀米每年加入土田

應徵銀米每兩每石攤徵又將漕運項下隨漕本色月糧給軍米一千一十一石六斗及加閏米一百石每年每石改徵折銀一兩二錢解糧儲道衙門又將存留本色南陞等米四千五百五石八斗八升六合有奇每年每石改徵折價銀一兩五錢秏銀一錢續纂賦役全書

同治三年籍額徵地漕米折等銀五萬八千九百五十七兩縣案舊徵每兩收銀一兩一錢三分八釐有奇合錢一千九百三十四文又零收平餘錢四百七十九文合計每兩收錢二千四百十三文統共收錢十四萬二千二百六十二串零現擬每兩連秏徵銀一兩一錢有奇合錢一千八百七十文共應解錢十一萬二百四十九串零存平餘錢三萬二千零十串零定銀數大小戶一律完納如小戶不能完銀者仍照市價隨時合錢不准書吏抑勒多取

起運前代之制注各類中不贅

乾隆籍起運戶部項下顏料蠟茶本折銀一百五十二兩八錢三釐有奇新加銀五十二兩四錢四分有奇時價銀一十一兩六錢二分三釐有奇折色銀一萬四千二百九十二兩九分有奇　禮部項下藥材本折銀五兩六錢九釐有奇加時價銀五兩九錢二分一釐有奇折色銀一百一十四兩九錢二分三釐有奇　工部項下桐油本折銀一百二兩九錢三分一釐有奇折色銀三千二百一十九兩九錢七分四釐有奇田畝帶徵匠班銀一百六兩九錢八分九釐五毫有奇　裁改各衙門倉庫驛站民壯船梢夫工考試禮幣路費花紅繒紳優免祭祀各項存留項下解部地丁銀一萬二千九百六十九兩三錢三分六釐　積餘米易銀三十兩六錢六分七釐　留充兵餉改起運銀九千四百六兩五錢八分

九釐有奇各項鋪墊損解滴珠路費在內統共起運實銀四萬二百五十七兩八錢七分四釐鋪墊損解滴珠路費銀二百一十四兩一錢八釐有奇賦役全書

起運加閏銀折色銀三百八十七兩七錢五分五釐有奇內戶部折色銀一十兩三錢五分二釐有奇路費銀一錢四釐有奇工部折色銀二十八兩九錢七分八釐有奇路費銀三釐有奇順治九年至乾隆二十九年裁曠裁扣銀二十次共一百六十五兩一錢三釐有奇續纂賦役全書

同治籍起運共合錢十一萬零二百四十九串有奇每兩銀連秏收銀一兩一錢有奇合錢一千八百七十文縣案

存留

乾隆籍布政司存留本司解戶役銀六十兩戰船民六科銀七十九兩二錢九分八釐共存留地丁銀一百二十九兩二錢九分八釐

府縣存留拜賀習儀香燭銀四錢八分祭武廟銀六十兩祭厲壇米折銀六兩本縣祭祀共銀一百三十三兩七錢有奇文廟春秋二丁祭共六十兩啟聖祠一十二兩社稷山川壇二祭共三十二兩邑厲壇三祭共二十四兩鄉賢名宦祠二祭共五兩七錢韓文公朱文公祠亦在其內餘賸每年解收司庫撥補不敷祭祀之用

文廟香燭每月朔望共銀一兩六錢迎春芒神土牛春酒共銀二兩同知俸銀八十兩門子二名共銀一十二兩步快八名共銀四十八兩皁隸十二名共銀七十二兩捕役六名共銀四十四兩本府儒學廩糧銀四十兩本縣知縣俸銀四十五兩其攤扣荒缺銀兩每年解司充餉門子二名共銀一十二兩皁隸一十六名共銀九十六兩馬快八名每名工食六兩陸路備馬製械水鄉打造巡船以司緝探每名十兩八錢共銀一百三十四兩四錢禁卒八名銀四十八兩民壯二十四名銀一百四十四兩轎繖扇夫七名銀四十二兩庫子四名銀二十四兩斗級四名銀二

十四兩縣丞俸銀四十兩門子一名銀六兩皁隸四名銀二十四兩馬夫一名銀六兩典史俸銀三十一兩五錢二分門子一名銀六兩皁隸四名銀二十四兩馬夫一名銀六兩儒學俸銀三十一兩五錢二分齋夫三名銀三十六兩廩糧銀六十四兩廩生膳銀四十兩門子三名銀二十一兩六錢儒學加俸銀四十八兩四錢八分鄉飲酒禮二次銀八兩歲貢生員路費旗匾花紅酒禮府銀七錢五分縣銀三兩府縣歲貢一項每年解司充餉其應支銀兩於地丁項下發給看守公署門子工食銀九兩布按二分司二名府館一名每名三兩本縣鹽捕八名共工食銀五十七兩六錢縣前鋪司兵五名十里鋪五名張馱嶺鋪五名新店灣鋪五名櫟橋鋪五名楓橋鋪五名乾溪鋪五名古博嶺鋪五名每名工食銀七兩二錢共銀二百八十八兩謂之衝要鋪楓木鋪司兵三名鯉魚橋鋪三名寒熱阪鋪三名李家橋鋪三名每名五兩羅嶺

鋪三名每名六兩共工食銀七十八兩謂之偏僻鋪茅渚步五浦渡夫各二名黃家步街亭湖頭華家宣家潘家渡夫各一名每名一兩共工食銀一十兩修理學宮明倫堂山川社稷壇所并楓橋宣何長瀾公館等處共銀一十四兩二錢孤貧四十三名布花木柴銀二十五兩八錢每名銀六錢又口糧銀一百五十四兩八錢每名歲支銀三兩六錢以上孤貧二項銀兩每年解司充餉共存留地丁銀二千一百二十七兩四錢五分有奇賦役全書

以上各項內鄉飲酒禮二次銀八兩後每年改解司充餉陸路備馬製械水鄉造船銀八十六兩改解司撥給役工看守公署門子工食銀九兩每年撥給禁卒不敷工食又祭武廟厲壇折色同知捕役工食儒學加俸四項係動地丁　題銷每年仍於地丁起運項下造冊報銷續纂賦役全書

乾隆籍存留本色米四千五百五石三斗八升六合有奇內南米四千四百二十七石三斗四合有奇自康熙六年至乾隆二十九年共陞米四十二石五升二合後每石折正銀一兩五錢耗銀一錢共折銀七千二百八兩八錢有奇自此諸暨無南米

縣重四口糧米四十六石折銀五十七兩

存留加閏同知門子銀一兩捕快銀四兩皁隸銀六兩捕役工食銀四兩本縣知縣門子共銀一兩皁隸銀八兩馬快工食銀四兩陸路備馬製械水鄉造船共銀一十一兩二錢民壯銀一十二兩禁卒銀四兩轎繖扇夫三兩五錢庫子銀一兩斗級銀二兩縣丞門子銀五錢皁隸二兩馬夫五錢典史門子五錢皁隸二兩馬夫五錢儒學齋夫三兩廩生膳銀一兩三錢三分三釐門子一兩八錢布按二分司看守公署門子工食五錢府館二錢五分鹽掮工

食四兩八錢衝要八鋪司兵工食二十四兩偏僻五鋪司兵工食六兩五錢各渡渡夫工食八錢三分三釐有奇共存留地丁銀九十九兩四錢一分二釐有奇不入田畝外賦銀一十兩三錢四釐有奇賦役全書

以上陸路備馬製械一項銀一十一兩二錢改解司撥給役工

同知捕役工食一項歸起運項下造冊報銷續纂賦役全書

同治籍平餘錢三萬二千零十三串有奇每兩收平餘錢四百七十九文內除知縣衙門火食茶鑪柴油錢二千四百串幕友脩火等項錢一千八百串戶庫各書銀匠差役門印經管人等錢一千四百串同寅節禮各項一千串院府縣試及司道房費并各捐錢一千二百串留給辦公雜用錢三千五百串內本道辦公五百串本府辦公一千串留作本官家用錢一千五百八十七串緝捕經費八百串監押口糧看役人等錢

八百串鄉徵各櫃錢三千二百串統需錢一萬七千六百八十七串餘一萬四千三百二十六串縣案

鹽課

乾隆籍鹽課抵課水手銀二十五兩六錢一分九釐內三江巡司抵課銀三十三兩九錢八分滴珠銀二錢三分九釐鹽院完字號坐船水手銀一兩四錢有奇賦役全書

加閏地丁銀二兩二錢三分四釐有奇內三江巡司抵課銀一兩九錢九分八釐滴珠銀一分九釐鹽院坐船水手銀一錢一分六釐

漕課

隨漕本色月糧給軍米一千一十一石六斗有奇遇閏加米一百石後每石每年改徵折銀一兩二錢共折米銀一千二百十兩九錢二分有奇加閏折米銀一百二十兩解糧儲道衙門

隨漕折色銀七千七百一十一兩三錢五分有奇內貢具銀一百九十九兩四錢

七分五釐有奇淺船料五百二十七兩一錢九分八釐有奇月糧七分給軍銀七千八十四兩七錢三分有奇咸豐賦役全書

站課

驛站銀四百七十四兩六錢四分七釐支應本府驛務各項銀加閏銀三十五兩二錢二分樓志

外鋪賦

學租銀八兩四錢七分三釐有奇每年解司轉學院賑給貧士膏火咸豐賦役全書

當鋪向無定額每名稅銀五兩後奉光緒二十三年通飭每典加增銀四十五兩以二十三年爲始嗣後新增各典每年應完銀五十兩仍於每年春季查明增除造冊報部輸稅牙戶無定額上則牙戶每名徵銀八錢中則牙戶每名徵銀六錢下則牙戶每名徵銀四錢縣案

契稅無定額每買產價銀一兩徵銀三分

以上四項每年查明稅數儘收儘解造報　題銷

附坊里都圖

前志載坊里而說仍函胡考通志載唐六典曰百戶爲里五里爲鄉兩京及州縣之郭內爲坊（每坊四門中爲十字街見長安志圖）郊外爲村里及村坊皆有正兼催調賦役之事殆昉於初行均田法時歟宋始分城內爲廂領於坊郊外爲都領於鄉改里曰保領於都各爲圖以一二爲次圖之爲說更甚夥頤惟宋史袁燮傳燮爲江陰尉令每保畫一圖田疇山水道路悉載之合保爲都合都爲鄉合鄉爲縣征發爭訟追胥披圖可決此圖之說之最爲明顯者也元又改廂爲隅明制則在城曰坊近城曰廂鄉都曰里編爲冊冊首總爲一圖各立正長以辦征徭蓋與賦役相爲表裏者也駱志略敘規制而於城廂二十二坊之外雜廁鄉村登科

節孝等坊則何也樓志因之并以涇國墓表羼入抑更疏已
國朝自康雍以來改立順莊滚催之法城仍分隅鄉仍分都永
除圖甲并永革糧長戸首遞年見年里書圖書等項名色不假
均田均役之名俾免總催總比之累意美法良民樂更生然則
莊立而坊里廢矣仍而志之附於田賦之後亦藉以明前代之
制而存其名焉云爾

城内外四隅凡七圖宋制領二十坊元增二坊共二十二坊明
因之今爲七隅曰東一隅東二隅曰南隅曰西一隅西二隅西
三隅曰北隅

東隅二圖　神秀坊在江東金雞山下以近東嶽行宫故名永壽坊在江東永壽寺側台輔
坊在江東馬道衕口本名永樂以宋參政姚憲所居故更名相門坊在江東宋縣令王榕所居榕爲左丞相安禮曾
孫故名使星坊在江東對西施坊初名永泰以近使華驛故更名

南隅一圖　范蠡坊在南門外通上湖以近范相壇故名亦名采蓮元又改名菱亭臨津坊在南門外義津橋東浣溪坊在浣溪濱本名范川芝山坊在南門外三里本名義開唐令郭密之以山多芝草作亭其上而更名焉又名靈芝

西隅三圖　集賢坊在縣前亦名臨塵騶志作集貨製錦坊在縣前三思橋下本名永安道山坊在桂花橋旁以路通乾明院故名元又改名桂花綵織坊在桂花橋斜對本名永歲舊酒庫在馬通上橋巷養濟院狀元坊在登仕橋西北宋淳熙己酉上舍陸唐老釋褐故名丹桂坊在采芹橋西南元時增立以至正辛巳高蓧傳申屠性同中江浙右亞榜故名勸農坊在東門外西施坊在茅渚步上西施灘

北隅一圖　安仁坊在北門內舊在縣前聯桂坊在北門內元時增立以至正甲申申屠性王賀同中江浙右亞榜故名華纓坊在北門外本名永昌

右二十坊又有招賢永甯二坊舊志不詳處所其屬何隅今無可考

城外二十四鄉元分長泰爲南北凡二十五鄉領八十五都明

因之今則鄉都仍其舊而里改爲莊

陶朱鄉領都二　正一都宋一圖元同　附一都宋二圖元三圖　領里四　前應茅渚　長山　白隅　元增一里　相門　後又附入南西北三隅

開元鄉領都二　正二都宋一圖元三圖　附二都宋一圖元二圖　領里二　溪山下墅　元增一里　樹林

花山鄉領都六　三都宋三圖元六圖　四都宋三圖元六圖　五都宋三圖元四圖　六都宋三圖元四圖　正七都宋四圖元五圖　附七都宋一圖元二圖　領里五　白門　象湖晚浦　中浦　下浦　元增一里　石江

義安鄉領都三　八都宋三圖元四圖　正九都宋三圖元同　附九都宋一圖元二圖　領里六　俞宅　迴隊　茹繩　朱墓　洩下　里亭

緊浦鄉領都三　十都宋二圖元三圖　十一都宋一圖元二圖　十二都宋一圖元三圖　領

里六　陳宅　大馬　塗塘　獨山　樓下　南安　元增三
里　新亭　陶朱　長溪

靈泉鄉領都四　十三都宋二圖元同　十四都宋一圖元二圖　十五都宋二圖元三圖　十六都宋二圖元同　領里五　後金　石蟹　坉岸　高塚　斗泉

諸山鄉領都三　十七都宋一圖元三圖　十八都宋一圖元三圖　十九都宋一圖元三圖　領里三　梅山　清潭　墅阪　元增二里　尙賓　興古

同山鄉領都三　二十都宋一圖元二圖　二十一都宋一圖元二圖　二十二都宋二圖元三圖　領里三　西阬　東向　豐江

長浦鄉領都三　二十三都宋二圖元同　正二十四都宋二圖元同　附二十四都宋一圖元同　領里二　興樂　赤岸

超越鄉領都四　二十五都宋二圖元五圖　二十六都宋一圖元二圖　正二十七都宋一圖元二圖　附二十七都宋一圖元同　領里四　乾溪　同古　前山

塘頭　元增三里　龍析　上泉　義井

天稠鄉領都四　二十八都宋二圖元三圖　二十九都宋一圖元四圖　正三十都宋一圖元二圖　附三十都宋一圖元同　領里四　鯉湖　坎頭　硯石　高塘

金興鄉領都五　三十一都宋二圖元四圖　三十二都宋二圖元四圖　三十三都宋一圖元二圖　正三十四都宋一圖元二圖　附三十四都宋一圖元同　領里四　平泉　稠水　蕙渚　街亭　元增二里　建德　崇山

龍泉鄉領都三　三十五都宋一圖元同　三十六都宋四圖元六圖　三十七都宋一圖元三圖　領里四　板橋　黃澤　樓子　黃阪　元增六里　梅溪　崇賢　藥王　崇岡　高崇　樂安

開化鄉領都三　三十八都宋一圖元三圖　三十九都宋二圖元四圖　四十都宋一圖元二圖　領里十　沈阬　苦竹　峽山　岳風　渾里　算溪

福田　演溪　獨山　大門即吳甯縣故址元增三里　大田　艮田

湖田

孝義鄉以宋貢恩名領都四　四十一都宋一圖元三圖四十二都宋一圖元二圖四十三都宋二圖元三圖四十四都宋二圖元四圖領里十　流子　湖塗　白水　白隔　小際　黃碧　杜阬　城演　官員　錢里　元增五里　果林　上林　崇仁　崇化　城山

花亭鄉領都四　四十五都宋一圖元三圖四十六都宋一圖元三圖正四十七都宋二圖元三圖附四十七都宋二圖元同領里五　大林　白社　徐岸　五竈　後岸　元增五里　龍泉　建興　陽明　松岡

永昌

長甯舊名永甯鄉領都三　四十八都宋二圖元四圖四十九都宋二圖元三圖五十都宋三圖元同領里五　步溪　大阬　石砩　馬塘　黃山　元

增三里　豐義　瓜山　高湖

大部鄉領都三　五十一都宋一圖元三圖　正五十二都宋一圖元二圖　附五十二都宋一圖元同　領里三　白水　白豐　安樂　元增四里　奉化　香山　宜仁　富樂

長阜舊名永昌鄉領都三　五十三都宋一圖元二圖　五十四都宋二圖元同　五十五都宋一圖元同　領里二　上劉　前塘　元增六里　招德　招賢　蘭臺　招集　白水　塘里

東安舊名永安亦名長安後分東西二鄉稱東長安鄉今省稱東安鄉領都四　五十六都宋二圖元三圖　五十七都宋一圖元同　正五十八都宋一圖元同　附五十八都宋一圖元同　領里五　層里　湖部　招桂　杜隝　烏程　元增五里　安明　永明　楓橋　長塘　石潭

案五十九都地在泌湖舊無居民故不編圖甲又楓橋地方今多編入五十四都亦有入五十九都者

紫巖鄉領都四　六十都宋三圖元同　六十一都宋一圖元二圖　六十二都宋三圖元同　六十三都宋三圖元四圖　領里八　黃閬　琴鳴　中里　牛格

岳駐　金汀　白櫟　盛後　元增三里　釣臺　臨川

永修

西安舊名永安亦名長安後分東西二鄉稱西長安鄉今省稱西安鄉領都三　六十四都宋二圖元四圖　六十五都宋二圖元同　六十六都宋六圖元同　領里七　杜汪　銀冶

竹浦　吳墅　孔胡　泌浦　祈祈　元增二里　安陽

江南

長泰鄉元分南北二鄉以正六十七都附六十七都屬泰北六十八都正六十九都附六十九都屬泰南今仍之領都五　正六十七都宋四圖元五圖　附六十七都宋二圖元同　六十八都宋五圖元六圖　正六十九都宋二圖元同　附六十九都宋一圖元二圖　領里十　望海

桑溪　竹熱　漁艣　鄭墅　竹橋　皁山　古塘　新城

蘁隴　元增二里　越女　九江

安俗鄉領都三　七十都宋二圖元四圖　七十一都宋二圖元四圖　七十二都宋二圖元同　領里五　丁橋　㭎潭　東朱　沙岱　烏石　元增二里　永樂　大唐　後又附入東隅

宋共編一百二十二里元增五十九里明因之案舊志作一百五十二里乾隆府志作一百六十四里似皆未核　今編順莊共五百五十六莊賦役全書　謹案後此莊漸增加無可稽數矣

諸暨縣田賦志卷十六

諸暨縣志卷十七

風俗志

風者無形而善入有及而皆受者也故閭巷之播爲歌謡者爲國風濡染於父祖之所爲者爲家風也俗者一方之故習也故土著之所安者爲土俗婚姻喪紀之舊所行者爲禮俗也而要皆視乎上之敎也昔者太師陳詩以觀民風記曰入境而問俗古人之施政敎無不於風俗加之意焉吾邑山峻水急風俗近剛然觀感於有司之表率者固未嘗一成而不變也上所好者下必有甚移風易俗是所望於膺斯寄者

風俗總

諸暨民性敏柔而慧方輿勝覽

鄉之長老多厚重恥言人過失子弟稍縱恣輒以規矩繩之嘉泰會稽

志

民性質直而近古好鬬而易解浙江通志

諸暨巖邑好訟所爭毫末累歲不休村居自爲黨豪宗武斷萬歷府志

諸暨叢山廣川故民之生剛矣而近懦柔矣而實悍隆慶縣志

三朝國史稱諸暨奢靡而無積聚今則生齒日繁大率皆稱窘迫語其靡然同風者吉凶之事雜用巫史婦女競華飾至擬王家男子好利尚氣不肯下人而及爲賓客則局促似無所措手足飲酒無算爵客多飲主人以爲樂或有以勸酬不行而成忿恚者

人身有瘤俗亦有之俗之瘤則有丐丐以户稱不知其所始相傳爲宋罪俘之遺故擯之名墮民丐自言則曰宋將焦光瓚部落以叛宋投金故被斥其內外率相習爲汙賤無賴男子每候婚喪家或正旦則羣索酒食婦則習媒或伴良家新娶婦尤善爲流言亂是非間人骨月凡四民中居業不得占彼所業民亦絕不冒之男業捕蛙賣餳敲竹燈檠

編機扣塑土牛土偶打野胡方言跳鬼女則爲八家构鬏髻梳髮爲髻四民中所籍彼不得籍彼所籍民亦絕不入籍曰丐戶郎有產不充糧里長亦禁其充四民中郎所常服彼亦不得服舊志謂以狗頭裙以橫布不長衫扁其門以丐而籍與業至今不亂服則稍僭而亂矣具詳載別賤錄丐以民擯已若是甚也亦競盟其黨以相訟冀必勝於民官茲土者知之則右民偶不及知則亦時左民民恥之務以所沿之俗聞必右而後已於是丐之盟其黨以求右民者滋益甚故曰丐者俗之瘤也雖然瘤卒自外於常膚也則瘤之也亦宜苟瘤者肯自咎曰我今且受藥且圖自化爲常膚烏用必瘤而決之哉經不云乎人而不仁疾之已甚亂也萬歷府志

劉光復諭禁四條照得停柩溺女錮婢及買同姓子女爲奴四項竝越中宿弊頗稱極重之勢合行曉諭仰照後開禁條刻意遵守各都圖坊里長鄉約正副保甲互相曉譬覺察毋玩毋隱一禁停

柩本縣周歷地方每見停柩纍纍或數棺或數十棺者問其時或數年或數十年者潸然酸鼻莫可詰治竝爲言安先靈垂後蔭耳曾不念子遺之孫又遺之孫之子風雨所飄搖螻蚋所攢食水火所銷鑠逮其歸土幾爲烏有安乎不安禍福惟子孫自造蓋棺枯骨豈堪爲餌假令由今之道而得福安乎不安今告爾曰髡爾毛髮折爾手足可爲子孫求福爲乎不爲既不爲而取先人之遺骸爲之忍乎不忍古者惟建都立邑望其形勝正其方面絕不聞葬法之說葬法自郭璞始然璞身首異處覆宗滅族其法安在千百年下猶惑其不驗之術迷謬甚矣先賢如周程朱張多精明地理及葬其先惟序昭穆忌五不葬耳彼豈無子孫之謀惟深見其術之妄而不屑爲也後人雖百倍聰明豈及諸賢況甘心聽乞食術士播遷調弄兒戲何異今限十二月内停柩悉行安葬里保於朔

望日各具某某安葬若干違限隱匿依律究治四鄰舉首得實者官給賞銀一兩一禁溺女今有殺人者人必異之殺至親者人必大異之殺至親數人則相顧駭愕惶惑獨溺女者殺數子而猶若固然良可痛恨查得大明律內一款凡祖父母父母無故殺子孫者杖六十徒一年夫故殺誠罪猶或爭鬬忤逆忿激錯誤而然今懷姙時先設謀積慮一見爲女立置死地殘忍百倍故殺矣悲夫悲夫一草一木皆有生命女非人與胡爲罹此凶毒究厥所由祇爲他日奩資之難稍不豐美則爲姑嫜詬厲嗟嗟愚至此乎一女可五十金也卽有二女胡不分以與之卽再三四女胡不再分以與之苟逆惜財而殺女甚至殺數女爲一女之嫁貧於汝安乎明義訓女擇德門以配豈計吾貧縱有計者聊且聽之必不至殺我女而假手於親暨俗簡樸有古風何獨婚嫁以靡財故遂至殺人

今後嫁女者雖極富貴不得過五十金違者許諸人告發究治里保於朔望日各具某某舉女若干故犯者犯夫坐故殺律究罪犯婦俟彌月另提并提收生婆及兩鄰不舉首者一并責治一禁錮婢男室女嫁良賤同情曁俗一爲使女終身禁錮不復見天日有自幼髮而老嫗未識夫家者或私於外或私於僕不躡迹相隨則竊負而逃抱醜構釁時時不乏或私於主則妻必百計拷掠立成人彘稍從寬假妯娌詈笑每先以箠楚熨爇設計預防其懸梁之鬼入井之魂杖下之尸慘切有不忍言者嗟乎婢本託體爲人我必斷其匹配之情禁其生續之路傷和損德無復人道遂至此極乎夫我有使女我自主持或嫁別姓養子另求小婢或配本家義僕仍留使役有何不便乃䓊於惡俗制於悍妻統爲丈夫之所羞矣今限十二月內凡使女十八歲以上者悉行婚配里保於朔望

日各具某某已配使女若干敢有託言無偶揑稱年幼仍前不悛者無問巨室深閨定行嚴究罪坐夫男鄰里舉首得實者官給賞銀二兩一禁買同宗子女爲奴族必有系以別昭穆序世次卽起居稱謂閒毫不可假借非獨天理之至抑亦人情之安也暨俗買同宗子女者居然隸於厮役而麾斥之殊可駭愕夫僕曰義男婢曰義女果我父輩而我男女之則無父矣祖輩而我男女之則無祖矣能免鞭朴唾詈乎以是而加於祖父輩其甯可言乎婚配之後其妻則諸母諸祖母也否則嫂氏也卽屬卑幼則亦弟姪婦也入幃幙侍巾櫛別嫌明微之道安在請自思之能不心愧乎其在室人則役使其姑嫜或其妯娌也遞降而子若孫世愈遠而悖愈甚干名犯義不幾永去人倫乎人之異於禽獸者謂何去而人倫甘同異類豈清世所宜見哉且以買同姓者而買異姓之子於事

甚便於情甚安何爲苟且一時蹈累世之愆自後敢有仍前買同宗人子女者定以乖分究舉首得實追價給賞子女歸宗里保於朔望日各具不得扶同買賣結狀居民能仗義或遺歸或令贖回者里保不時呈鳴本縣得破格旌獎

明袁宏道諸暨縣詩近水多魚稻依山郎市廛野人朝閉戶溪女夜牽船俗健惟貪訟田寬務積錢僻居遊轍少客到也喧傳樓志

余縉風俗記予幼時聞諸長年里中有八十餘歲足迹不履城市見吏胥催科輒戰栗失色一布衾氈笠三十年不更製者其涓樸至此里塾中聞子衿則敬慕如公卿艮田數十頃不敢衣帛裏幘食肉有豔羨時妝者比戶非議之華髮者納稱齒拜不爲禮簿尉以公事行部則遠近少長趨伏屏息不敢仰視鄉里相角遇長者一言輒降心釋忿諸美俗不可勝記

國朝知縣袁秉直差約一票兩差行乘轎落鄉邀同地保共七人火勢昂昂轎歇檐廊身坐廳堂高叫事主要自立主張我輩奉公差遣不比尋常酒飯快便盤纏趕早要商量大老官不要妝呆作啞腳湯面湯茶湯都要調將千錯萬錯來人不錯形如餓虎勢如狼家無老壯隨便喚大娘二娘鬧問些蠶忙農忙交兒進包袱衣裳覺婦女之端靜斥夥伴之强梁坐臥披猖言語沸螗特使之驚慌恐惶見者膽落聞者神傷辱在士女之保障忍聽胥役之荒唐已據請爲申詳一票一差肩輿毋得下村莊恭逢憲恩勒石惠我暨陽敬擇吉牒城隍佑啟循良神其降之百祥以茂我甘棠

郭毓風俗詩西望長山東泌湖萬家煙火幾家儒魚鹽入市驚人海時私販千百成羣鼠雀穿墉鬭霸都邑爲允常舊都故云彈治有方冠柱後掛循無術困胥徒翟張縣譜今何在遙憶神君一歎吁翟天翺饒陽人張端木上海人

皆賢吏也惆悵人生七十年猶增煩惱恨無邊日傳梃刃鄉鄰鬭愁對琴書翰墨緣鄭國不聞刑鼎鑄宋梟徒寫孝經篇卽今富歲應多賴境內紛拏孰使然大化烝烝郅治餘普天同慶漢唐如偏隅獨被誅求困近年案畝科幫費民甚苦之薄海何曾法制疏願飲中山千日酒暫拋東壁一牀書酩然醉倒三年短卓茂來時更喚予欲追醇樸溯無途但見刊章壁上糊大義首陳民是子虛文猶與古爲徒何因劫質羣凶黨不遺髠鉗　國法拘如此流風如此俗深愁滋蔓後難圖

邑人好遊閒每於收穫後開場聚賭以誘鄉愚幾於無村不賭而以江藻爲尤盛每歲十月二十四日演劇百貨駢集帆檣相屬輸贏巨萬賄賂累千居民若狂遠自閩皖江蘇及浙東西之賭棍無不畢至爭則挺刃相讎輸則懸樹自經破家傾產者尤不可勝數

而游手藉之以肥家胥吏縱之以漁利縣官置之而不問積習相沿已數百年光緒己亥知縣沈寶青屆期躬履江藻宣講　聖諭（主講者爲府學教授翁蘇）勸懲並施豪家無所徇其私胥差無所售其欺積久之弊俗頓革然棍徒蠢然隱圖復發庚子禁楓橋（九月十五日賭演會聚賭）店口牌頭草壇各處以沈尹去任未及禁止是所望於後來之賢令尹矣（新纂）

邑多命案然尚知畏法自許雪門署邑事始於相驗之後諷使私和此風一開法紀遂弛數十年來積流成弊上下交翫政俗兩壞近十年內更不可問從前差役下鄉先拘兇犯今則先縱兇犯敎之遠颺然後擇親鄰之肥者嚇詐敲剝必使破家蕩產而後止腰橐既滿宴然高閣雖屍親疊次呈催官亦永不嚴比不第論抵之案百無一二即兇犯到案者亦百無一二但得按律嚴辦不稍寬

假禁私和察攀誣絕訛詐則俗本畏法人皆惡死未有不可挽此頹波者嗚呼處今日而論政俗令人追念潘康保范祖義二公不置矣

邑本無搶劫之風近日搶案幾與命案埒粵寇亂後人民稀少台州人之燒缸窯燒瓦窯燒炭窯種苞蘆者先後來暨良莠雜廁出沒於深山窮谷之中聚則爲盜散則無蹤而窯戶地主多爲之窩附近莠民潛入其黨搶劫之案層見疊出縣官諱之營汛縱之差役通之一紙具文聲言捕緝緝終不獲獲亦不究至光緒二十六年十二月初三日北鄉蘁公村周氏被搶事主當場格斃眞盜一人獲五人報官勘驗以五人送官而官冒爲己功詳報事後緝獲四人續獲二人而此五人者無一人正法嗚呼攘竊用容將食無災台人固何所畏而不爲盜本地莠民又何所畏而不竊盜從盜哉傳曰風俗由乎上之敎後之膺斯寄者盍亦加之意乎

邑舊於額糧外應徵南米奸胥浮收折價盧凌浙先生上控院司委員訊實因將米定價補入地丁永絕浮收之弊余思南米之弊雖絕而浙東之奸胥未有甚於暨邑者查從前士紳歷有姦胥浮收錢糧上控之案雖舉發多由士紳挾嫌而實亦姦胥浮收苛斂所致且邑少大紳革弊甚難不得不有望清白慈良之父母官爲之痛懲其弊耳侯採副草

馮至公子黃謠公子黃黃公子何鬱鬱久居此自乙酉冬入獄今已三十五年尊大人名進士宰莩蘿絕蕙苡哲而明元亦史謝荆棘歸桑梓人方出我已止昔者非今日是痛乎哉千人指侯何辜叢金矢錢名標陳銘李世傑等相繼赴京控於都察院永貴衙門蒙縲絏褫青紫到途窮知禍始不肖兒不可恃盜吾印與吏市竟酷征沒　恩旨臣無狀罪應死吏立決者若而人自縊獄中者一人遠戍者二十餘人臣匪虎匪兕臣爲長蛇封豕臣死臣兒若不死死

骨不腐猶切齒黄公諱汝亮能文政迹亦甚循惟公子與門者比而用事疏於防制竟以身殉名教錄

暨俗重財輕生每多圖詐不遂吞煙自盡之案新纂

暨俗向多溺女風雖城内有育嬰堂各村不乏保嬰拯嬰之會積久而半成虚設惟職員陳垠刱育嬰堂於楓橋歲刻徵信錄以昭覈實

暨俗多崇廟祀凡修葺寺廟重裝神像必先日知會各村盛備儀仗屆期羣往遠江用淨瓶汲水謂之搶水舁歸以新筆醮水向神目點睛謂之開光神佛誕日婦女挨次列坐燒香誦經自昏達旦謂之坐廟亦謂之宿夜傳墨林補訂縣志

鄉村歲熟多餘上婦女沿村唱花鼓戲近時又有所謂帽兒戲者登臺演唱靡曼綺膩男女聚觀最足誨淫

西人設耶穌天主教堂於中華而邑中羣不逞之徒競入其教挾

官紳以訛窮民亦今日風俗地方之憂也

四民

明商輅諸暨學記山川清淑士生其閒偉然秀出樓志

諸暨科第不爲盛而閒出一二人輒能侃侃自持浙江通志

民勤儉好學篤志尊師擇友絃誦比屋相聞嘉泰志

諸暨詩文派自楊王後不乏人又山林之遺逸各以詩文名其家其行業爲後生典型雖鄙暴者亦所尊禮萬歷府志

其士率砥礪名節能建立

邑試童子時倍力爲詐巧用居前爭先乾隆府志

大姓多置學產以給族人之補弟子員者爲膏火費俾博一衿家計有餘不復刻苦自墮進取甚且干預公事至犯清議罹刑綱而不知此亦不知自愛者矣新纂

邑同山鄉最强悍好鬬而性之豪直亦爲他鄉所不及知縣沈寶青勸之嚮學議創達材書院居民邊壽二姓慫富戶捐資累萬終月而集其俗之急公易化概可知矣

邑鄉村嚮無書院自周介石明經心豫首捌同文書院於牌頭而澧浦之翊志書院同山之達材書院楓橋之景紫書院接踵而起矣

知縣張端木毓秀書院三約其一曰眞不過民間學舍餘事尚不相假借民設爲官之書院乃直指爲鄉傳昨日至一員弁師生請無眷戀今日至一曹掾師生請自穩便席不暇煖食不嚥孰責之磨穿鐵硯書院屋宜修繕官目爲之振眩屋有餘羨官目爲之震電以學爲肆工爲彥前工專擅後工代禪邑尊來歷誰驅遣嗚呼官不能爲士謀安晏卽歡忭亦旣伈伈睍睍民自爲謀而尚迫之

輾轉某忝前縣白此忠誠一片其二曰掌教司文衡務在持平內外肄業均天下之英必不免於世情問先生出口落筆何以訓諸生其又甚監守代倩而得其利所厚得其名名利皆惡聲其三曰於此乎藏修游息何莫非前賢之德制科文字必有典有則徒餔啜草塞責猶自詡賢不家食此賊義之賊不足誅刼填寫他人姓氏鈔錄陳文舊刻取則我奪其標斥則人削其色白日之鬼蝨青苗之螟螣謂當力行糾殛而掌院者畏其不測常默默此之謂不職名教錄

知縣袁秉直考棚約此多士爲政捐辦考場桌凳念諸童負擔之不勝而爲是先期安定實斯文之慶慎勿挪移供應踐踏坐臥不潔不淨於紙筆墨硯大不敬甚者沒匿踐毀莫窮其究竟某不佞敢以告後之賢令

馮至卷價苦詩原卷價三十覆卷或倍之或什寒士已憂貲不給再覆再倍倍盈千即在豪家猶拮据寒士念之眞忓悒進則千錢無所出退則十名不能入行復念之尚有緼袍一襲沈吟持被付典家淚痕不覺霑衣溼爲幸邀前列不顧燃眉急忽前列無名名利都羞澀今番掩淚向誰泣後鍾天玉捐縣試卷何重丸捐府試卷壽惟仁捐院試卷士始得免此苦馮至尚有詩詠鍾天玉事載學校志

諸暨民俗力稼不事浮費浙江通志

蕭鳴鳳廳事記諸暨地阻而俗美田於湖山之閒灌溲甚艱故歲無常稔

諸暨田畝佃主謂之大買佃戶謂之小買各有價契惟大東鄉北鄉無小買田新纂

黠佃逋主者之租又從而駕禍以脅之萬歷府志

余縉田叟行。余生垂髫時。父老相告語云。汝生也晚。不見古人侶。五里有老人。雙鬢白如楮。長耘不裹頭。一布敵寒暑。革履歲加繕。帽氈高尺許。生平所珍愛。牸犢如兒女。飯後樵山椒。醉來漁湖渚。常惜衣冠人。何事苦如圄。相見惟依依。長幼常爾汝。距邑一舍許。未嘗詣其所。高談藐貴官。酷畏吏與胥。偶聞追呼聲。鍵戶汗如雨。屏息俟其去。徐徐呼徒旅。丁甯子弟行。及早完公糈。毋致此惡獠。復噪吾村墅。歲晏共羣兒。嬉遊樂春俎。往還不遠廬。客至惟雞豕。坐臥桑柘陰。倚杖有常處。社飲或譁喧。頹然無所阻。喃喃祗桑麻。扶歸恒秉炬。此時隆萬閒。長吏希痒癘。落花滿訟庭。倉廩多宿黍。明府恥受錢。農家飽肥羜。野叟挈童孫。不知誰賜予。吁嗟光熹後。蒼黔禁囹圄。惟工謀繭絲。誰爲歎機杼。歌此田叟行。白石真可煮。

有陂池灌溉之利。絲布魚鹽之饒。其商賈工作。皆習節樸。不事華

麗萬曆府志

俗最重蠶亦多禁忌稱馬頭孃曰蠶太婆祈蠶曰求蠶花凡養蠶之家歲旦至元宵不許人昏暮乞火謂之蠶花火正月十四夜用糯穀爆於釜爆之謂之脫蠶殼祀神必用蠶繭果楊萬里江湖集上元夜俗以粉米爲繭卽今之蠶繭果也蠶初生謂之烏蚝蠶眠謂之幼有幼一幼二幼三幼大之說陸游詩曰婦喜蠶三幼是也蠶幼大必取而秤之謂之訂眠頭大卒眠頭五斤須備桑葉百斤蠶起謂之放飼謂蠶蔟爲蠶山繅絲爲打絲徐渭野蠶詩越女賣釵釧催可完蠶山　補訂縣志

諸暨寺廟民屋以及牀廚器用皆雕刻人物草木蟲魚無不精緻絕倫丹朱貼金璀璨奪目

邑無巨商遠賈惟新絲出則絲販絡繹於村落間然所利極微

五禮

冠不召賓不三加隆慶駱志

明知縣劉光復諭行冠禮按冠禮之不行有謂無益者亦有惜費者然先儒定家禮而首此篇豈無精意蓋人多自幼戲豫成習長猶不覺冠時見之祖廟臨之耆碩授之祝詞徧拜先生長者儆之也勖之也政以成之也今人嫁女將笄猶必盛設召姑姊姆姒備禮致祝至於男子何獨不然若貧家不能延賓則請鄰近長老并諸族長行禮於庭一茶告別則亦不失存羊之意樓志

凡男女生一月卽薙髮謂之薙胎頭楊億談苑唐朝宮中嘗於學士院取眠兒歌卽剃胎頭文也盡去其髮此後或留頂髮爲總角或留兩旁髮爲丫角六七歲男則辮髮女則蓄髮作髻未嫁不薙面臨嫁三日始薙面俗呼開面盛妝別祖廟謂之并頭唐詩謂之上頭卽古笄禮也新纂

婚亦論財厚聘厚嫁又有不納聘財而反遺之以銀幣名回盤者

及成婚慶節饋遺無算每爲家計累故多溺女然亦有得壻家利益者終不以爲勸也駱志

婚必擇門第用士人爲媒女家治酒則爲允續後具饋送繼行納幣禮娶之日不親迎用樂婦扶掖成婚雜用踏稾牽紅傳席交杯諸儀康熙府志

昔時婦人入門無論長幼雜觀之謂之看新婦今則稍閑以禮

夫婦爲人道之始婚娶爲夫婦之始竊見大婚之後無論至戚及外姻雜入房中縱酒惡謔謂之鬧房此俗在城市富族爲尤甚樓志

今時婚嫁皆以爲重事然古之重重在承先故以合禮爲貴今之重重在誇俗故以多儀爲尚豈知極盛難繼而偶缺又易召嫌以致婚媾仇讎骨肉參商皆言利實始之況豐匳厚資驕婦逸子古有明訓試觀富貴子弟奄忽墜落者非必運祚衰良由貽謀淺也

孰若擇德以諧緣古爲稽禮取備而不必多情求通而不必濃專談財帛者絶弗與婚如此則婚嫁庶不苦難風俗人心亦大有益若賴婚改盟者國法昭然不復具論

暨俗聯姻謂之接親男俗以紅箋寫懇帖女家以允帖答之或用紅箋寫女生年月日與男家謂之口帖亦謂之庚帖納采謂之定親男家用棗果紅燭綵花或聯果作串貫以綵綫帖以金紙謂之結果并押以銀錢若干謂之聘金女家答以餻餌粉團染紅鴨子筆墨書硯緯帽緞韡等物謂之回盤皆有拜帖啟帖男紅女綠以泥金繪和合神於帖面又有禮帖亦用紅箋寫之數必成雙謂之定帖繼行納幣禮用綢緞衣裙料若干謂之發緞頭請期謂之導日娶之日壻不親迎以綵輿鼓吹旗鐙并牽送一活羊於轎前謂之轎前羊女家宴親族謂之催妝酒亦稱送嫁酒轎將出門眷屬

泣送之既出門女家親族扶轎杠周圍行數轉謂之打稻蓬男女交拜謂之拜堂（唐王建詩吾家新婦宜拜堂）用紅巾一條男女各執其半謂之牽紅用二少女執燭前導謂之迎龍進房竝坐牀緣謂之坐牀新婦來時以帕蒙首謂之蓋頭帕坐牀時用秤桿挑去之進飯并雜骰又抛果栗任人掇拾謂之撒帳（唐梁鉉觀榮王娶妃詩帳撒五銖錢吳自牧夢粱錄迎娶新人入門擇官執花斗盛五穀豆錢綵果望門而撒小兒爭拾之謂之撒穀豆以壓青陽煞耳）明日夫婦出拜祖宗墳廟次及舅姑尊長謂之拜三朝午刻集戚黨婦女列飲新婦首坐謂之三朝酒夕行合巹禮俗謂之煖房酒婚之三日夫婦復出拜舅姑尊長徧及兄弟娣姒謂之拜正三朝是日入廚飼豬打狗烹魚（杜甫新婚別詩生女有所歸雞狗亦得將段成式酉陽雜俎北朝婚禮婦入門先拜豬檝皆義取飼養六畜爲室家久長計也）又新婚日俗有打新郎拳之戲（酉陽雜俎北朝婚禮壻拜閣日親賓婦女畢集以杖打壻爲戲則此風亦久矣）貧家有聘定小女自養於家者謂之養媳養新婦（補訂縣志）

喪飲酒食肉用佛老泥堪輿家説雖久暴露弗惜閒有遵禮制者其非笑之隆慶縣志

喪大率用文公家禮惟不行小斂不用布絞其壙瑩多砌甎爲槨家饒者乃以石康熙府志

喪臨卒男女聚哭舁尸於寢堂用板鋪尸牀張白布幃於前用紙錢草鞋哭送而燒於路歧謂之送巫陽俗呼爲送無常孝子服斬衰解辮纏麻著草鞋婦女去首飾髻上披麻首包白布白骨簪衣斬衰其餘家人素服包白布及殮孝子哭往村中井邊燒香燭紙錢投銅錢於井謂之買水以秤挂瓶攜水浴尸先將尸者衣冠令孝子著使整齊熨貼謂之楦衣用綿裹尸仍將面上綿翦開謂之開面段成式崔生記崔生隔紙隙見亡兄以帛抹脣如損狀僕使誤傷下脣然旁人無見者不知幽冥中二十餘年猶負此苦則開面之風已久而朱文公家禮則云殮尸自首至足衣裳外用衾絞

包裹竝不露頭面故世俗有開面之說非也喪將出柩或巫或僧向柩前念呪謂之起靈柩上置盌巫僧擲破之謂之破材頭盌卒後七日家祭聚哭訃七七四十九日哭奠七次謂之做七至第五七必以雞鳴時哭之謂是日死者始登望鄉臺以望家鄉云巫告以某夕魂歸臨期以衣冠裝尸臥於牀設酒殽於室謂之接煞傅墨林補訂縣志

蔡英屬書凡喪事除靈前奠獻用牲殽外其餘自餐款客概用素食一月惟老病則聽其自便或弔客有當厚款者別於一月外擇日延請凡男婦喪事不許招僧念經拜懺及做一切佛事并不許用鼓吹音樂柩出只用兩鑼前導侯採訪草

俗有冥婚之事男未娶而卒女或抱主成婚女未嫁而卒男或迎柩歸葬禮記曾子問女未廟見而死歸葬於女氏之黨示未成婦也而況未嫁之女柩乎周禮地官媒氏禁嫁殤者亦見冥婚之非

禮然抱主成婚者卽貞女也例當旌獎此則禮以義起不必泥古也傅學林補訂縣志

馮至議喪葬二條一曰痛乎習俗之移人也其親死未殮方且備牲酒餚果核一切治具爲本房之有服者今夕當視殮先往饋遺之戶一席乃視殮殮往往至夜分又肆几筵款留之務令醉飽而去嗟乎婚喪之禮之失之華麗也久矣然未有失之已甚一至於斯極者也養生者不足以當大事於其未殮也凡附身者必誠必信勿之有悔焉耳於其將葬也凡附棺者必誠必信勿之有悔焉耳其具稱其家之有無而其人貴其心之純一純一之至吾猶恐倉皇之際必有不誠不信而不能以無所悔焉者若之何其爲是紛紛也詩有之凡民有喪匍匐救之助之貨財救之也助之力役救之也救之猶恐不及而忍令醫藥之未償棺衾之未辦而滌濯

杯盤檢點筐筥滋耗其經費而轉益其憔悴豈禮也哉禮之失不可勝言茹葷失矣飲酒失之失矣富者本以相耀而貧者甚至於相爭顧猶以爲旣來者不可不有以敬之也前此者不得不有以報之也然而相耀者非也相爭者非之非也必官爲之嚴禁斯民可以少安乃氓之蚩蚩官亦夢夢江河日下浩無津涯豈但非禮是相率而爲不孝也噫道場佛事有自三五金至百十金者遣送邐埽節目瑣碎直視若布帛粟菽萬不容已也前明駱副使問禮萬一樓集斟酌行之稍爲近古近則惟舉人楊統甫垂家三世不作佛事二曰先賢邵二泉提學江西示諭諸生有不葬其親者毋得與試有司承之三載江西無停棺嗚呼仁人之言其利溥哉古無堪輿家言郭璞葬書不見於隋書經籍志唐書藝文志其爲僞書無疑後人強附瀍澗陰陽等文以爲本自詩書鑿矣卽有非可人力求也卽可力求死徙無出鄉亦不當求之於遠而況乎必不能遠也陰陽兩宅相輔而行天若有確見於意中而次第布之者某某子孫

宜田於此里於此某卒而葬埋於此如是則安不如是則不安鳥飛返故林狐死正邱首魂魄猶應戀此也邑中甲第以孝義黃氏爲第一次王氏又次則馮氏陳氏駱氏余氏壽氏而考其發祥之所不但在本縣而已也咸在其鄉且咸在其里三五里七八里至十餘里二十餘里而止矣試思黃姓之嘯天龍王姓之九龜山馮姓之紫巖陳姓之飛鳳駱姓之金星原文誤作眠牛山余姓之鮮蝦壽姓之眠網其實各姓皆始有甲科而後尋其發祥之地云某人皆未發於某地其地之果爲吉壤與否究亦不得而知也有出於十里之外者信堪輿者曰吾以盡人事也要當以順天心爲正順天心者陽宅爲主而輔之以陰基陰基必不遠離乎陽宅蓋以天之相配而行也敬啟高明力敦孝友力行仁義務使天心之簡在若曰某某子孫特宜昌宜熾則暨陽吉壤將必有逾於黃氏者不然吾懼其志願之徒奢也原文三條二曰停喪停喪者惑於風水也今併作二條

祭薦備獻禮者數家屈指可盡其貧家惟存墓祭而已祈禱佛老巫史不一而足近又有演戲者蓋以人道事神也駱志

祭以四時或以四仲分至日或以元旦端陽重陽冬至世家咸遵文公禮小戶止列羹飯香燭家長一人口請祖先而已忌日必素服祭終身不廢清明有墓祭萬歷府志

暨俗樸素晏客不過四簋以豆腐代蕿燕首出供膳謂之豆腐酒或謂之大豆腐新纂

元旦

元旦早起挂門神換桃符然後潔衣冠備酒果香燭拜天地次寢廟徧拜諸尊長明日以次及諸親友必酒食而後罷駱志

元旦男女序拜已乃盛服詣親屬賀年設酒食相款凡五日乃畢謂之拜年大率以早爲敬諺曰初五初六無酒無肉乾隆府志

元旦不埽地不拾雞卵謂一日爲雞也謂五日爲虚六日爲秏禁鑼鼓屏乞丐樓志天將明放紙砲以代爆竹謂之開門砲補訂縣志

立春

立春先一日官僚畢出迎春東郊里無貴賤少長集通衢遊觀相飲樂儆逐至期用巫祝禱祀謂之作春是日各家以紅箋書立春大吉四字黏於壁舊志

立春後人家擇吉祀神謂之作春福新纂

人日

人日婦女競翦綵或用紅綫纏樹以催花謂之挂紅

人日後少年子弟挾笙簫鑼鼓沿門唱戲婦女圍聽酬以年餻角黍或供酒食

正月十二向晨於社廟前集衆架木高五六尺上插小彩旗謂之

曁斛斗角二星明則豐稔驗十六日晨折卸謂之落斛十三日謂之上鐙夜十六日謂之落鐙夜補訂縣志

元宵

元夕食粉團必先薦翦綵紙爲鐙各神廟尤盛諸少年爲大管之屬隨鐙所賽勝至夜分不休女子出觀鐙名過橋謂可免一歲疾厄城中尤甚官司禁之不止駱志

曁俗有龍鐙首尾爲龍形鱗爪畢具其中翹裝聯絡綴以人物故事鐙橋多者至四百許一望輝煌雜以鑼鼓旗幟邑之龍鐙以三都爲最精緻其人物衣服悉以羅綾扎就至有飾以珠玉古玩者今亦稍衰矣

三十都有楊司馬廟相傳越句踐時官司馬隱此歿而爲神歲正月元宵節里人設供爲木架高至十丈復於架上卓幡竿數十尺名曰插幡章志

郭鳳沼青梅詞過橋燈火豔春臺到處簾櫳面水開四闕七門看未了六龍銜照一時回注元夕三日諸神祠例放龍鐙用六尺板穴其兩頭交鎖連絡首尾爲龍形中翦綵作樓閣人物多者至四五百板雜以旂鼓夜行以燭倒映五湖交影上下爛若星點　新纂

五十五都東山紙繪徐神廟見山水志每歲元宵前後三日賽夜會湯村全堂阮村毛家東山俱演神戲俱有龍鐙鐙百餘橋翦綵嵌珠人物樓閣巧奪天工龍頭龍角龍爪龍尾宛轉若生天暝月上鼓吹百十大吹大擂十番鐃鼓琉璃綾緞般地麗天橋鐙所至施放煙火每架長丈餘每放一換壽星天官昭君毛延壽獅象橐駝百餘頭上騎百蠻手持珊瑚犀角百寶盆中實萬年青富貴花一人一物一花一獸無不酷肖玲瓏閃爍煙燄蔽天婦女聚觀擠擠離離巷頭村尾無空隙處而瓌寶古玩鐙海鐙山崑曲越腔則以湯村爲最自辛壬燹餘鐙事闌姍什不存一矣

婦女無子者出資翦綵爲小龍鎖絡龍鐙中央以爲利於得子謂之帶子龍

養蠶者每於橋鐙過處暗拔龍鬚謂之拔蠶花

窮鄉無力製龍鐙則醵資餬神馬雜鑼鼓旗幟巡行於村落謂之擂馬 殯山神馬高至丈數尺 補訂縣志

正月具酒殺薦墓挂紙錢於墓門謂之標佰 補訂縣志

每歲元夕喧民以鼓吹徧賀民家謂之鬧元宵婦女以糯穀爆於釜名曰孛羅花俗謂之穀荺供竈神以占蠶事翻白多者吉

正月十八日人家輟堂中祖先像謂之落像

二月朔日

二月朔古謂之中和節人家多贈五穀瓜果之種諺云二月二百般種子好落泥

社日

大家宗祠必祭祖祭畢則宴序齒列坐雖貴顯不先杖者祠廟社戲多演琵琶記陸游詩沿村聽唱蔡中郎蓋宋時已然矣

清明

清明插柳展墓士女滿郊不以爲嫌略志

清明日作粉窩十二枚仰置釜中蒸熟驗之第一枚正月以此挨看如有水則其月有雨水多則雨多乾則無有閏則加一枚羣芳譜以此爲除夕事而暨俗則以清明爲之補訂縣志

暨俗墓祭士女滿郊近亦無之惟丁多者祭畢致胙宰殺太過樓志

鄉村家家插柳於門

十二都婦女於清明日無老少姸媸皆展孟貞女墓見列女志謂之拜黑頭姑

二月十九日

俗傳二月十九日爲觀音誕辰男女競往大岡山見山水志燒香膜拜有自家門出且行且拜直至廟中者香火之盛甲於越中

四月八日

暨俗於浴佛節以艾青汁染飬餌名曰蠶繭果祀馬頭孃

立夏

立夏日必食黃瓜

端午

端午懸艾虎飲菖蒲酒和以雄黃食角黍亦以相遺小兒佩香囊符篆簪百節草葵榴等花繫五色絲於臂名曰健線及解必納之牛迹曰力健如牛云駱志兒童於是日鬬百哥舌教之語樓志又有鬬百草之戲補訂縣志

暨俗端午必製綠豆餻角黍以饋節女子出嫁之明年母家買蒲扇羽扇羅扇聚頭扇數十百柄多者至千餘柄送壻家謂之望端午人家必食黃花魚新纂

夏至

暨俗於夏至或立夏日必秤人輕重以消災癘夏至以後早稻豐收則雩桃薦新以酬神佑農夫逢夏至以豚蹏釀田俗呼祭田婆本月令粹編

六月二十三日

縣城城隍廟楓橋紫陽宮等處皆雇名優演目連故事三晝夜鄷都鬼役刀山地獄窮形變相如展閻立本畫圖

中元

七月十五日古謂中元節俗謂之鬼節僧舍營齋供閭里作盂蘭勝會祀先以素饌浮屠然鐙人家或然鐙於樹或放水鐙間以簫

鼓兒童則疊瓦塔燃鐙以爲樂萬曆府志

盂蘭會必延僧施餤口誦甘露經長老披袈裟說法謂之坐臺俗謂之齋孤魂新纂

中秋

中秋夜置酒翫月萬曆府志

邑俗爭以月餅餽中秋大家則製餅如盤盂大雜以瓜果疊案供月謂之宴嫦娥新纂

中秋前後五十都石靈庵賽會三日旗幟簫鼓頗極一時之盛楓橋於是日沿街結鐙綵揚神廟搭花臺粵寇亂後停止

重陽

重九越俗相約登高佩茱萸泛菊酒不甚食餻諸暨有重陽餻赤白相疊鮮豔有色澤而多食栗糉亦有栗餻嘉泰志

重陽登高飲茱萸酒必配以豆莢各名山歌笑競逐駱志城中仕女多至苧蘿山登高新纂

九月十五日

明張岱陶庵夢憶楓橋楊神廟每歲九月迎臺閣九月十五至十七日賽會三日名曰臺閣十年前迎臺閣不過臺閣而已自駱氏兄弟先行中行駱副使纘亭先生子主之一以思緻文理爲之扮馬上故事二三十騎扮傳奇一本年一換三日三換之其人與傳奇中必酷肖方用全在未扮時一指點謂某似某非人絶倒者不之用如扮胡槤者直呼爲胡槤遂無不胡槤之而此人反失其姓名人定然後議扮法必裂繒爲之果其人其袍鎧須某色某緞某花樣雖匹錦數十金不惜也一冠一履主人全副精神在焉諸友有能生造刻畫者一月前禮聘之匠意爲之唯其便裝束備先期扮演非百口叫絶又不用故一

人一騎其中思緻文理如玩古董名畫一句一勒不得放過也士人有小災禨輒以小白旗到神廟禳之所積盈庫是日以一竿穿旗三四一人持竿三四走神前長可七八里如幾百萬白蝴蝶迴翔盤礴於山坳樹隙四方來觀者數十萬人市楓橋下亦攤亦篷臺閣上馬有金珠寶石墮地拾者如有物憑焉不能去必送還神前其在樹叢田坎間者問神輒示其處不或爽案今臺閣祇數座無所謂馬上扮演者惟背閣以一人肩一閣合三四十閣扮一劇三日三換袍鎧綺麗人劇酷肖一如張言白旗禳神之說亦未之聞惟鄉人患癲以鐵索繫於廟柱數日卽愈愈者酬以彩鐙迎臺閣日以一竿作柱橫繫九小竿每竿懸鐙十餘五彩相閒名曰九聯鐙擇有力者肩行神前燦若白晝各色旗纛皆用繒緞繡花卉人物飾銅壓金長可數里五色錦綺錯雜於青山紅樹閒郭毓楓溪秋賽

曲叢鈴寶馬揚飛塵西風颯颯吹倒人高竿大纛樹百尺儼若元戎行三軍旗幟滿山環四野鼓吹金鐃震屋瓦妖童婉孌踏歌來云是楓溪作秋社太平有象民樂康家家倉庾堆稻粱醵金大會飲大酺文武之道弛以張聚人成海遊晝夜歌呼六博金錢爲馬郎牛僧犬羊屠擕發鬻畚鍤犂耙麥埧零星弄物多闤門士稚杭州帕五方雜沓百貨齊巧籠豪奪爭誇詐迎神送神三日中萬衆喧拜老相公道士擲珓傳神語明年更比今年豐 自注社神柴楊潘三姓土人均呼老相公明忠倭寇有神兵之助當時請封爲紫薇侯賽社儀衛如王者

十月十五日

十月十五日邑城隍廟演戲賽神凡十晝夜台城婦女傾觀香輿寶蓋絡繹於道亦名臺閣 郭毓詩纔詠楓橋秋賽曲城廂又見降神時豐年到處祈還報望縣如斯信不疑百里花封成鼎沸一江潮水助豚吹祇應蜡畢同遊覽喟嘆聲聲衆莫知

九江山聖姑廟於十月賽會無定日預期以珓問神神許下殿則湖田多熟湖鄉以此卜稔饉 旗幟無多近山各村村習拳勇分黨樹幟沿途演操觀者如堵評騭勇懦各操月旦因爭意氣各挾鬬志刀槍血肉奮力相搏風俗之

悍略見於此社會所至以漁鰟山江藻二處爲最整齊郭肇詩金甲銀槍隊隊殊更看百戲演都盧沿堤怪道人如蟻漁鰟山前賽柳姑

冬夏至必祭奠其先人及親友之在殯者夏至以麪餌冬至以餈亦以相遺駱志

暨俗冬至亦墓祭略與清明相似春粢爲糒糍樓志

十二月

二十三日俗謂之醉司命節傍晚縛黃竹鐙盞爲神轎以送竈祀神以湯團供麪糖於盤謂恐神奏人過藉此以餬口也先數日丐頭飾四目作方相氏狀更扮一村女鳴鑼擊鼓沿門叫跳謂之跳竈王蓋亦古鄉儺之遺意自是人家各拂塵換桃符神荼鬱壘像及春勝春帖并貼鍾馗圖於門壁其過歲諸品物不論貧富各經營預辦往來親戚互爲歲饋酒擔食榼相望於道萬曆府志謂二十四日爲臘月

送竈之期蓋古今風俗不同也

臘月以豕爲牲召巫祝之曰作年福畢以果物佐牲醴相遺饋歲殘終拂屋上塵修垣宇備酒果爲新年客備夜放火砲以避鬼魅今不復召巫　駱志

臘月各村以秔米搗熟作餻謂之年餻其蒸粉未成餻者謂之餻花新纂

作冬福日祭後具筵請鄉老謂之作福飯亦謂之年飯

除夕

除夕自過午卽灑埽堂室懸祖先像向暮聚雜柴爇於庭古謂之火山竟日[illegible]盆光燄燭天燃紙砲以代爆竹遠近腷膊之聲相聞不絕設祀曰送神已乃闔門集長少歡飲曰分歲有終夜圍爐齋坐者曰守歲萬歷府志

除夕各家集大小飲食曰分歲食畢圍爐守歲鼓砲之聲遠近相接夜半就寢乃以是夕夢寐卜一歲休咎忌諱者至徹夜不睡駱志

唐太宗有守歲詩冬盡今宵促年開明日長孟浩然詩守歲接清筵杜甫詩守歲阿戎家則知除夜守歲唐時風俗已然矣近知縣朱晨乙酉元日詩爆竹聲聲歲已分其自注云暨人謂守歲爲分歲然則分歲云者蓋暨俗方言也樓志

城市鋪家除夕挂鐙於檐各書店號以便償逋者之識別其有挂欠則店夥絡繹於道沿門索取往往致成口角新纂

人家除夕必置千錢於牀頭謂之壓歲錢又預煮米飯供元旦後三日之餐謂之過年飯

除夕人家於堂中懸祖先像楓橋長道地光裕堂所懸皆明代衣冠左布政使陳性學夫婦像爲其孫洪綬所畫蕭山來斯行書贊

各像皆高大逾常。俗謂之大神像。是夕夜闌閉戶，必放紙砲，謂之關門砲。

諸暨縣志卷十八

災異志

史家志五行說防於董仲舒劉向然事近術數語多傅會敘災推異頗難徵信而頁其咨儆垂戒之意亦有未可盡廢者惟志一縣之災異必欲比附五行逐類而書之則又非誣卽瑣矣兹第據前志所記補輯墜遺而徵以所見所聞所傳聞案世代年月不分五行而以人瑞附於後

漢

漢安二年癸未有星隕於諸暨縣東北二十里化爲石萬歷府志

晉

太康元年庚子正月諸暨地震樓志作九年

大興元年戊寅三月諸暨地震

宋

元嘉二十四年丁亥七月乙卯木連理宋書符瑞志 楊州始興王濬以聞會稽太守羊元保請改連理所生處康亭村爲木連理村

大明元年丁酉二月己亥白鹿見會稽諸暨縣獲以獻宋書符瑞志

泰始六年庚戌阮佃夫勢傾朝野乘車常向一邊時人多慕效此亦貌不恭之失也宋書五行志

唐

神龍二年丙午諸暨縣治東五里木連理唐書五行志

天寶三載甲申長山產靈芝隆慶縣志

五載丙戌孝感里張氏墓側產芝之草泉涌如醴

晉

天福二年丁酉縣治東二十五里文殊巖產芝數本泉出如醴

宋

咸平二年己亥閏二月箭竹生米如稻民飢採之充食

景祐元年甲戌大水漂溺民居萬歷府志

紹興元年辛亥大疫歲饑十二月民譌言月旣望當火比戸相驚樞密院以軍法禁之乃定

五年乙卯五月大水

八年戊午大饑民食糟糠草木殍死殆盡

十九年己巳大饑

二十七年丁丑大水

二十八年戊寅大風

隆興元年癸未秋大風隆慶駱志螟傷稼萬歷府志

乾道元年乙酉春盛寒首種敗釐麥損夏疫

四年戊子夏旱尚書汪應辰王希呂安定郡王趙子濤禱雨五洩龍見爪如人臂紅光射人（隆慶駱志以爲仁宗景祐四年誤）秋七月壬戌大水害稼（宋史五行志 準史 浩泰湖田米折帛）

淳熙三年丙申旱（萬曆府志）

七年庚子大旱

八年辛丑夏五月大水流民舍敗隄岸腐禾稼（宋史五行志）

九年壬寅歲饑（萬曆府志）

十四年丁未秋大旱

紹熙四年癸丑夏四月霖雨至於五月壞圩田害蠶麥蔬稑

慶元三年丁巳大水害稼

嘉泰四年甲子民間盛歌鐵彈子白塔湖中曲冬有盜金十一者號鐵彈子起爲亂已而伏誅（駱志）

開禧元年乙丑夏旱萬曆府志

二年丙寅無麥

嘉定三年庚午夏五月大雨水壞田廬市郭首種皆腐宋史五行志

五年壬申夏六月丁丑大水壞田廬萬曆府志

六年癸酉夏六月戊子風雷蛟水暴發漂十鄉田廬溺水者甚衆宋史五行志

九年丙子大水萬曆府志

十五年壬午衢婺徽嚴暴流與江濤合氾濫及邑境圮田廬害稼

嘉熙四年庚子邑薦饑

淳祐二年壬寅夏旱縣令趙希恪禱雨五洩東潭龍見一角而雨

八年戊申秋大水詔除湖田租

寶祐四年丙辰秋大水詔除田租

咸淳七年辛未夏五月甲申大水漂廬舍宋史五行志六月丙申大風

雨雹發米賑諸暨縣遭水家免湖田租宋史度宗本紀

八年壬申秋八月大水十月除免田租萬歷府志

十年甲戌夏四月水大風浙東安撫使常楙賑銀使折運民不乏食

元

至元十八年辛巳大饑道殣相望

二十六年己丑春二月大水

二十九年壬辰大水駱志

元貞二年丙申大水萬歷府志

大德六年壬寅饑樓志作元貞六年誤元貞無六年

十年丙午饑大疫章志

十一年丁未蝗及境皆抱竹死樓志作大德十二年誤大德無十二年虎暴入城市

三日死城隍廟後萬曆府志
至大元年戊申疫章志
泰定元年甲子饑樓志
天歷二年己巳饑
至順元年庚午大水
元統元年癸酉自正月不雨至於七月萬曆府志
至元元年乙亥大旱饑樓志作元統三年者誤元統無三年
十二年壬辰旱
十三年癸巳冬十二月己酉地震樓志
十七年丁酉春三月袁彥貞家一雞伏五雛有四足二足在翼下不數日死輟耕錄
孝義鄉流子里吳銓家犬病踣子銜食哺之及死埋山下有花開如鳳仙人呼孝犬又名桃花犬樓志

明

洪武四年辛亥春正月免諸暨縣水災田租明實錄

□年有白氣自東經天宋濂武功紀占書見白氣者見敵之象

永樂十年壬辰學後小陶朱山產芝一本七莖隆慶暨志是年王鉦及第

二十一年癸卯江潮至楓溪

宣德二年丁未江潮至楓溪暨志大風萬歷府志

七年壬子大部鄉民家狐爲祟白晝火嘗自作狐震死始定

正統八年癸亥夏淫雨害稼樓志

景泰七年丙子春長山產芝浙江通志秋白鸛鴿止縣舍暨志

成化三年丁亥冬桃李花萬歷府志

七年辛卯秋大雨水害稼乾隆府志

九年癸巳大水嘉靖浙江通志是年八月浙江巡撫劉敷奏諸暨被水田畝稅糧所宜蠲免從之

十一年乙未巖坑地裂萬曆府志
十二年丙申秋大雨害稼樓志
十八年壬寅大風萬曆府志江潮至楓溪駱志
十九年癸卯民譌言有黑眚萬曆府志閭里晝夜驚守逾月乃息
二十三年丁未大旱樓志
宏治三年庚戌民譌言詔選女子一時嫁娶殆盡萬曆府志
十七年甲子大風江潮至楓溪樓志
十八年乙丑冬雨木冰萬曆府志
正德二年丁卯冬桃李花有實者
三年戊辰旱樓志
七年壬申秋大雨害稼樓志
十三年戊寅十九都楊氏妻產狐

十四年己卯西隅酈暖家母雞尾忽長二三尺如錦綬冠羽黑色駱志放之長山郭氏女葬逾年發之色如生髮落更生新髮爪長數寸苧蘿山稿

嘉靖二年癸未水乾隆府志

五年丙戌旱樓志十二都孟氏豕產八一目一尾隆慶駱志

六年丁亥蝗飛蔽天章志

八年己丑水萬歷府志

十年辛卯大風萬歷府志江潮至楓溪樓志

十三年甲午秋七月浣江漲水入城中平地深一丈萬歷府志

十八年己亥大水樓志

十九年庚子夏蝗冬無雪駱志

二十年辛丑夏蝗邑城南隅張氏妻一產四男浙江通志陳姓妻馮氏

忽生鬚十餘莖長二寸續羊秦集泰南鄉徐氏牛一產三犢萬曆府志

二十一年壬寅一士人家火自發駱志

二十二年癸卯楓橋民譌言一夜走竄略盡萬曆府志

二十三年甲辰清明雨雹大如斗傷麥

二十四年乙巳大旱斗米銀二錢

二十九年庚戌狐入縣署變人形能語言知縣王陳策磔之

三十年辛亥秋有虎暴入城

三十三年甲寅楓橋民獲青羊駱志夏旱萬曆府志

三十四年乙卯大風樓志

三十七年戊午民間譌言有眚男女戒備夜不敢寢

四十二年癸亥邑城士人家火自發三月餘始息駱志

四十五年丙寅大水漂民居乾隆府志

隆慶元年丁卯袁氏妻一產三男浙江通志雞冠山隕石大如屋至地震爲池復躍過溪乃止萬歷府志浣江潭石忽有文曰戊辰大旱樓志

二年戊辰春正月朔城南火延燒百餘家萬歷府志旱知縣梁子琦禱雨雞冠山得蜥蜴越日雨建靈雨亭於江東隆慶駱志梁子琦禱雨雞冠山見蜥蜴人曰龍也迎至大雄寺梁力疲行少卻忽堂隅大雷暴震屋瓦若解梁急走拜明日雨建亭於城東半里名曰靈雨民謠言詔選女子婚配略盡如宏治時樓志

三年己巳春正月長山夜見火光長數十丈隆慶駱志珠嶺民邵氏養蠶力不能喂棄之山中後皆成繭浙江通志夏水詔免存留錢糧王圻續文獻通考

四年庚午大雨成災駱志當大雨時楓橋二男子偶語屋中雷火忽起二男子擊死一婦人亦死五月蘇豐江周氏妻一產三男浙江通志

萬歷二十年壬辰大水據張鳳儀重刊駱志序補

二十四年丙申冬雪連春積丈許人民凍餒鳥畜多死章志

二十五年丁酉秋九月雷震城裂數丈

二十六年戊戌箭竹生米每節一粒民採食之呼爲箭米浙江通志除夕楓橋樓氏有狐祟續羊棗集樓姓夫婦與一乳母一小兒一婢同寢一室至夜分乳母見一人紗帽紅衣手執銅錘向乳母奪兒不予困之乳母呷呷夫婦與婢俱昏迷及蘇聞有腥氣五年前其同宅者一母二女同臥亦被昏迷而二女竟死亦有腥氣人疑狐爲祟

二十九年辛丑伏中霖雨十日章志城西姜氏妻產子卽咳其母死子亦旋亡乾隆府志

三十年壬寅天稠鄉婦姙十五月產子鬚髮俱白不乳死樓志

三十一年癸卯六月大雷飛雪人復衣棉章志

三十二年甲辰冬十月八日夜分地震

三十三年乙巳春三月十八日天明已久而復晦

三十五年丁未夏五月至六月霖雨不止閏六月山鄉出蛟洪水泛溢溺人無算（浙江通志）

三十六年戊申霉雨七晝夜大水害稼（乾隆府志）

四十年壬子夏五月十二日黑霧迷天冒行者卽疫茹腥必斃（章志）

四十三年乙卯夏六月七日虹見於西方暴雨大水腐禾（樓志）

四十五年丁巳夏六月六日午時雹雷驟作害稼殺牛羊無算

四十六年戊午自二月至五月雨不止歲饑（章志）

四十七年己未大水瀕江民多淹死（樓志作四十八年誤）

天啟元年辛酉蔣氏妻產一女未幾變男長復變爲女後嫁夫孕一子而死二十一都王氏妻生女有兩陰月餘死（乾隆府志）城中徐姓母雞變雄家以爲瑞無何數口盡死（章志）

五年乙丑大旱（乾隆府志）

七年丁卯五月大雨東城外嵩山廟圮章志六十一都岳駐山轟雷驟響塔石忽燃經時始滅樓志

崇禎元年戊辰七月二十三日大風雨拔木揚沙自辰至未水深十餘丈埂廬盡壞湖鄉居民溺死千餘人新纂

三年庚午白虹貫日曉星下復有一星此星至乙酉歲始滅

五年壬申夏六月夜晴月忽無光至曉不復

九年丙子大旱附二都趙氏池內產五色蓮每日入時赤光灼天西方尤烱

十二年己卯春正月大雪没湖秋風蝗蔽天樓志冬十月朔日食日中見斗牛羊雞犬相驚逐新纂

十三年庚辰夏雨雹禾稼盡折擊傷牛羊無算乾隆府志六月大旱新纂秋大水斗米價五錢人食草木見地中白土呼爲觀音粉爭食之

乾隆府志明史言是年饑食觀音粉多腹痛枕藉以死

十四年辛巳飛蝗徧野斗米價千錢乾隆府志知縣錢世貴令民以火照水蝗赴水死者十之三四

十五年壬午江潮至楓溪新纂

十六年癸未大旱是年東陽許都倡亂巡按左光先使署知縣陳子龍說許都降蔣遊擊擊餘黨平之

國朝

順治七年庚寅冬十月朔日食既

九年壬辰大旱乾隆府志

十四年丁酉夏六月十九日大水漂廬舍衝田埂章志

十八年辛丑大旱秋八月山賊楊四等搆亂新纂

康熙三年甲辰夏四月朔雨雹乾隆府志

八年己酉夏六月七日夜分地震秋八月地生白毛長四寸許章志

九年庚戌夏六月大雨三晝夜不絕江水泛溢湖田盡淹冬十二月大雪新纂

十年辛亥自五月至八月不雨

二十年辛酉夏五月甲午大雨二十餘日不止七十二湖埂盡決

二十一年壬戌三月十八日白晝晦冥狂飇拔木豆麥無遺種夏大水城不没者三板章志

二十三年甲子夏五月大雨十七晝夜湖埂盡決六月旱秋七月七日復雷雨蛟水發新纂

二十四年乙丑秋七月二十五日霖雨數日不止狂風拔木湖埂盡決五十七都石礁山出牛頭龍八月十五日復大雨五十七都遮山出蛟眞武殿後出蛟湖田盡淹

二十九年庚午秋災浙江通志

三十八年己卯大水樓志

四十三年甲申秋災

五十一年壬辰風雨害稼浙江通志

五十五年丙申秋大旱

五十八年己亥夏五月朔海甯許尚書汝霖宿高湖楊前忽產芝三莖大觀堂文集

六十年辛丑秋旱樓志陳氏女生鬚十五六莖長寸餘分後壽至八十一歲胡序類記

雍正十一年癸丑秋田禾生小蟲歲饑浙江通志

十三年乙卯江東鶴溪書院前池所浸梨樹生花郭麟圖將刻其所著諸暨賢達傳市梨豐江截爲七段浸池中忽一段生枝長九寸開十餘花粉暈素蘂彌月不凋新纂

乾隆五年庚申大水樓志

九年甲子大水

十六年辛未大旱歲饑民食觀音粉多死胡序類記

十七年壬申大水樓志

十八年癸酉大水

十九年甲戌四十都水口村宣氏四媳共產十子一產四男一產三男一產二男一產一男俱不育胡序類記

二十年乙亥大水新纂

二十一年丙子旱樓志

二十三年戊寅大水

二十六年辛巳大水

二十七年壬午大水

二十八年癸未大水

三十二年丁亥附二都金氏妻一產三男乾隆府志

三十三年戊子七十二都應氏妻一產三男

三十七年壬辰夏六月二十六日大風拔木沿山數十里倒屋壓壁無算胡序類記

三十八年癸巳夏五月十七日大水胡序類記

四十五年庚子秋七月十四日夜大雨山蛟發江水暴漲歲大饑俟採副草

嘉慶七年壬戌夏旱禾槁傅墨林補訂縣志

十六年辛未秋八月彗星見於斗柄之北至十月杪始沒補訂縣志

二十五年庚辰春夏大旱秋八月大水山蛟竝出湖埂盡決

道光元年辛巳夏四月五緯聚奎躔

三年癸未大水湖田盡災

六年丙戌夏大旱補訂縣志
八年戊子夏水秋蝗
九年己丑大水泌湖埂決
十二年壬辰秋九月大雪
十三年癸巳清明雪几旱大疫斗米銀六錢道殣相望十二都孟
氏宗祠產芝孟郭美妻周氏一產三男孟士恆妻傅氏年四十二
歲忽生鬚髯如丈夫
十八年戊戌秋八月水江東埂決
二十一年辛丑夏大水六月朔未刻日食既白晝如夜雞犬驚飛
二十三年癸卯春三月白氣亘天自西至東數十丈經月始滅
二十四年甲辰夏四月二日酉刻烈風雷雨冰雹如拳大木拔小
麥淹

二十六年丙午夏六月二日日食既秋旱民謠言三腳貓爲祟民閒一時譌傳東鄉尤甚徹夜鳴鑼燃砲男女羣臥一室誦天蓬咒黃紙硃書齕[illegible][illegible][illegible]四字貼窗戶閒以厭之月餘方定

二十七年丁未大雨雹傷稼

二十八年戊申大水

二十九年己酉夏五月大水百丈埂決湖田盡淹

三十年庚戌夏五月大水秋八月十二日戌時復大雨十三日晨蛟水大發湖埂盡決上鑊鋪山忽擘半嶂去中塢山兩厓存其一水退瀕湖居民數百家無以存活多挈少長流徙遠方棄子女嬰孩於陂塘水咽不流知縣劉書田請帑賑卹民始更生

咸豐二年壬子大旱自春至冬不雨田禾盡槁夏五月二十四日戌時彗星見於西方

三年癸丑夏五月旱六月十七日驟雨七晝夜大水地震

四年甲寅夏四月三十五都楊明選妻黄氏產男具兩形背黏合怪而棄之五月大水百丈埂決補訂縣志

五年乙卯夏四月二十八日夜二更有星起東方經天有聲補訂縣志

八年戊午雞冠山鳴秋八月彗星見西方

十年庚申二月浮邱劉村應家塘水立高數尺知縣鳳栙爲包立身設醮城隍廟忽有狗上屋徧走二十四鄉土地祠神座檐上逾時下不知所去

十一年辛酉春正月朔昧爽文廟大成殿正梁忽摧夏五月大水六月彗星見西方芒長八九丈至秋末始歛秋七月駐防兵忽患瘋持刀斫傷邑廟神像八月朔日月合璧五星聯珠冬十二月二十八日大雪至三十日不止平地厚五尺人畜凍死

同治元年壬戌夏六月東安鄉馬面山水變爲血秋七月朔包村

陷殉難者逾十萬人九月棃樹花

二年癸亥春正月弧矢射天狼二月霪雨桑麥稻秧俱傷夏旱大疫冬〻除夕雷

三年甲子春正月三日螻蟈鳴十五日大雪秋冬〻無雨西安鄉馬塘湖晚禾一穗雙歧至數千百本孝義鄉琴絃岡吳邦康家雞生三足蕺里蔣景耀妻金氏一產三男

四年乙丑大水楓橋平地漲一二丈湖埂盡決山村多馬熊狀如狼頭長夜出齧婦豎啖豕犬

九年庚午楓橋鳳山產芝一本五莖夏五月南鄉三十都馬氏女十三歲忽變爲男東安鄉屠家隝屠允康家雌雞化爲雄

十年辛未春三月初十日大雨雹二十二日雷雨大風飄瓦拔木斃人無算夏四月十二日大雨雹冬〻十月初一日十二都大雨雹

屋瓦皆飛五十都楊村雨菽

十二年癸酉夏五月大旱十六日知縣劉引之禱雨斗子巖龍王祠江潮至楓溪

十三年甲戌秋七月十八都雨豆

光緒元年乙亥春正月朔日無光二月長甯鄉珠村雨豆取食有香氣秋七月二十八日未刻烈風雷雨蛟水驟發決埂金墊金光明家豕生象藍田金漢章家雄雞有五腎正二都半路塘櫻櫚樹忽生二柯作鶴形白色以後每年生二柯象二物或鳥或獸或刀劍或人物或器皿及燭織狀每年一易無同者後數年樹被竊去

二年丙子夏六月初一日大雨出蛟隄岸盡決田禾淹冬十一月雨豆大如雞頭子

四年戊寅夏五月大水湖埂決禾盡淹補訂縣志

五年巳卯夏五月大旱秋七月十三日大雨雹三十三都張長欽家豕產獸一角一目行走甚疾不數日死

六年庚辰春三月距何趙二里許山上雨豆圓形小粒而長様有斑文

七年辛巳夏五月大水秋七月十八日夜四更天裂

八年壬午夏五月大水六月十五日龍見於楓林是日晨雨初霽楓林有二婦曬衣樓簷忽見一龍從黑雲中捲出一婦見龍首疾呼一婦即見龍尾掠過樓頭鱗角畢見秋八月彗星見東方長數丈狀如帚

九年癸未夏四月大水湖田淹補訂縣志

十一年乙酉江潮至楓溪十二都楊五經家豕生象越日死五十一都宣旬山產芝

十二年丙戌春三月附一都金學林家豕生象秋七月大水湖田淹縣城毓秀山產芝

十三年丁亥夏六月大雨東鄉山中伏蛟盡出澧浦水漲五尺楓橋漲至丈餘湖埂决傅墨林補訂縣志

十四年戊子十三都旋子山生芝花亭鄉八字橋周啟賢妻馮氏一產二男一女

十五年己丑春正月十六日夜月將升東方紅光滿天有火大如斛自天隕踰時始熄秋七月大雨北門外七崗嶺附二都十二都十三都皆出蛟田廬破衝自八月至十月又淫雨四十日湖鄉大水埂决霜降節螻蟈鳴

十六年庚寅夏六月旱秋七月大水害稼

十七年辛卯大水

十九年癸巳夏五月二十三日縣城鋪前街火延燒數十家縣署大門儀門俱燬前數日鼠出徧街衢多遷至鹽業公所

二十年甲午春正月二十五日未時六十五都大雨雹二月初一日雪水決隄夏璜山博鴨岡有赤馬下飲於璜鴨白沙山產芝五本皆紫色四十四都吳丙德妻李氏產子無鼻脣手指足指皆十四枚不乳死

二十一年乙未春二月五十都魏成美家木樨花五十三都新莊徐錫仁妻一產三男

二十三年丁酉婁峋竹兩歧高三丈餘長三丈餘圍七寸形扁十餘節上分二股直上至巔作交柯狀

二十四年戊戌春正月朔五十六都屠家隝牝鵝自嶺腳飛集村樓計高三百丈秋八月十八日大水十五都金隝金東卿妻姚八月而產三男俱不育九月初六日夜丑刻天裂

二十五年己亥立春日南門城樓災庚子六月十四日鄉人由二南門入毀教堂幾釀亂

月十九日雪殺桑三月大風夏六月十五日大水東鄉蛟驟發楓橋市過蛟至十餘壞屋淹人無算居民朱鍾揚棹小舟拯九人知縣沈寶青書額旌之并記其事江東阪埂泌湖埂盡決秋七月復大雨蛟又發田禾俱淹道殣相望知縣沈寶青爲之籌款請帑買米賑邮積穀備荒并議工賑隄埂復完民慶更生九月復大風壞廬舍廟宇無算

二十六年庚子春三月天赤色日月無光十二日晨天忽瞑如夜逾刻始復東西浙不同時并有十一日十三日瞑者秋七月二十日太白晝見二十七日復見八月十四日夜三更白氣似虹見西南方斜射月芒長數丈冬十一月江東鍾氏家見二蛇自檐出行若駛須臾不見戌刻大火屋燬

附人瑞

明

陳良祐妻樓氏年一百二歲明正德時楓橋人新纂

孫盈二十五妻俞氏年百五歲七子皆耆年諸顯達贈詩成帙孫盈二十五著有草堂詩稿相傳亦百歲隆慶縣志

鄭鸞字暨山年一百歲新纂

何甫源妻趙氏年百歲萬歷時礦亭人新纂

楊天鶴年一百一歲崇禎時人樓志

國朝

樓景夏年百歲二十七都鳳儀樓人

楊鐸年百歲康熙時人

蔣爾璠年百歲王家步人著有快哉堂集時稱百歲快翁

酈會七年百二十六歲明舉郡介賓康熙元年恩賜七品頂戴

朱良妻徐氏年一百三歲康熙十年旌一都人

蔣宏珪字子信妻駱氏年一百二歲戴里人

朱在中字廷美年一百七歲三都官莊人

壽萬元字嵒山年一百二歲二十都楊家隖莊人

壽灝字松坡縣學附生年一百四歲二十都南唐莊人

壽定一字訥庵附學生年一百歲二十都東青莊人

陳椿茂年百歲

黃遇文字平甫年百四歲道光二十六年卒

周理高年一百一歲道光時周家步人

王明山年百歲安俗鄉曲潭人咸豐九年建百歲亭於長官橋東

卓大章年一百二歲左溪人咸豐己未卒

屠仰泉年百歲五十六都屠家隖人

許國英年百歲三十五都板橋人

馮國柱妻蔣氏年百歲紫巖鄉湖西人國柱年亦九十五歲

王艮璽妻趙氏年一百三歲

郭春發妻何氏年百歲

孟趙榮年一百歲十二都人

茅小配年一百歲長甯鄉上湖岡人

蔡卜三妻孫氏年一百三歲陳蔡人五世同堂

盧西泉妻姚氏年一百二歲二十四都里仁村人

翁有浩妻楊氏年一百歲金興鄉蕙渚人建百歲坊於江東泰山廟西

酈大勝年九十歲康熙中　旌五世同堂後街人

許文瑛乾隆時　旌五世同堂歲貢生石作硯爲之作傳文見爐餘集

郭家麟字補亭年九十歲妻毛氏年九十四歲乾隆時　旌五世同堂詳見人物志

楊輝山年九十九歲乾隆五十七年　旌五世同堂乾隆府志

陳宗陛乾隆時　旌五世同堂允都名教錄

黃江字宗崙年七十一歲嘉慶十年　旌五世同堂四十七都金波鳴人　新纂

錢立菴舉人錢衡高祖也嘉慶初　旌五世同堂

楊毓荃字輝山嘉慶時　旌五世同堂

汪永隆年九十六歲嘉慶二十二年　旌五世同堂

孟士尚字全孝年九十八歲妻孫氏年九十六歲道光初　旌五世同堂十二都人

徐大雄年九十六歲乾隆三十五年庚寅　恩科武舉人至道光十一年辛卯重赴鷹揚宴　旌五世同堂

金煌年八十二歲進士金毓麟曾祖也道光二十年　旌五世

同堂六十三都金家站人

何清　道光二十七年　旌五世同堂六十四都何家埠人

樓夏彥年八十四歲妻周氏亦八十四歲道光二十五年　旌五世同堂

孟廣田道光二十七年　旌五世同堂

馬璀年八十四歲妻周氏八十三歲咸豐九年　旌五世同堂

周梁字璞園博學精醫輯試驗良方行於世咸豐時　旌五世同堂十四都藏綠隝候選州同

屠謝元年八十八歲妻阮氏九十四歲光緒十四年　旌五世同堂五十六都屠家隝人

陳芳規光緒十五年　旌五世同堂

陳雲章字華珊年八十歲光緒十八年　旌五世同堂官五品封職候選州

同係五世同堂節婦陳方氏之元孫承上畝下親見八世子諤官安徽含山縣知縣何光仁附五十一都花紋莊歲貢生何倬雲之父陳維新庠生許南月何雲侯何員慶酈毓鵬徐浙耆民據採訪冊

皆旌五世同堂其時代及題旌年月無所考

諸暨縣志卷十八

補遺

駱殿員字揆先年八十七歲乾隆六十年　旌五世同堂十五都人

黃皆範字式屏年九十六歲嘉慶元年　恩賞正七品銜見戴菔塘太常璐所撰壽序三十六都璜山人

許烜嘉慶七年　旌五世同堂三十五都藍田人

斯元儒字翼聖年七十歲道光二年　旌五世同堂四十三都上林里人

何光仁字配元年八十五歲妻胡氏年七十八歲道光間　旌五世同堂附五十都花紋泉人

趙元度字萬涵道光　年　旌五世同堂正三十四都浮塘人

徐觀潮年九十歲　旌五世同堂三十七都大成隖人

酈曰埭字玉慶咸豐四年甲寅　旌五世同堂城內人

馮殿魁妻壽氏年八十二歲咸豐十年　旌五世同堂六十三都湖西人

趙亮采字翕亭同治丁卯並補甲子科　恩賞舉人年登百有二歲二十九都趙阡人

鍾　權妻陳氏年八十九歲光緒二十六年　旌五世同堂城內人

酈崇本妻　氏齊眉九十歲宣統元年　旌五世同堂　恩賞九品頂戴四十一都蘭社人

趙廷武年一百歲二十八都人

諸暨縣志卷十九

物產志一

昔先王辨土宜土化之法以任土事自九穀六畜以及園圃之毓山藪林澤之藏辨其名而知其種教之樹藝俾之蕃育凡所以厚民生而制國用者悉著於經方物之所產固從政者所宜知焉然上林長楊徒誇富麗數典徵名多未核實則亦無取乎爾茲據邑產之有者略爲證訂著於編所無者弗濫及焉

志穀

稷　說文稷齋也秫稷之黏者程瑤田曰稷粢也黏者爲秫葉莖高大似蘆嘉泰志穄稷也會稽謂之穄粟萬歷府志稷越人謂之穄粟或曰蘆穄邑人正呼爲蘆穄

粟　說文嘉穀實也本草他粟無毛惟靑粱黃粱有毛形似狗尾

故名狗尾粱此邑之毛粟也邑產有曰毛粟曰早黃粟二月種夏熟曰晚粟五月種秋熟曰蔀粟俗呼棒槌粟曰苞蘆俗名二粟亦呼陸穀北方謂之老芋米莖高如蘆苞似竹筍而薄粟黃色形方匾刺蔀叢生其著蔀處微尖而白蔀尖有紫鬚出苞外

秔 說文秔稻屬廣雅作秈云秈稉也即隆慶駱志所謂早稻類也楓橋有一種稻四月種六月熟者謂之早青陶元藻廣會稽風俗賦義安之禾收穫先於一郡自注諸暨早稻六月即熟年豐一郡賴之即謂此也紫口甲糈微紫粒細性稉又有所謂毛早稻等頭齊蘆白即淮白葉粗如蘆紅婢俗呼黃皮落馬邏尖穦秈花秋七月糵者熟自六月至七月不等又有巖頭旱產山鄉米赤而稉又有江山早米細腰而長種自江山來五月種八月熟邑產早稻之最佳者

穛　說文稻不黏者集韻穛青稻白米（亦有花色黃色者）郎隆慶志所謂晚稻類也有大頭豬毛簇黃穬頭之名而種以黃穬頭爲最佳米微黃粒圓尖性稬皆四五月種九十月熟亦有八月熟者名八月晚

稬　說文沛國謂稻曰稬字林稬黏稻也隆慶志謂之糯稻邑種類甚多有七月糯霜降糯（有金壇黃殼兩種）香秔糯黏糯（圓粒長芒）八月糯（亦名水仙糯又曰桂花糯）紅殼糯沓子糯紅觜糯（尖粒有芒甚黏）青稈糯杭州糯早黃黏老來紅黃碧金各種

大麥　廣雅大麥麰也萬歷府志大麥立夏前種曰晚大麥穗長而子多嘉泰志與小麥齊熟者曰六稜麥中早麥紅黏稬麥皆大麥之別名而紅黏麥堪作酒故名稬

小麥　萬歷府志小麥小滿前熟曰早白麥曰松蒲麥芒秃如松

房曰娜麥穗如大麥

蕎　嘉泰志七月種九月熟畏霜得霜輒枯秋無霜則大熟凶年民飢或於麥壠閒雜下蕎子麥苗未長而蕎已刈然浙東藝麥有至九月者故土人亦或刈蕎而種麥萬歷府志蕎麥三稜而赤又有一種曰苦蕎麥亦名漿麥春社前種之其味苦惡

大豆　廣雅大豆菽也爾雅戎菽謂之荏菽孫炎注大豆也隆慶縣志邑產大豆有白黃青烏四種

小豆　說文荅小豆也繫傳作小菽也邑產小豆有飯豆小豆之白者也亦有土黃色者曰烏豆亦名櫓豆又有赤小豆有小青豆有毛豆莢如豌豆而有毛有菉豆卽爾雅之鹿藿也爾雅蔨鹿藿其實莥郭注今鹿豆也邑人用以製餻製線粉製粉皮又用以煮粥夏天食之可以治暑有三收黑豆黑豆之小者廣志云重小

豆一歲三生也有豌豆莢如毛豆而無毛邑人誤呼爲蠶豆有蠶豆蠶月熟故名邑人誤豌豆爲蠶豆而別稱蠶豆爲羅漢豆有虎爪豆粒斑而大九月熟有刀豆莢長幾尺而厚形似刀亦名刀鞘豆有江豆莢長尺餘赤色細長而軟俗呼長江豆莢短者曰短江豆四五月熟可連莢蒸食有藊豆色白形扁蔓生一名蛾眉豆可作藥食之健脾有羊舌豆亦曰羊眼豆黑者曰白眼豆一名鵲豆言斑駁如鵲者也有紫眼豆其莢皆可蒸食有細蠶豆分花白二種與蠶豆同熟故亦以蠶名曰梅豆蠶時生者名蠶豆黃梅時生者曰梅豆一種而異名

麻葛　說文麻枲也枲麻也段玉裁曰麻與枲互訓兼苴麻牡麻言之今邑產所藝葛芒之屬非苴麻牡麻也然說文以𦾓爲枲屬則葛苧附麻以類相從亦著述例也　邑產有曰黃麻曰苧麻曰絡麻絡麻最麤則蒯類也苧說文以爲𦾓屬

會稽三賦諸暨有如絲之苧俗謂之苧麻嘉泰志苧之精者出苧蘿山有西子浣紗石蓋俗所謂苧紗紗樓志誤作蘿者於此浣之萬歷府志八邑皆有苧以暨陽爲勝葛亦麻類曰葛麻吳越錄越王種葛於葛山在府城五雲門外曰脂麻本草謂如脂有油也李時珍曰俗作芝麻非穀譜云一名胡麻一名潮麻有黑白二種邑人取以製餻餅又煎其脂爲油甚香澤有味案此麻之別種或以此當九穀之麻非也

志蔬

苽　說文苽雕苽一名蔣程瑤田曰苽一作菰其根生小菌曰菰菜南方呼菰爲茭亦稱茭白爾雅所謂出隧蘧蔬者也萬歷府志種於田者佳鄭君注周禮以苽入九穀愚謂苽究非穀故列于蔬類之首以次九穀

芋　說文大葉實王筠句讀實作著根聲類大葉著根之菜見之驚人故曰芋字亦作莒說文莒篆下齊謂芋爲莒俗呼爲芋艿一實有重至斤者山人用以

代飯

蘆菔　爾雅葖蘆萉郭注萉宜爲菔蕪菁屬紫華大根俗呼雹葖

萬歷府志萊菔俗呼蘿蔔允都名教錄出大侶湖而沙埭爲尤著或大重一斤味不辣而甘多水無

筋雜米飯中食之柔糯而甘益甚生食消痰菹之香糟甜醬切

而脯之加饊醋焉爽利無倫又有一種名山蘿蔔小而皮紅味

苦辣山村種之

番藷　異物志其根如芋剝去紫皮肌肉正白如肪案藷有二種一種山藷味

淡今邑產有番藷而無山藷

茄　本草茄一名落酥容齋隨筆浙西常茄皆紫白者爲水茄案北

方所產皆圓扁邑產則圓長如王瓜其佳者謂之藤茄

辣茄　本草一名辣椒一名蕃椒實下垂長尖如鱅亦有鐙籠茄

圓如小柹有佛手茄如佛手柑色初青老則赤亦有老而黃者

邑人用以和醬作菹名曰辣茄醬

薑　說文薑御溼之菜也萬歷府志諸暨有乾薑泉越王用此水以造薑案薑爲藥中要品入食饌尤佳越人每以薑瓜并醬呼曰瓜薑漬以餹曰餹薑或以牽牛花染之曰紅生薑釋貫休詩所謂乞食得紅薑是也

蒜　說文葷菜也段玉裁注夏小正十月納卵蒜今小蒜也大蒜謂之胡蒜案蒜至夏則生薹名爲蒜條亦爊作食蒜葉蒜頭皆可食蒜頭可醃或用醋浸尤美

韭　說文韭菜也羅願曰首春未出土時最美故云春初早韭按早韭俗謂黃芽韭栽種法以土壅根蓋之以灰上又加草不令出土

䪥　爾雅葝山䪥疏云葉如韭生山中名葝蘇頌本草注山䪥與家䪥相似而葉差大

葱　說文葱菜也蔬譜一種樓葱江西人呼爲龍爪葱邑人謂龍爪葱爲天葱養以瓦盆置牆角屋檐上無爪者爲地葱種之圃

菘　埤雅菘性陵冬不凋有松之操故其字會意案即今白菜也冬月經霜則味

更甜美所謂冬末晚菘也邑產與北方異種北種色白卷心層層可剝邑產色青白亦卷心可剝而大不及北產其高者謂之高腳白稍短而肥者謂之團頭白冬月醃藏以為來年常饌謂之鹽白菜味甚肥美又有一種蚵蚾菘莖扁心黃見湖雅邑人名為黃芽菜以出縣城外者佳又雙林志小白菜一名嫩菜案此菜夏間登市雖名白菜而非菘也今二三月間亦有之

油菜　本草一名蕓薹菜一名薹菜綱目此菜易起薹冬種至春起薹摘食之名曰薹心菜留花結子收之可榨油故名油菜萬歷府志其心最美俗謂之菜乘邑人謂之油菜蕻至二三月菜心生花黃英徧野爛漫如金所謂黃花如散金也花落取其子以榨油謂之菜油

晚菜　味同油菜而更肥美無花其心亦名菜蕻

菠菜　羣芳譜菠菜一名菠薐一名菠斯草一名鸚鵡菜出西域頗陵國故名蔬譜此菜必過月朔乃生即晦日下種與十餘日前種者同生亦一異也八九月種者可備冬食正二月種者可

備春蔬味滑鮮而色美俗呼爲紅觜綠鸚哥

芥　爾雅蘴似菘而有毛味辛辣邑產有大葉細葉二種其細葉者謂之韭頭芥杭州人謂之雪裏蕻醃藏則名春不老邑人曬大葉芥爲乾漬以鹽汁用以瀹湯味甚佳越中各邑多有之北方人謂之紹興菜乾廣東呼乾菜湯爲紹興湯以出諸暨嵊縣二邑者爲佳

莧　爾雅蕢赤莧圖經莧有六種有人莧赤莧白莧紫莧馬莧五色莧馬莧即齒莧也又有一種細莧俗謂之野莧豬好食之又名豬莧案馬齒莧即今紅莧傳曰青泥殺鼈得莧復生故邑人食鼈則忌莧

菾　本草菾菜一名莙薘一名葷薘邑人呼爲甜菜菾甜聲近也有冬夏二種

薺　藝文類聚引說文薺可食菜也本草陶注其葉作菹及羹亦佳

苦菜　爾雅荼苦菜也陸璣詩疏謂苦菜生山田及澤中得霜甜脆而美所謂堇荼如飴也

蒿　爾雅所載蒿可爲茹者有白蒿即釋草蘩皤蒿郭注所謂由胡也有水陸二種一莪蒿即釋草莪蘿郭注所謂莪蒿蘪蒿也一名藾蒿又名牛尾蒿即釋草苹藾蕭也邵晉涵以爲蒿之別種若釋草蒿菣蔚牡菣二種皆不可食又有蔞蒿即釋草所謂購蔏蔞也陸璣詩疏葉似艾白色長數寸莖高丈餘正月根芽生旁莖正白生食之香而肥美其葉又可蒸爲茹案今邑所謂蒿菜則蘩蒿也

芹　爾雅芹葵郭注今水中芹菜詩曰薄采其芹說文字作菦

馬蘭　本草綱目馬蘭一名紫菊野菜譜作馬蘭頭邑婦女多於田塍間采以爲茹亦可生拌味與薺似

椿芽　椿樹芽也邑人多取椿葉嫩芽爲蔬或生拌之名爲椿腦補訂縣志

志瓜

甜瓜　甜瓜卽香瓜邑產以甜而酥者爲甜瓜青皮綠肉甜而脆者曰香瓜亦名金瓜小者曰鵝子瓜甜而脆色青白者曰梨瓜長者曰蜜筩瓜郭鳳沼青梅詞注今邑中香瓜小如拳橢圓不一輪瓣勻好湖鄉人當果食之

菜瓜　本草越瓜生越中陳藏器曰越瓜色正白當果食湖雅越瓜卽營瓜一名菜瓜一名醬瓜青白二色邑人名皮青白閒色者曰菜瓜皮青者曰青瓜醬食最佳

黃瓜　羣芳譜黃瓜一名胡瓜本草張騫使西域得種故名邑產青色皮上有痦如疣子老則黃色生熟可食拌醃醋食之更脆美糟醬則不及菜瓜若月令所云王瓜生則瓝瓞也與此異

絲瓜　蔬譜瓜絲如網可滌器名天蘿絮邑村籬閒多有之葉如南瓜而小花黃色瓜圓織而長可一二尺擷以作羹味亦佳最清暑絡及藤莖可入藥或用滌硯抹桌呼爲絲絡抹布

冬瓜　蔬譜長者如枕大者如斗邑產爲夏蔬佳品色青膚白本草謂之白冬瓜皮及子皆入藥子名瓜瓣

西瓜　李時珍曰胡嶠陷虜記言嶠征回紇得此種歸名曰西瓜

則五代時始入中國有黃白紅三種其皮多黃綠亦有深碧色者邑人不多種惟楓橋金村畈土宜種西瓜然多紅色而黃白者少見非但不及北產并不及杭州海甯種之甜脆也郭鳳沼青梅詞注以越瓜當西瓜以會稽續志越瓜去煩熱之語而誤也越瓜菜瓜也

南瓜　蔬譜形橫圓而豎扁熟食味麵而膩邑人呼橫圓豎扁者爲夏南瓜形如胡盧而腹大者爲秋南瓜皮多痱瘟者爲蛤蚆南瓜人食可斷鴉片癮生擣汁可解鴉片毒鄉人架棚種之藤帀棚可憇陰葉大有毛花黃色一名番瓜北方呼曰倭瓜村人取夏南瓜之老者熟食之或和米粉製餅名曰南瓜餅

瓠　說文匏也王筠曰今人以細而長者爲瓠圓而大者爲壺盧詩八月斷壺毛傳壺瓠也孔疏謂甘瓠可食就蔓斷取而食之小雅謂之甘瓠是也案壺瓠匏三者古人通稱後人以長如越瓜首尾如一者爲瓠瓠之一頭有腹長柄者爲懸瓠無柄而圓大形扁者爲匏匏之短柄大腹者爲壺壺之細腰者爲蒲盧邑人又以形如越瓜者爲蒲子萬歷府志所云四月熟至六月不食者是也以長柄者爲長柄胡盧

志草

蘭 武康縣志一幹一花者爲春蘭一幹五六花者爲夏蘭夏蘭即蕙也邑二三月間山谷間春蘭競榮香氣撲鼻有荷瓣梅瓣諸品以素心爲上又以闊而圓者爲佳

蘭草 毛詩陸疏廣要香蘭種甚多如石蘭竹蘭伊蘭崇蘭風蘭鳳尾蘭玉柱蘭珍珠蘭吳越皆有之案此即說文所謂蘭香草也與蘭花別 本草蘭一名省頭草夏月采置髮中令頭不膩

蕙草 本草即今零陵香也邑翁家埂一名蕙渚以產蕙得名與開花之蕙異

芸 爾雅權黃華郭注今爲牛芸草生熟皆可啗夏小正二月榮芸榮華也芸花開於二月歷時可至九月舒英不歇氣候無長於此花者其色黃白間作邑山徑多有之二三月作黃花六月又開作白花 古人用以藏書辟蠹邑產出東北鄉

萱 說文令人忘憂之草也字或作蕿風土記懷妊婦佩其花則生男故名宜男稽含宜男花賦序荊楚之俗號曰鹿葱草考羣芳譜

鹿葱色頗類萱吳中呼爲療愁花實爲萱別種也今呼爲金鍼菜花黃閒有紫赤者

芝　爾雅滷灌郭注未詳又茵芝郭注芝一歲三華瑞草釋文引聲類云滷灌茵芝也則以爲一物二名邑志唐天寶二載長山產靈芝五載孝感山產芝二本本各九節晉天福二年文殊巖產芝之數本明永樂十年小陶朱山產芝一本七莖景泰七年長山復產芝　國朝康熙十八年高湖產芝三莖同治九年楓橋鋪前鳳山產芝光緒十二年邑城毓秀山五十二都宣甸山同產芝

吉祥草　湖雅葉似建蘭而闊勁如箭解產婦血瘨故名解瘨草允都名教錄邑吉祥寺舊產吉祥草故名

萬年青　農譜六書一名千年蒀葉亦如建蘭短闊而厚結子紅如相思子著心作圓蔀鮮豔可翫亦有無子者又有一種葉邊緣白無子名銀圈萬年青爲上品

蓼　說文辛菜薔虞也爾雅薔虞蓼詩傳蓼水草也顏注急就篇生於水者曰水蓼生於澤者曰澤蓼二種邑皆有之又有一種名水葒爾雅紅蘢古詩傳莖麤有毛葉大如商陸陸璣詩疏一名馬蓼葉大而赤白色生水澤中高丈餘邑人呼大葉葒蓼

荇　說文莕萎餘也字或從行陸璣詩疏作接余其葉白莖紫赤正圓徑寸餘浮在水上根在水底大如釵股上青下白

藻　說文水草也字或從藻陸璣詩疏藻有二種一種葉如雞蘇莖大如箸長四五尺一種莖大如釵股葉如蓬蒿謂之聚藻邑人謂之薀藻種池中畜金魚

菖蒲　羣芳譜一名昌歜一名堯韭一名水劍草邑俗端陽取以爲蒲劍物產錄諸暨山間多石菖蒲案石菖蒲有數種一種葉有劍脊高尺餘一種細葉高四五寸俱生水石間故曰石菖蒲今邑人專以細葉者爲石菖蒲非也極小者葉僅寸許曰金錢菖蒲俗盆供几案間云可取油煤明眼

萍　爾雅萍水上小浮萍江東謂之薸

蘋　爾雅萍蘋根生水底葉敷水上韓詩曰沈者蘋本草綱目花有白黃二色四葉合成一葉如田字形

蔆　說文芰也萬歷府志諸暨泌湖多產蔆角微彎如新月字省作菱或作遴說文司馬相如說蔆從遴邑產又有四角紅色者謂之水紅菱小而青者謂之刺菱允都名教錄邑泌湖田分上中下三則不入則不宜稻種蔆謂之蔆蕩蕩有主天寒無事摸蔆者自遠方來分正水二水三水正水主得十之七三水十之三二水中分例無增減蔆二角角微彎如新月甚者如鉤乾則色正黑而有光殼堅栗肉含潔白謂之烏大蔆熟之沈實極耐人飢風之曰風蔆

芡　說文雞頭也其子謂之雞頭子亦謂之芡實泌湖多有之

夫容　說文菡蔄也華未發者爲菡蔄已發者爲夫容其實爲蓮

莖爲茄葉爲荷本爲蔤根爲藕六月采者邑人謂之荷花藕生食脆甜允都名教錄暨七十二湖湖有隄隄有溏非種菱則種藕不如山會蕭之必種於田也亦有種於田者故藕利亦暨爲獨茂又取藕搗而澄汰之屑爲粉如芙蓉粉而紅稍遜焉俗呼藕粉以出江藻者爲佳

西番蓮 芰類葉似荷而小色黃邑人種之缸中沼間呼金錢蓮亦呼爲觀音蓮

落 說文水衣也爾雅藫石衣郭注水落也一名石髮江東食之石髮生水者爲陟釐陸者爲烏韭在地曰地衣垣曰垣衣一名昔耶屋曰屋遊桑上曰桑花松樹皮曰艾納香總名曰蘚

慈姑 羣芳譜慈姑或作茨菰一歲根生十二子閏則十三子一名藉姑一名河鳧茈一名剪刀草一名燕尾草葉似芋而小缺中如翦故名翦刀草花黃

荸薺 爾雅芍鳧茈郭注苗如龍須而細根如指頭本草別錄唐本注云皮厚有毛又有皮薄無毛者衍義作勃薺聲之轉也邑鄉

人租田種之生熟皆可食歲獲厚利亦謂之地栗

蘆荻　羣芳譜蘆荻二物相類而異種蘆大而中空曰葭曰葦曰華曰芀皆蘆也荻小而中實曰萑曰藡曰菼曰騅曰薍曰烏蓲曰馬尾皆荻也案對文則蘆荻各別散文則蘆可通名荻

艾　爾雅艾冰臺疏即今艾蒿也埤雅一名灸草又有一種佛耳草似艾鄉人采葉取汁染麪果呼其草爲青

紫蘇　爾雅蘇桂荏說文繫傳荏白蘇桂荏紫蘇也

薄荷　本草蘇頌注薄荷江浙人多以作茶飲之案俗名婆蔔邑人用以入餻餅或製餹榨油

青蒿　爾雅蒿菣郭注今人呼青蒿圖經本草春生苗葉極細可食至夏高四五尺秋後開細淡黃花花下便結子如粟米大八九月採子根葉俱青夏月取以代茗飲

益母　爾雅萑蓷郭注今茺蔚也葉似荏方莖白華華生節閒又名益母本草綱目白花者主氣紫花者主血夏至即枯故亦有夏枯之名葉似艾四五六月節節開花紅色如蓼邑隨處有之其作白花者非此草也

夏枯草　唐本草生平澤中冬至後生葉似旋覆花三四月開花作穗五月便枯多生邑原澤閒苗高一二尺莖微方葉對節生有細齒背白莖端作穗長一二寸穗中開紫淡小花一穗有細子四粒治目夜痛多效俗呼棒槌草

劉寄奴　本草蘇頌注四月開花七月結實綱目出越州蒿類圖經春生苗莖似艾葉青似柳開碎小黃白花如瓦松根似萵苣邑人呼爲十月霜

朮　爾雅朮山薊楊枹薊郭注本草云朮一名山薊今朮似薊而生山中楊似薊而肥大藥譜白朮枹薊也蒼朮山薊也按蒼朮以有硃砂點爲上白朮亦閒有之本草綱目浙朮名雲頭朮邑山皆有之北鄉杭烏山產尤佳又不種而生者謂天生朮最佳杭烏山

朮皆不種而生惟少硃砂點有點者勝於蔆柱然不多得本草圖經諸暨石鼓山多白朮

黃精　本草拾遺葉不對者名偏精功用不如正精圖經諸暨石鼓山多黃精相傳王鍊師居此山唐秦系期王鍊師詩云黃精蒸罷洗瓊杯

玉竹　爾雅熒委萎郭注藥草也葉似竹大者如箭幹有節葉狹而長表白裏青根大如指圖經類黃精而多鬚三月開青花結圓實東北鄉山中多有似黃精而差小

細辛　宏治府志諸暨隴山產細辛案此山今無考

山稜　本草綱目春生夏秋抽高莖莖端復生數葉開花六七枝細碎成穗中有細子其葉莖花實俱有三稜莖有白穰剖之織物柔韌如藤邑山鄉多有之

藟　廣雅藤也似葛而麤大邑產有紫藤青藤二種紫者花亦作紫色山樹上多有之青藤大者幹可

製爲杖

蔫　說文蔫於也今作菸案一名淡巴菰邑産雖不及嵊縣新昌之廣而山鄉多有之利倍於茶種數年易種他物則土不肥

瞿麥　爾雅大菊蘧麥本草麥陶注一莖生細葉花紅紫赤可愛子似麥故名瞿麥其小而花色深者俗名石竹

爵麥　爾雅蘥雀麥郭注卽燕麥也說文作爵麥生田野間葉似小麥而弱實似穬麥而細

蕛　爾雅蕛苵郭注蕛如稗布地生穢草莊子道在蕛稗李顒以爲二草名蕛有米而細故別於稗案蕛與稗種無不熟北方農家種之以備凶年邑田間多有之然不種而自出

臺　爾雅臺夫須陸璣詩疏夫須沙草也可以爲蓑笠宏治府志莎草臺也可織蓑諸曁泌湖多有之今湖民擷之編以爲衣耘田時襯布衫裏以漬汗呼

爲菼衣若蘩衣則皆編襚爲之傅墨林補訂縣志

蘮蒘　爾雅蘮蒘竊衣郭注子大如麥兩兩相合有毛著人衣邑山徑多有之

天門冬　爾雅髦顛棘疏本草有天門冬一名顛棘李時珍曰草之茂者爲虋此草曼茂而功同麥虋故曰天門冬又邑產百部與天門冬根相似名野天門冬非一物也

知母　爾雅蕁莐藩郭注生山上葉如韭一曰蝭母本草陶注形似菖蒲而柔潤至難死掘出隨生須枯燥乃死四月開青花八月結實

澤瀉　爾雅蕍蕮郭注今澤蕮正義作澤瀉圖經春苗多在淺澤中葉似牛舌獨莖而長秋時開白花作叢似穀精草邑山澗中多有之

爾雅亦謂之藚亦謂之牛脣郭注引詩傳曰藚水蕮也如續斷寸寸有節拔之可復

蔦　說文寄生也爾雅寓木宛童郭注寄生樹一名蔦

葵　葵有數種最小者名荆葵釋草謂荍蚍衃作蔬甘滑者也詩烹葵禮用葵皆此葵也大者曰蜀葵釋草謂菺戎葵者也郭璞曰華似木槿花（今蜀葵四月後開莖青高四五尺花大似槿俗謂之一丈紅）夏種者曰秋葵花廣羣芳譜一名側金盌六月放似盌差小鵝黃色紫心六瓣而側朝開午收暮落隨即結子即釋草謂終葵蘩露也秋種者曰冬葵子入藥最大者曰嚮日葵即衞足葵莖高六七尺有至丈者花叢生黃色似大盂子生花中生青熟黑可爚食香烈甚於瓜子

五味子　爾雅菋荎藸郭注五味也蔓生子叢在莖頭圖經春初生苗引赤蔓於高木其長六七尺葉小圓如杏三月開黃白花類小蓮花七月成實如豌豆大生青熟紅紫

淩霄　爾雅苕陵召黃華蔈白華茇徐鍇說文繫傳陵苕卽淩霄

車前子　爾雅芣苢馬舃馬舃車前圖經春初生苗葉如匙而花甚細青色微赤結實如葶藶赤黑色

天竹　羣芳譜一名大椿一名南天竹一名南天燭梅雨中開花碎白結實枝頭赤如珊瑚植之庭中能辟火本草取其汁漬米作烏飯食之健如牛筋故曰牛筋草

桔梗　陶宏景曰桔梗葉名隱荵可煮食爾雅蒡隱荵郭注似蘇有毛今江東呼爲蘧荵苦桔梗似甜桔梗而味苦

貝母　爾雅莔貝母郭注根如小貝圓而白華葉似韭陸璣詩疏葉如桔樓而細小其子在根下如芋子正白四方連累相著邑產多綠花郭注言白華葉如韭者罕見

天名精　本草一名麥句薑又名蝦蟇藍圖經生平原川澤夏秋

抽條頗如薄荷花紫白色葉如菘而小故南人謂地菘香氣似蘭故名蟾蜍蘭狀如藍故名蝦蟇藍其味甘辛故名麥句薑一名豕首爾雅所謂茢薽豕首也

忍冬　說文荵忍冬草本草忍冬一名鴛鴦藤花開蘂瓣俱白經二三日則色變黃新舊相間故俗呼金銀花

款冬花　爾雅菟奚顆凍郭注款凍也紫赤花生水中急求篇顏注款東即款冬也亦曰款凍以其淩寒敂冰而生故名一名兔蒵亦曰顆東又云橐吾似款冬而腹中有絲生陸地花黃色一名獸須陶注本草形如宿蓴其腹裏有絲花大似菊吳普曰款冬十二月花黃色俱與郭異唐本注葉似葵而大叢生花出根下此郭所謂紫赤花也圖經欲兩存其說謂款冬有二種邵晉涵曰據顏師古說則紫赤花爲款冬黃花而腹有絲者爲橐吾

而非款冬也目驗邑產知邵說是也

牽牛　羣芳譜牽牛一名盆甑草一名金鈴草有黑白二種案牽牛二月種子三月生苗作藤繞籬葉青有三尖角七月生花似鼓子而大俗名喇叭花亦名薑紅花夜開初開色藍見日即癟癟則色紅須乘日未出時擷其花浸以水曝日中以其汁染薑鮮紅可愛漬以蜜餹名紅生薑

葡萄　嘉泰志會稽有漿水瑪瑙二種邑產有紫葡萄水晶葡萄實圓小而味酸遠不逮北產之肥甘

無花果　本草一名映日果綱目枝柯似枇杷三月發葉五月不花而實實出枝閒狀似木饅頭內虛熟則輭爛紫甘如柹而無核

霍香　本草綱目豆葉曰藿其葉似故名二月生苗莖硬甚密葉似桑而小薄六七月采之須黃色乃可用

栝樓　爾雅果臝之實栝樓郭注今齊人呼之爲天瓜呂氏春秋

孟夏之月王菩生高誘注菩或作瓜瓠瓤也月令作王瓜本草綱目栝樓果蠃音轉也後人又轉爲瓜蔞鄞縣志三四月生苗引藤蔓葉似甜瓜七月開花如葫蘆花淺黃色實在花下至九月赤黃色二月八月采根鹵地生者有毒根名白藥其皮即天花粉也

燭心草　乾隆府志葉似蘆葦土人刈其莖售於湖州德清縣新市以爲燭心

木蠏　本草釋名即木鼈子藤生葉有五椏狀如山藥

木賊　本草綱目長者二三尺無枝葉淩冬不凋治目疾今人呼爲目疾草

馬兜鈴　嘉泰志本草名目華子注越州七八月采邑人名獨葉金鐘

茴香　本草實似馬芹一種實大如柏子裂成八瓣大如豆味甜

爲八角茴香

牛蒡　本草蘇頌注葉大似芋而長實似葡萄核褐色秋後收子入藥

三七　本草注三七葉似菊艾而勁厚有歧尖莖有赤稜夏秋開黃花蘂如金絲盤紐根大如牛蒡治金瘡折傷血病甚效邑東梓鳴山產俗呼土三七亦呼見毒消

芭蕉　羣芳譜一名芭苴一名扇仙花福州有竝頭鐵蕉兩歧對發邑浮橋下石氏紫蔭堂有竝頭鐵蕉自閩移植於暨五十年大可六七圍見暨陽風俗賦

苜蓿　羣芳譜細莖分丫而生葉似豌頭頗小每三葉攢生一處稍間開紫花結彎角中有子黍米大狀如腰子卽今四鄉所種草子也深秋撒之三月開花刈後水浸罨之用以肥田一名孩兒草嘉興府志孩兒草俗名荷花紫草田家蒔以壅田春暮花

開彌望成紫色（吾鄉二三月時滿畈紅花燦爛若錦婦女多擷其葉以作蔬）

鳳尾草　雙林志即馬鞭草也（邑人階除多種之形似鳳尾故名性寒土人取爲痢藥）

半夏　本草釋名半夏一名守田注云禮月令半夏生當夏之半也二月生苗一莖莖端生三葉淺綠色根下相重生上大下小皮黃肉白五月八月采根入藥

百合　爾雅翼小者如蒜大者如椀數十片相累故云百合言百片合成也（味甘少苦煮食之粉甜而清香邑產以出江藻爲佳）

秋海棠　羣芳譜一名八月春有二種葉下紅筋者爲常品綠筋者開花更雅趣

夜嬌　本草圖經夜開晝合花如喇叭而小俗呼夜嬌嬌

月季　羣芳譜一名月月紅一名勝春花隆慶駱志邑產長春花即月季紅也

薔薇　羣芳譜一名刺紅一名山棘有粉紅者名粉團花有黃紅白三色有千葉者有單葉者莖細有刺紅者爲多邑產多黃其子名營實入藥品

酴醾　草花譜酴醾花大朶色白千瓣而香枝根多刺春盡花開所謂開到酴醾花時了也

七姊妹　藝花譜七朶一蓓故名紫暈如鹿葱又有十朶聚開者曰十姊妹異種同類俗名種田紅

木香　草花譜木香之種有三其最者紫心白花香馥清遠其青心白木香黃木香二種皆不及也

芍藥　埤雅芍藥花有至千葉者俗呼小牡丹萬歷府志有紅白二種越中所植其花大有過尺圍者

蘜　初學記引草經蘜有二種一種紫莖氣香而味甘美葉可作羹此眞蘜也一種青莖而大有蒿艾氣味苦不堪食名薏非眞

蘜也今字誤作蘧麥之菊邑品最多乾嘉時邑人盛蓄異種重陽宴客盈盎古雅五色相間名爲菊花會　湖雅甘菊卽茶菊黃白二色乃眞菊也案甘菊初春生細苗夏茂秋花冬實亦有紫莖而氣香葉厚柔嫩可食者其花甚小味愈甘正月采根三月采葉五月采莖九月采花十一月采實皆陰乾升菴外集花少大氣香莖紫爲甘菊花小氣烈莖青味苦者爲野菊爲治疾服食所需其大朵五色者但足供翫菊花品以鍼爲上管次之瓣爲下又有五月菊六月菊萬壽長春菊石菊西番菊形色各異強以菊名實非菊也又有所謂僧鞋菊者卽烏頭也非菊類

做絲花　一名刺醿醾一名刺梅花楊家龍蠶詞香泥行竈是儂家曲薄繅車自整斜纔入門來郎一笑鬢邊新插做絲花邑籬落間多有之繅絲時始開花故名做絲補訂縣志

雞冠　羣芳譜花最耐久霜後始蔫有纓絡雞冠鴛鴦雞冠各種碧溪漫志有一種高不過五六寸者名壽星雞冠或謂之後庭

花

鳳仙　羣芳譜開時頭翅羽足俱翹然如鳳故名金鳳花史張耒呼爲菊婢有一種莖短花密者最佳

蝴蝶花　農圃書郎射干以花似蝶故名葉莖似玉簪而短小俗呼鳳翼

女蘿　湖雅一名蔦蘿一名金鳳花纖麗深碧花碎紅植盆中搆小架作亭任其蔓延爲几席之觀古以女蘿兔絲爲一物非

老少年　隆慶駱志老少年邑產一名雁來紅

玉簪　羣芳譜花未開時裝鉛粉在内以線縛口久之婦女用以傅面經歲猶香大葉如芋而薄花白狹長似簪一莖數花次遞開如削玉抽簪又有紫色者名紫釵

金錢花　花小如錢午開子落亦謂之子午花見花鏡

罌粟　羣芳譜罌粟又名米囊花其別種曰麗春罌粟一種具各色邑前無種者今以其汁可用作鴉片而種始盛

虞美人 花疏一名滿園春千葉者佳花類罌粟而小五色俱備 卽麗春花罌粟之別種也

龍爪 隆慶駱志邑產

西陽花 隆慶駱志邑產

錦茄 隆慶駱志邑產

石竹 羣芳譜石竹草品纖細而青翠花有五色單葉千葉

鐙籠草 一名酸津草一名酸漿俗呼鐙籠草

天荷葉 一名金絲荷葉一名虎耳掌俗呼天荷葉

石胡荽 俗呼鵝兒不食草

志木

桑 圖經諸暨出如錦之桑會稽三賦桑爲諸暨三如之一其椹紅熟可啖

檿　爾雅檿桑山桑顔師古漢書注檿桑之絲謂之檿絲王十朋會稽風俗賦檿桑之奇號爲第一注吳籙太康地記並曰諸暨境上諸山出第一檿桑文采如博綦方正駢次如畫可作屐編上品者一兩至數十萬

櫧　王十朋會稽三賦注櫧木出諸暨縣西櫧山寇仲温諸暨縣記山上多櫧木俗謂之櫧山（邑人呼其子爲苦子似梓栗而小粉膩而味苦）

梅　說文某酸果也後人假葉似豫章之梅爲某而某之本義亡允都名教錄邑多梅十里梅園族處最繁自古博嶺至楓橋二十五里以梅樹爲生涯采青梅火薰之使黑謂之烏梅性極斂其黑而不澤者以爲藥品其澤者染坊市之以染大紅深紫熟而黃者以爲梅醬佐杯盤青者爲梅鹵（或生梅對剖漬以蜜餹謂之半梅）和井泉以爲飲止暑渴青之大者去其核以爲餹毬青黃半者以爲

梅乾雜以薑片蘇葉可治風寒湖雅有紅梅重梅夗央梅千葉梅緗梅蠟梅玉蜨梅綠蕚梅硃砂梅臺閣梅六瓣梅諸品邑產紅白二種外祇有蠟梅蠟梅小於梅多枝著地生極莖細輭葉稍大於梅色黃十月開香氣較梅爲酷烈

杏

說文杏果也嘉泰志杏花淡紅實大而甜越人呼爲杏梅案杏梅梅所接非杏也縣上人遂誤呼杏爲杏梅

李

說文李果也嘉泰志會稽有蠟李麥熟李迎瓜李皺李白淡李紫柰李萬歷府志諸暨有井亭李爾雅駁赤李郭注子赤卽嘉泰志紫柰李也邑產黃蠟李夫人李紫柰李最多

桃

說文桃果也嘉泰志諸暨烏石有鷹觜桃接者名夏白桃柰接者曰秋桃秋桃色青而差小夏白桃色紅白相間又有方桃崑崙桃匾桃又有一種色白多葉跗蕚皆碧鄉人謂之碧桃然非眞碧桃也眞碧桃有紅白二種花瓣千葉而不

結子又有結實而旋落者又有蟠桃十月桃大小既異熟時亦各不同

櫻桃　禮月令含桃鄭注櫻桃也案今櫻桃穀雨始熟立夏而盡非仲夏所能獻也王引之曰月令仲夏始薦者本因嘗黍而薦含桃非特獻故不嫌遲今櫻桃極柔嫩不堪久留必不能藏至仲夏王說非也賈疏謂此果先成令仲夏時早黍熟梅杏成者多賈說亦非也西京雜記言上林苑桃含桃第十櫻桃第十九是本二物也郭璞注爾雅楔荆桃云櫻桃不引月令含桃釋文含本作函含函二字俱有大義吳都賦伊燕都之函宏註函宏寬大也函宏即含宏又函鐘作林鐘林亦大也而櫻桃甚小高誘注呂覽淮南竝云鸎鳥所含故云含桃其說近鑿惟桃類甚多見李注本草者二十餘種其先黍而熟者則時珍所言五月桃及齊民要術之夏白桃邑人皆用以薦黍俗謂之喫新或古禮尚

存民間歟然未敢臆指其爲何種也物產錄諸暨產櫻桃最佳允都名教錄櫻桃之未接者爲櫻珠接之則大似元宵之圓子樹似桃高大過之葉青而微黑視桃葉少圓而厚過之性不愛人踐踏二月而花花白微紅三月而實四月而紅既紅則忌雨雨多則綻而裂四月上旬白湖水漲泛輕舟自蔣山解纜溯葴里而東前後滸山北折而進小橋艤舟白櫟遥望烏槎諸村朝旭夕曦烘射園林珊瑚木難照映緑葉叢中如身入波斯劇苦無從收拾食之過多鼻紅不可禁藏其子可以發疹

梨　爾雅梨山樆郭注即今梨樹嘉泰志諸暨烏程早稻梨滿殿香孝義蜜梨雪梨白水梨黃扁梨黃麞梨全堂趙拗梨上金麻　龕梨皆佳舊志誤黃麞爲黃麋

㭒　說文赤實果也嘉泰志會稽產有紅㭒牛心㭒胭脂㭒綿紅

柹八月白柹重暈柹花柹木柹丁香柹及長紅團紅白紅之名

又有綠柹邑產以綠柹爲佳實亦最大皮蒽黃色食之癒熱邑人又取生柹以石灰漬之謂之礬柹味生甜而少汁又有一種名漆柹酢不可食榨其汁爲柹漆以髹纖扇

松　格物總論三鍼者栝子松五鍼者松子松邑產多五鍼本草松脂千年爲茯苓又千年爲琥珀一名茯靈一名伏菟抱木者名茯神案茯苓附松根而生無苗葉花實作塊似拳在土底大者數斤似人龜形者佳皮黑肉有赤白二種邑人多掘得之又有土茯苓療毒瘡

柏　魯頌云新甫之柏邵晉涵曰葉側向生者謂側柏

桐　說文榮也賈思勰曰華而不實曰白桐實而皮青者曰梧桐平泉草木記稽山之貞桐注其花鮮紅可愛且耐久萬歷府志今處處有之其類有四青桐枝葉俱青無子梧桐皮白葉青有子白桐有花與子其花三月開黃紫色岡桐似白桐無子齊民要術

誤岡楓為白桐

枮　說文木也字亦作檆爾雅作煔郭注煔似松生江南可以為船及棺材徐鉉云俗字作杉杉木邑所在有之圖經本草以為木類松而徑直葉附生是也與柀同類而實異杉以材稱柀材尤文彩爾雅柀煔說文柀煔也皆以同類而誤合

柀　本草柀實名榧子永昌人呼為野杉其實非杉也亦名榧剡錄東坡詩彼美玉山果粲為金盤實玉山東陽地名案今嵊縣無榧子剡錄引東坡詩以剡暨接境而誤自東陽至會稽山為黃龍脈山皆產榧邑東鄉東白山上谷嶺一帶山村皆有榧近上谷嶺者更佳他處種之皆不實有麤細二種以細者為佳名曰香榧每生果三年始可採疊三節每年採一節圓淨而兩頭皆銳字亦作棐儈巽中詩久厭玉山果初嘗新棐湯是也木理堅細堪為器

木瓜　爾雅楙木瓜齊民要術引詩義疏楙葉似柰實如小瓜黃似著粉邑東長甯鄉有木瓜山以產木瓜得名

銀杏　爾雅正義今白楊木高大葉圓似梨面青而背白肌細性堅用爲梁棟久而不橈萬歷府志俗謂之白果邑銀杏街有樹二株皆蔭可數畝地遂以名其實曰白果有殼中似杏仁白嫩而耐味

桕　爾雅狄藏槔釋文槔樊巡作榕六書故榕膏物也其實外膏可爲燭其覈中油可然鐙亦名烏臼今字作桕其膏俗謂之白油與絲米稱三白邑人販賣得厚利補訂縣志

皁莢　說文字作草曰草斗櫟實也一曰樣俗字作橡斗王筠曰草字俗以代艸而別作皁經典用之邑山間多有之搗以洗膩名肥皁有皁莢嶺地以物名

檀　詩毛傳檀彊韌之木陸璣疏檀木皮正青滑澤與繫迷相似又似駁馬繫迷一名挈榼桂馥曰挈榼即爾雅楔榼駁馬即詩所謂隰有六駁也

穀 說文楮也陸璣詩疏幽州人謂之穀桑中州人謂之楮殷中宗時桑穀共生是也今江南績其皮以爲布又擣以爲紙邑多有之子若楊梅

豫章 張守節史記正義豫今之枕木也章今之樟木也二木生至七年乃可分別萬歷府志出嵊他邑亦有邑東北鄉所產多於嵊俗呼香樟樹

梓 說文楸也陸璣詩疏楸之疏理白色而生子者爲梓山楸曰榗爾雅榗山榎釋文舍人本作檟說文檟楸也榗梓屬大者可爲棺槨小者可爲弓材

檗 說文檗黃木也蜀本草黃檗高數丈葉似吳茱萸亦如紫椿皮黃根如茯苓嘉泰志出諸暨黃檗山

楓 爾雅楓欇欇郭注楓樹似白楊葉圓而歧說文厚葉弱枝善搖一名欇邑境所在有之而楓橋遂以此樹名俗呼雞楓樹其葉名鴨腳

栗　圖經諸暨出如拳之栗能改齋漫錄政和中詔諸暨縣貢爲栗固大於他邑然如拳者終不可得剡錄諸暨栗最多萬歷府志諸暨栗至多山中人用粳米煮飯食之嘉泰志諸暨孝義鄉出芧栗筆談謂即莊子所謂狙公賦芧者又有一種樹似栗而其實圓小如珠謂之珠栗亦名梓栗

棗　爾雅樀白棗郭注即今棗子白熟嘉泰志諸暨棗實圓九花九實謂之九熟棗

桼　說文桼俗作漆邑西鄉山多桼樹土人割樹汁爲髹器之用謂之生桼亞於徽產

桂　木犀也俗稱爲桂假肉桂字代之而桂字之本義失萬歷府志木犀有黃白紅三種紅桂即丹桂品最佳諸暨多桂樓志縣北銀冶山有桂樹大數圍垂蔭數畝高十餘丈花時香聞數里

槿　爾雅椵木堇櫬木堇郭注別二名也似李樹華朝生夕隕可食或呼曰及亦曰王蒸詩鄭風顏如舜華毛傳舜木槿也隆慶駱志槿邑產

椶櫚　說文栟櫚也可作萆山海經椶一枝三節通志曰栟櫚曰椶櫚葉可為帚彗（有二種一有須可作繩耐水一種小而無須可為帚）圖經高二尺（今高有八九尺者）旁無枝條葉大而圓歧生枝端有皮相重被於四旁每皮二帀為一節二旬一采轉復上生六七月生黃白花八九月結實作房如魚子黑色（邑村園多種之葉類蒲莛叢湊若纖轂俗呼椶櫚樹）

冬青　羣芳譜一名凍青經霜不凋五月開細白花其子為女貞子

杞　說文杞枸杞也檵枸杞也廣韻春名天精子夏名枸杞秋名卻老子冬名地骨皮（其子為枸杞子鄞人呼為明眼草子）

榆　爾雅榆白枌湖雅赤爲榆白爲枌刺榆爲樞爾雅翼謂江南無榆但有樞耳實則江南無枌非無榆也性與沙餹相忌

槐　羣芳譜四五月開黃花可以染黃綠其實名槐角

檜　平泉草木記木之奇者會稽之檜爾雅檜柏葉松身禹貢鄭注栝柏葉松身桂馥說文義證本書說籀文從會詩車舝傳話會也然則檜即栝矣

楊　李時珍曰楊枝硬而揚起故謂之楊陳藏器曰楊樹枝葉短今邑產有兩種生水邊者爲水楊在山者爲山楊山楊即白楊較佳

柳　爾雅旄澤柳郭注生澤中者李時珍曰柳枝弱而垂流故謂之柳俗呼爲垂絲楊柳

蒲柳　爾雅楊蒲柳說文小楊也漢書注赤楊赤莖柳也生水邊

檉　爾雅檉河柳世呼爲西河柳醫家用之治小兒痳疹

黃楊 本草綱目其木堅韌作梳剜印最良其樹不易長故曰黃楊厄閏邑人多植於九江山浮石上供爲盆景

椿 羣芳譜俗名香椿圖經葉香可啖

櫟 詩傳櫟木也六書故有黑心櫟白櫟縣櫟以堅韌得名

椒 爾雅正義椒有秦椒蜀椒二種蜀椒一名巴椒邑產皆巴椒亦呼花椒巴花音同秦椒葉及莖子都似蜀椒但微短實細耳

山梔 圖經薄而圓小核方七稜至九稜者佳堪入藥俗呼山丹嘉泰志花六出有二種山梔生山谷中花瘦長香尤奇絕水梔生水涯花肥大而香差減有千葉梔六月初始盛唐韓愈詩芭蕉葉大梔子肥謂水梔也邑產山梔多於水梔

枇杷 說文枇杷木也張揖曰枇杷似斛樹長葉子若杏古謂之盧橘邑村有名枇杷樹下者地以物名也

山查　爾雅杭繫梅郭注杭樹狀似梅子似指頭赤色似小柰可食（北人謂之山裏紅越人謂之山裏果俗謂紅蒲生西坑黃坑諸山者實大甜紅有味可消積食）

花紅　隆慶駱志花紅邑產萬歷府志北方謂之沙果（邑邱馬村所產甚佳即林禽也亦謂之來禽）

石榴　一名安石榴一名海榴紹興郡齋舊有海榴亭（又一種名千葉石榴花而不實）

楊梅　果譜一名杭子種類甚多顆大核細爲上允都名教錄楊梅越中舊稱餘姚燭溪蕭山湘湖今邑產紫巖鄉者稱佳品而出巧溪嶺下東山者尤爲雋異呂氏劍可者性嫻樹藝親往湘湖燭溪選擇一青條精心匹配耘鋤灌溉每春秋佳日刀鋸斲削除去蘚痕蠹迹畦徑清幽砌無賸草夏中珠實垂垂大者經寸核瑣細如藥珠而殷紅腴潤直爲越中上乘性熱或并核咽

之火酒沈浸之謂之燒酒楊梅餔沙漬之呼爲楊梅乾亦曰楊梅脯萬歷府志諸暨紫巖楊梅與燭溪湘湖竝稱楊梅核皺碎之必八塊亦物性之不可解也

常棣　爾雅唐棣栘郭注今白栘也似白楊江東呼夫栘陳藏器曰夫栘木生江南山谷無風葉動花反而後合詩曰唐棣之華偏其反爾

海棠　平泉草木記木之奇者會稽之海棠海棠譜今江浙閒有一種柔枝長蔕顔色淺紅謂之垂絲海棠邑產有西府貼梗兩種二月花霜後結實如棟子差大似花紅差小謂之海棠果疑即爾雅赤棠也

辛夷　羣芳譜辛夷一名辛雉一名木筆花初出苞長尖似筆頭有鮮紅似杜鵑俗稱紅石蕎

玉蘭　羣芳譜玉蘭花九瓣色白微碧著木無柔條花譜玉蘭早於辛夷宋人名爲迎春鄞縣志玉蘭辛夷跗蕚俱同惟辛夷紫

而玉蘭白俗呼爲玉堂花

杜鵑　嘉泰志一名紅躑躅一名映山紅有二種其一先敷葉後著花者色丹如血其一先著花後敷葉者色差淡（此種一名石巖花）袁宏道遊五洩記五洩山中映山紅有高七八尺者與他山絕異（有一種千葉杜鵑人家多種之而山中所產甚少）

紫薇　羣芳譜一名怕癢花人以手搔其膚徹頂搖動四月始花接續至八九月故曰百日花又有一種名紫荊花二月花三月即謝

山茶　平泉草木記會稽之山茗酉陽雜俎葉如茶高丈餘花大盈寸色如緋今會稽甚多隆慶駱志山茶邑產（有千葉單葉兩種）

木夫容　平泉草木記會稽之百藥木夫容

香橼　離騷草木疏實似小瓜狀皮若橙而光澤可愛肉厚味酸

而香萬歷府志其皮以餹漬焙切薄片曰香團丁最甜甘俗呼香團邑中有皮赤者謂之朱紅香團最爲佳品

柚　爾雅柚條郭注似橙實酢生江南羣芳譜柚有大小二種小者似橙俗呼蜜筩大似升俗呼朱欒邑人呼橙子郭鳳沼青梅詞注永壽寺有異柚橢長尺有咫肉不中食黃皺透過於佛手則蘇恭所謂大者如升也

金橘　本草綱目一名金柑出江浙者皮甘肉酸餹漬蜜煎皆佳嵊縣志橘種有小如彈丸者名金橘如棗者曰金棗如豆者名金豆邑人呼如棗者爲金彈

枳　本草今醫家以皮厚而小者曰枳實完大者爲枳殼

胡椒　本草一名昧履支向陰生者名澄茄向陽生者名胡椒

繡球花　羣芳譜春開花五瓣百花成一朶團圞如球有紅白二種亦有草本者

牡丹　歐陽修花品序牡丹南出越州邑牡丹以產江東永壽寺爲最佳宋晁永壽寺看牡丹詩從山如屏前作案中間一線江流漫寺外春波去不回寺裏春花看歷亂桃花李花花無數洛陽仙種最獨步錦裙翠袖舞掌中十八風姨不敢妒我來訪僧兼訪花僧能愛酒兼愛茶殘尊更移傍花坐去雲留月伴紅紗寒食已過春欲老蝶粉蜂黃爭昏曉特較花王擅富貴世人安得不傾倒白頭老僧殊可怪一枝折供佛前拜有香有色兩不空情多怕愛如來戒

瑞香　呂大防瑞香圖序花如丁香而有黃紫兩種植之庭檻則芳馨出於戶外

石楠　花木志南方石楠樹野生二月開花連著實實如燕覆子李石詩水春雲母碓風埽石楠花邑山谷間多有之

瓊花　馮至學前望中安橋瓊花詩鳴琴宰邑仿河陽移得瓊花種故鄉深碧淺紅三二月百年喬木傍宮牆世傳揚州蕃釐觀瓊花之奇多以玉蘂山礬等花當之未敢信也案說文瓊赤玉也則此花當以赤得名玉蘂山礬等多白花惟馮詩以爲淺紅似爲近之

楝　山海經郭注子如指頭白而黏可浣衣隆慶縣志楝邑產

沈香樹　袁宏道遊五洩山記五洩青口有古木土人云是沈香樹一年一花

珠林　浙江通志五洩山有珠林

貝多木　嘉泰志出寶掌山唐貞觀間寶掌禪師以杖拄地成木名貝多木上棲頻伽鳥

菩提樹　萬歷府志諸暨菩提山正覺教寺舊有菩提樹生子必一百八顆

志茶

茶　爾雅檟苦茶郭注樹小如梔冬生葉可煮羹飲釋文茶埤蒼作搽邵晉涵曰今茶樹小者一二尺大者至數丈葉似梔子南方采葉作茗飲以春采者爲良（穀雨前采者更佳呼穀雨前茶）浙江通志諸暨

各地所產茗葉質厚味重而對乳最良每年采辦入京歲銷最盛謂之黃茶每年八月采焙售於關東口外茶戶給執照不得私售出境又有一種名圓茶揉挼一葉如丸焙乾仿古龍團鳳團之製售於外洋補訂縣志邑茶之著者石筧嶺茶剡錄越產之擅名者諸暨石筧嶺茶東白山茶郎太白山在諸暨稱東白宣家山茶隆慶駱志宣家山在縣東七十里日入桂山茶縣南七十里五洩山茶縣西四十里梓烏山茶縣東七十里

志竹

竹　爾雅東南之美有會稽之竹箭焉嘉泰志竹箭以出諸暨石鼓山者最佳駱志載暨產有四一曰茅竹一名貓竹又名毛竹幹大而厚邑人取以爲筏邑山多有之以產東鄉者爲佳可煮以爲紙一曰結竹一名刼竹亦曰莢竹邑東刼竹坑以此竹名地今呼莢竹坑亦可煮爲紙一曰淡竹可煮紙一曰石竹竹幹小而心實與草本石竹異彼乃草也四種外有曰晉竹吳越春秋越王使大夫種索晉竹十廋以復封禮曰金竹邑北鄉西安鄉金竹塘地以此名曰早竹一名燕竹竿直葉修人家多植諸園林曰苦竹萬歷府志幹細而直可爲筆管邑多產苦竹郭

鳳沼青梅詞山南山北共秋聲苦竹嬋娟夾澗生 曰油竹邑村落溪邊多植之 曰箣竹萬歷府志越中處處有之竹質堅利南中人以爲矛 曰孝竹一名慈竹一名四季竹冬月筍生竹外繞其母故名孝竹亦名孝順竹又名王祥竹郎桃枝竹西京雜記會稽歲時貢竹簟號流黃簟書曰篾席黼純孔安國曰篾桃枝竹也 曰篛竹萬歷府志卽筆竹 曰紫竹萬歷府志可爲簫管九節者爲佳 曰公孫竹萬歷府志高不盈尺可置几案 曰牙竹竹矮而質肥邑境多有之 曰鳳尾竹萬歷府志葉細小孝竹別種也 曰龍須竹萬歷府志長而秀節疏 曰沙筋竹談薈越州產沙筋竹採筍者輕步從之聞聲則縮入沙中

筍

寶慶續會稽志燕竹筍燕來時生俗謂之春筍亦謂之早筍以黃苞筍爲第一謂之黃鷺筍乾隆府志筍之可食者有五曰貓筍曰淡筍曰龍鬚筍筍有斑品最下皆正茁者留而不採則成爲竹曰鞭筍乃淡竹根之旁行斜出者郭鳳沼青梅詞鞭筍白鞭都上市注三月芽筍土人謂鞭筍案三月中芽筍乃是早筍之芽一名春筍鞭筍四五月始有之郭說非曰潭筍亦謂之冬筍蓋貓竹根之冬萌未出土者原作旁行斜出誤今訂正二種皆不能成竹而宜於斸取其味在

貓筍淡筍之上貓筍出土深者其芽黄謂之黄芽筍其味美於潭筍

筍乾　筍譜會稽製筍乾法蒸後以鹽酢醋乾凡筍宜蒸則味全邑人製筍乾乾法精於他邑品類甚多以小東鄉所製潭筍乾爲最佳又有採貓筍之衣醃作乾者其味更鮮

竹米　竹籜竹米竹每節一粒邑山鄉多有之隆慶縣志宋咸平時箭竹生米如稻民飢采之充食明萬歷時又生米民呼箭米竹籜俗呼竹箬用以爲角黍製笠包物

諸暨縣物產志卷十九終

諸暨縣志卷二十

物產志二

志鳥

鵓鴣　爾雅佳其鳺鴀郭注今鵓鳩今人謂之鵓鳩鵓鴣聲近詩小雅翩翩者鵻毛傳夫不也似斑鳩而臆無文采拙於營巢

斑鳩　爾雅鶌鳩鶻鵃郭注似山鵲而小短尾青黑色多聲今江東亦呼爲鶻鵃月令鳴鳩拂其羽御覽引蔡邕章句云鶻鳩也毛詩草木疏云斑鳩也

布穀　爾雅鳲鳩鴶鵴郭注今之布穀也御覽引陸璣詩疏曰一名桑鳩今布穀以穀雨後鳴農家聞聲則趨東作

伯勞　周書時訓五月鵙始鳴蔡邕章句鵙伯勞也爾雅郭注似鶷鶡而大夏小正五月鴂則鳴通雅別名姑惡范成大石湖集

注姑惡以聲得名世傳姑虐其婦婦死所化

雎鳩　爾雅鵙鳩王鳩郭注雕類今江東呼之爲鶚好在江渚山邊食魚卽詩所謂關雎也說文謂之白鷢

鵅　說文鷙鳥也顏注急就篇鵅一名題肩亦曰擊征又名負爵俗人呼爲鵅鷹

雕　說文鷻也韋昭曰一名鶚也山海經郭注鵰似鷹而大尾長翅

鷹　爾雅鷹鶆鳩郭注鶆當爲鷞字之誤也樊光云來鳩鷞鳩也

鸇　爾雅鸇鷐風也王筠說文句讀鷐當作晨字林云鷂屬邑人呼爲打鳥鷹

鳶　說文鷙鳥也今說文作鳶鷙鳥也據毛詩四月旱疏引說文作鳶鷙鳥也文選鸚鵡賦李善注引說文作鶚鵰也鶚卽鳶字知今本說文鳶下脫說解鳶下脫篆文故引改

鷓鴣　嘉泰志自呼其名常向日而飛飛數隨月葢若正月則一飛而止畏霜露早晚稀出有時夜飛則以木葉自覆其背臆前有白圓點文多對啼常南嚮不思北徂本草形如母鷄鳴則鉤輈格磔會稽諸暨山間頗多唐李白越中覽古詩只今惟有鷓鴣飛竇華詩鷓鴣飛上越王臺

百舌　月令反舌無聲注反舌百舌鳥疏反舌鳥春始鳴至五月稍止故名反舌

畫眉　萬歷府志畫眉越中所在有之其眉如畫音宛如人語可聽蟲天志過日鑄嶺稀見餘鳥惟聞畫眉而已

鸜鵒　一名百哥褐色能言邑人多養百哥教以人言剪其舌則圓而聲清

戴勝　爾雅鵖鴔戴鵀郭注鵀即頭上勝今亦呼爲戴勝嘉泰志頭上有毛花成勝故曰戴勝也萬歷府志以鳲鳩即布穀一名

戴勝者非也

子規　爾雅嶲周郭注子嶲鳥出蜀中今字作子規大如鳩以春分先鳴至夏尤甚嘉泰志越人謂之謝豹顧況詩綠樹陰中嗁謝豹

鵹黃　爾雅皇黃鳥又曰倉庚商庚又曰鵹黃楚雀又曰倉庚鵹黃也一物而四見鳴則蠶生郎黃鸎

鵲　爾雅鷽山鵲說文知來時鳥也鷽或作雤萬歷府志俗傳鵲巢於梁見之者貴一曰乾鵲俗呼喜鵲

烏　說文烏孝鳥也象形益州耆舊傳張霸爲會稽太守越民語曰城上烏鳴哺父母府中諸吏皆孝子

白脰烏　爾雅燕白脰烏小爾雅白項而羣飛者謂之燕烏白脰烏也

黃雀　蘇轍曰秋風下黃雀飛禾田熟黃雀肥黃雀白露來霜降去邑人多貲以占

歲

鷃雀　爾雅鳸鴳郭注今鴳雀莊子謂之斥鴳司馬彪云鴳鴳雀呂氏春秋注一名冠雀

青雀　爾雅桑鳸竊脂郭注俗謂之青雀觜曲食肉好盜脂故名

麻雀　說文依人小鳥也本草綱目一名瓦雀俗呼老而斑者爲麻雀其小而黃者曰黃雀又有一種山雀大於瓦雀尾長

白頭翁　爾雅鷄鶋鳥郭注似雉青身白頭郝懿行義疏引江表傳白頭翁謂即此鳥非甯化縣志白頭翁似雀而大頭有白點郭云似雉非也今白頭翁大僅如雀白頭身青褐色畫家多繪之與鶯大小迥別

啄木　爾雅鴷斲木郭注口如錐長數寸常斲木食蟲羅願曰褐者雌斑者雄又有青黑者山中人呼山啄木

十姊妹　雲閒志十姊妹名遊香俗呼相思鳥邑又有七姊妹亦好羣飛絕似十姊

妹

竹雞 陶岳零陵記竹雞狀如鷂長尾劉基活水源記靈峰之山其上曰金雞峰鳥多竹雞狀如雞而小有文彩善鳴邑人多養之云能食白蟻使屋不蝕

杉雞 臨海異物志越有杉雞居杉樹下頭上有長黃毛冠色正青如垂緌可食如竹雞又有一種名山雞狀類家雞鳴必昏夜昔人謂山雞卽雉非也

稻雞 似鳩略小背有白斑居稻壟間儲墨林補訂縣志

山和尚 喜食肉能言邑人多蓄之以爲翫

繡眼 一名竹葉青一名綠脰子

雉 說文有十四種盧諸雉喬雉爾雅作鷸鳪雉原作鳩依韻會引說文改鷩雉秩秩海雉山雉翰雉卓雉白雉伊洛而南曰翬江淮而南曰搖青質五彩

南方曰𠷎白帖作鷫東方曰甾爾雅作鶅北方曰希爾雅作鵗西方曰蹲爾雅作鷷邑產搖種也皆山雉

寒鴉　嘉泰志寒鴉比常鴉頗小十月自西北來其陣蔽天及春中乃去秦太虛樂府云寒鴉萬點流水繞孤村不至越不知也邑湖鄉寒鴉多於他縣十月自西北來其陣蔽天或云烏鰂即此鳥所化其大者俗呼老鴉

鴿　說文鳩屬本草毛羽有青白皁綠鵲斑數種目有大小黃赤綠三色

鴛鴦　詩傳鴛鴦匹鳥也彩色雄者豔

鵜　爾雅鵜鴮鸅郭注今之鵜鶘也好羣飛沈水食魚故名洿澤案形似鶚而大人足其鳴自呼頷下胡大如數升囊因以盛水貯魚一名淘河一名洿澤邑不常有有輒大水農人以占豐歉

脊令　爾雅鵙鴒雝渠郭注雀屬也飛則鳴行則搖陸璣詩疏大如鷃雀長腳長尾尖喙背上青灰色腹下白頸下黑如連錢嘉

泰志會稽人呼爲雪姑其色蒼白如雪鳴則天大雪

鷗 詩傳鷖鷗也埤雅鳧好沒鷖好浮故一名漚後人加鳥作鷗

野鴨 禮記疏引舍人李巡爾雅疏鳧家鴨名鶩野鴨名也冬日自太湖來泌湖人於黑夜張網羅之肥美勝家鴨俗呼爲吼鳧醃乾食之瘉瘧

鵁鶄 藝文類聚引說文鵁鶄鳽也禽經交目其名鳽史記上林賦作鵁鶄漢書作交精以其交目故名交精

鷺 爾雅鷺舂鉏詩義疏鷺好潔白齊魯謂之舂鉏吳越謂之白鳥嘉泰志鷺色雪白頂上有絲毿毿然長尺餘欲取魚則弭之

翠鳥 爾雅鴗天狗郭注小鳥也青似翠食魚江東人呼爲水狗羅願曰穴土爲巢其喙皆紅頂下白今人謂之翠碧鳥又謂之魚狗大者名翠奴

鸂鶒 臨海異物志鸂鶒食短狐在溪中無毒氣

翡翠　說文翡赤雀翠青羽雀上林賦張揖注雄赤曰翡雌青曰翠

鸕鷀　爾雅鷀鷧郭注卽鸕鷀也觜頭曲好食魚陶宏景曰此鳥不卵生口吐其雛後漢書馬融傳注引異物志旣胎而又吐生多者生八九少者生五六相連而出若絲緒酉陽雜俎兔吐子鸕鷀吐雛寇宗奭曰嘗於公廨後見其巢下有碧色卵殻布地愚慮錄今漁家蓄鸕鷀捕魚嘗目睹其卵如雞而碧色寇說是也郭注固不言胎生也李時珍曰一種鶘鳥或作鴮似鸕鷀而色白人以爲白鸕鷀雌雄相視雄鳴上風雌鳴下風而孕口吐其子昔人誤以吐雛爲鸕鷀蓋鶘鴮聲相近耳嘗詢諸漁人曰吐雛者俗呼大水壺盧亦呼白鸕鷀謂其善取魚如鸕鷀也張口甚大觜長可二尺鳥亦較鸕鷀爲大疑白鸕鷀之名已古故

諸家誤以解爾雅之鷀邑湖鄉人多以尖頭小舟載以捕魚江東金雞山下鸕鷀灣以業養鸕鷀得名

鸛　禽經鸛俯鳴則陰仰鳴則晴拾遺記鸛能聚水巢上故人多取鸛鳥以御火災

茅鴟　爾雅狂茅鴟說文萑鴟屬也從隹從𦫳有毛角所鳴其民有禍

鬼車　齊東野語鬼車俗稱九頭鳥陸長源辨疑志世傳此鳥昔有十首犬噬其一至今血滴人家能爲災咎故聞之者叱犬滅鐙以速其過

鵂鶹　說文舊舊留也卽爾雅所謂怪鴟也今字作鵂鶹白帖引文選鵩鳥賦其字作鵂漢舊儀賈誼在湖湘六月上庚日有鵩鳥來桂馥謂鵩鳥爲鴞鳥舊鵩聲近故從伏聲伏服聲近故或作鵩休伏形近譌作鵂也據此則今鵂鶹當作鵂鶹舊說以梟爲鵩鳥誤

梟　爾雅梟鴟郭注土梟說文梟不孝鳥日至捕梟磔字從鳥頭在木上陸璣詩疏鴞如大斑鳩綠色惡聲之鳥也入人家凶賈誼所謂鵩鳥也此說非是見鴟鴞下其肉甚美可爲羹臛又可爲炙邑人謂毛頭梟聞則凶以繳對之轉旋則自落於地捕梟者多用此法

鵝　鴨　爾雅舒鴈鵝郭注禮記曰出如舒鴈今江東呼鳴爾雅又云舒鳧鶩郭注鴨也

雞　說文知時畜也今邑產有雌雄皆白色青觜細毛名洋雞

吐綬鳥　萬歷府志吐綬生太白山瀑布嶺狀如雞文彩五色口吐綠綬長數尺今縣東山陰界大岡山亦產吐綬鳥

頻伽鳥　隆慶駱志寶掌山大巖寺有頻伽鳥亦名妙聲鳥棲貝多木上一名太平雀方勺泊宅編宋徽宗興書學同試諸生以萬年枝上太平雀爲題在試者無能識密叩中貴答曰萬年枝冬青樹也太平雀頻伽鳥也

青鸞　李方湛記烏衣翠羽大似鵲邑東白山有之郭鳳沼青梅詞晴窗夜夜降青鸞

金鵝　暨陽風俗賦注金鵝山在縣南舊經有金鵝自此山飛入吳郡

志獸

麂　爾雅麂大麢旄尾狗足邑山中多麂毛長足短善騰躍好登山峰夜鳴如老人咳笑牡者有短角牝者較大而無角宋書符瑞志孝武大明元年白麂見會稽諸暨今邑産多白者非瑞也

山羊　爾雅羱如羊郭注羱羊似吳羊而大角角橢說文莧山羊細角也本草注莧芊似麢羊角有文俗作羱字林野羊大角野羊即山羊說文所謂細角者別種也

狠　說文狠似犬銳頭白頰高前廣後邑山中間有之近有獸名馬熊高前廣後夜誘小兒食之見人則陰以前足加背人顧齧

吭多死者卽狠類也

猴　爾雅猱蝯善援貜父善顧說文蝯善援禺屬貜母猴也陸璣詩疏猱獮猴也楚人謂之沐猴老者爲貜長臂者爲蝯蝯之白腰者爲獑胡皆就其類而言之實一獸也邑産皆有之而猱蝯多於貜呼爲胡孫五洩東白山尤多

野豕　說文豦鬭相丮不解也從豕虍豕虎之鬭不相捨讀若蘮蘻草之蘮司馬相如說豦封豕之屬豪豪豕鬣如筆管者宏治府志越山中有野豬豬貛狗貛豪豬四種邑山中野豬有力能與虎鬭者卽說文豦也豪豕邑中獵戶多捕得之有重二三百斤者

兔　說文兔獸也象踞後其尾形邑產多白兔

獺　嘉泰志似狐而小青黑色如伏翼水居食魚邑人謂之水獺取其毛爲裘光澤可愛

貍　爾雅貍狐貒貈醜其足蹯其跡厹宏治府志越中山有玉面貍文貍㹀貍鰍貍獖貍邑產又有牛尾貍九節貍土人總呼爲狐貍

地鼠　爾雅鼢鼠郭注地中行者說文鼢地行鼠伯勞所化也一曰偃鼠邑人呼爲地鼠竊出飲水

田鼠　爾雅鼸鼠郭注以頰裏藏食夏小正正月田鼠出亦名鼸鼠爾雅謂之鼶郭璞引夏小正曰鼶鼬則穴蓋蟄以九月至正月則出爲田鼠二月化爲鴽又有一種名鼫爾雅鼫鼠郭注形大如鼠頭如兔尾有毛青黃色好在田中食粟豆關西呼爲鼩鼠詩疏引孫炎注五技鼠也郊特牲云迎貓爲其食田鼠也食禾之田鼠爲碩鼠與化鴽之田鼠名同而實異邑人所謂田鼠乃碩鼠也化鴽之鼠邑人亦呼爲地鼠字林云鼸鼠即鼢也則以鼢鼸爲一類俗呼地鼠非無自也

松鼠　爾雅鼳鼠郭注今江東山中有鼳鼠狀如鼠而大蒼色在

樹木上邵景涵曰鼠之在樹木上者今所謂松鼠也蒼色而長尾

蝙蝠　說文蝙蝠蝠也暨陽風俗賦注洞巖山有玉京洞入則蝙蝠觸人面不可前

狼貓　即鼬鼠也廣雅江東人呼爲鼪太平御覽鼠狼趙凡夫曰夏小正正月有鼬鼬即鼠狼亦曰狼貓江北謂之黃鼠狼夜食雞邑人呼爲黃松公毛可製筆俗稱狼毫筆

野貓　安吉志野貓夜入人家食雞不聞其聲頭小身長雙林志一名偷雞豹

竹狗　長尾黃腹白毛好食家畜邑人呼爲黃狐製其皮爲裘

香貍　本草釋名有文如豹而作麝香氣者名香貍

貓　一名貍奴睛子午卯酉一條線辰戌丑未如棗核形寅申巳

亥圓如鏡又有一紅一碧者爲日月眼邑養蠶家必畜之二月產者爲頭蠶貓三四月產者爲二蠶貓有一產五子者謂之五更貓尤善捕鼠而三蠶貓最懶

牛

說文牛大牲也周禮注牛屬司徒土也土色黃故土類多黃黑者邑人謂之水牯牛亦有白色

羊

賈誼書羊西方之牲也故多白兼有雜黑白二色者隆慶駱志嘉靖二十三年楓橋獲青羊則異種也

犬

周禮賈疏犬有三種曰田犬曰吠犬曰食犬爾雅尨狗也說文尨犬之多毛者邑畜有呼獅子狗者毛多於他犬爾雅長喙獫短喙歇驕詩秦風毛傳獫歇驕田犬也邑獵戶所畜多短喙

牡豕

說文豭牡豕也左傳謂之艾豭方言謂之豭斗邑人多畜牡豕孳息爲利

志蟲

蠶　說文任絲也王筠句讀蠶任疊韻廣韻吐絲蟲古稱蠶皆三眠邑蠶種則有四眠至於二蠶三蠶四蠶五蠶即周禮之原蠶也

蛹　說文蛹繭蟲也螝蛹也埤雅蛹者蠶之所化蛾者蛹之所化

蛾　爾雅蛾羅郭注蠶蛾埤雅引孫炎注蛾即是雄羅即是雌邵晉涵曰今人育蠶子者亦取蠶蛾相匹謂之對蛾荀子蠶賦有父母而無牝牡言爲蠶之時未有牝牡也至化爲蛾則有雌雄矣蛾羅聲轉蛾即羅猶釋草以莪爲蘿也孫炎欲以蛾羅別雌雄鑿矣

桑繭　爾雅蟓桑繭雔由樗繭棘繭欒繭蚢蕭繭案各以其所食名之棘繭亦名柘繭邑產皆有而桑繭獨多

蠭　說文蠭飛蟲螫人者也蠠蠭甘飴也蠠即古蜜字　王筠句讀即今所謂蜜蟲也萬歷府志諸暨斗子巖無草木多蜜又東白山有

蜜房采蜜者必以葛藤連結然後可至（余縉養蠭記：余祖居村落，各以養蠭爲事，少時亦曾畜此，非嗜其利，蓋善此蟲之有倫理也，因偶書其異於右。凡蠭遇分處之後，先製蠟，蠟成輒生子，子長然後採花釀蜜，其次第截然不紊。方製蠟時，每片有管下垂，中有較衆管長半寸許者，謂之王管，蓋蠭王生子之管也。一片中少則一二，多則四五，皆豫設以待子王之產育。土人每伺蠟成，即舉乾蒿爇火以燭之，羣蠭畏煙氣輒從避，由是以竹篘銳其首，凡王管多者剌去之，止存其一，則支分者不多而新蠭繁盛，採釀必多。及分封之日，新蠭欲隨新王出，必先期探定遷集之所，演習飛繞數日乃出，或於樹枝，或於屋室，從役迅疾，圍擁其王，終不令人得見。善畜者即刻舉器引納，則從者不散，少遲則四出採花，擁者回覓故處，故處已失其主，皆相鬭嚙而死，無一得生者。間有還復祖封處，老蠭輒噬殺之，或疑其私竊悖主云。又有飛蟲名蜜虎者，巨翅長舌，狀如蛺蝶，每至蠭蠟處，即咂食其蜜，蠭羣聚嚙之，則鼓其翅，通體穢粉著蠟，即成綿蟲，一時耗蝕，蜜蠟皆盡，故羣蠭畏之如虎。其初入也，任其飽餐，既而果腹不能去，卒復爲羣蠭所食，頗似婪吏嚼民，終爲怨家仇恨所斃者。至於蟢子、蜘蛛之屬亦頗爲害，凡護視者宜悉去之。凡色黃者爲雄，主採運外出；黑者爲雌，主生育釀蜜，有中饋之意焉，與男子經營四方、婦女烹飪紡織之義略同。野史氏曰：吾觀於蠭而知君臣之分、夫婦之別，蓋不止人類爲然也。每製蠟必備王管者，幸吾君之有子也；分封已定，生死從王者，繾綣維公義罔返顧之節也；異類侵蝕，卒圖殄滅者，毀家紓難以身殉國之烈也；外者擷拾，內者佐理風雨晨昏不辭勞瘁者男女正位倡隨雖睦之風也以區區物類而倫序天性如此安可不表而出之乎又分封各有序次若先分者處右後分者處左則後分者輒復颺去是長幼之序不爽也四時芳卉羣遊衆處不相猜犯聲氣應求緩急相倚是朋友之道克全也少者紛馳老者逸處或採或餉無饑厭親報本隆恩習甘忘苦是父子之愛尤篤也嗟乎詠脊鴒而不念天顯誦谷風而不懷友生讀蓼莪而不悲風木者伊何人哉吾觀於蠭而痛倫紀之不脩靦顏於小物也可不深惕哉

蟬　爾雅蜩蜋蜩郭注夏小正傳曰蜋蜩者五彩具螗蜩郭注夏小正傳曰螗蜩者蝘俗呼為胡蟬江南謂之螗蛦蚻蜻蜻郭注如蟬而小方言云有文者謂之蠽詩衞風箋蠽蜻蜻也疏引舍人爾雅注云小蟬也青青者某氏云鳴蚻蚻者蠽茅蜩郭注江東呼為茅蠽似蟬而小青色說文蠽小蟬蜩也蝒馬蜩郭注蜩中最大者為馬蜩蜺寒蜩郭注寒螿也蜓蚞螇螰郭注即蝭蟧也一名蟪蛄案蜋蜩為蟬之總名螗蜩胡蟬也鳴聲清亮邑人呼為知了蜻蜻蠽也似蟬而小茅蜩亦似蜩而小即麥蠽也寒蜩即月令寒蟬也廣雅蟪蛄蛁蟧也一名蝭蟧春生夏死夏生秋死

螽　爾雅阜螽蠜許慎曰蝗螽也草螽負蠜大小長短如蝗而青色即今蚱蜢似蝗小而頭尖俗亦呼

尖蛤猛又有土螽即泥蚱猛色黑而小呼泥蛇朶　蜇螽蜙蝑郭注蜙蠑也俗呼春黍似草螽而大夏以股鳴者詩豳風傳螽斯蜙蝑也長而青長角長股股鳴者也　蟿螽螇蚸郭注今俗呼似蜙蠑而細長飛翅作聲者爲螇蚸　土螽蠰谿郭注似蝗而小今謂之土蝶螽之生土中者青色善躍南方稻壠中時有之謂之蚝猛不爲異也多則爲災

絡緯　袁宏道促織志似蚱猛而身肥大京師謂之聒聒南人謂之紡線孃食絲瓜花瓤音與促織相似而清越過之

螢　爾雅熒火即炤郭注夜飛腹下有火月令腐草爲熒今本作螢夏小正八月丹鳥羞白鳥丹鳥是熒火白鳥蚊蚋也

蜘蛛　爾雅次蟗鼅鼄鼅鼄鼄蝥郭注今江東呼蝃蝥土鼅鼄注在地中布網者草鼅鼄注絡幕草上者邵晉涵曰此別蜘蛛之異名及其種類也方言蜘蛛蝥也說文蜘蛛蝥又曰𧓍蝥作網蟲也𧓍蝥即次蟗之異文也土蜘蛛即陳藏器所謂孔穴中作網開一門出入者也草

蜘蛛青色

喜子　蠨蛸　爾雅蟰（詩作蠨）蛸長踦郭注小鼅鼄長脚者俗呼爲喜子詩孔疏引陸璣曰似蜘蛛爲羅網居之愚慮錄郭陸皆誤也喜子特較蜘蛛爲扁未嘗小也不能作網惟貼壁作幕如錢故本草拾遺名壁錢亦名壁鏡言其幕白如鏡也亦未專在戶詩又云亦可畏也若來著有喜何須言畏案蠨蛸小蜘蛛也戶無人出入則結網當之身狹長足較蜘蛛爲長其在網常聚足參差向前若木之橚梢然故名蠨蛸（凡蜘蛛足皆能伸縮蠨蛸足不能縮惟聚向前而已）志不在遠好在戶閒布網伺蠅蟲故詩言在戶爾雅則謂之長踦郝懿行謂此蟲作網但有縱理而無横文如絡絲之狀蓋亦疑郭注爲非然郝所言蟲僅能著絲戶角不礙人出入與詩可畏意無涉且其足亦較蜘蛛未爲長也又有小蜘蛛綠色大僅

似豆而足極長可三四寸許狀可憎怖此又別是一種於邑長甯鄉葉村松樹閒見之

顚當　爾雅王蛈蝪郭注即螲蟷似鼅鼄在穴中有蓋今河北人呼蛈蝪劉崇遠金華子長安閭里中小兒常以纖草刺穴閉其邀勝負以手撫地曰顚當出來既見草動則鉤出赤色小蟲形似蜘蛛江南小兒謂之鉤駱駝其蟲背有若駝峰然也鬼谷子謂之蛈母注蛈母螲當也螲顚聲轉似蜘蛛在穴中有蓋言此蟲養子以蓋覆穴故鬼谷子曰若蛈母之從其子出無閒入無朕

蜾蠃　詩毛傳螟蛉桑蟲也蜾蠃蒲盧也負持也鄭箋取桑蟲之子負持而去煦嫗養之以成其子愚慮錄法言學行篇螟蛉之子殪而果蠃祝之曰類我類我久則肖之矣是鄭所本也酉陽雜俎書齋多蠨蛸即果蠃窠祝聲可聽開而視之悉是小蜘蛛以

泥隔之乃知不獨負桑蟲也是段成式意謂果臝兼化桑蟲爲己子矣陶宏景本草蠮螉注始云今一種蜂黑色腰細銜泥於人壁及器物間作房如餅竹管者是也其生子如粟米大置中乃捕取草上青蜘蛛十餘枚滿中仍塞口以擬其子大爲糧也其一種入蘆竹管中者亦取草上青蟲詩云螟蛉有子果臝負之言細腰之物無雄列子純雄名穉蜂說文細腰純雄無子皆取青蟲教祝便變成己子斯爲謬矣案陶說蜾臝負螟蛉狀甚確蘇頌駁陶謂陶所說卵如粟者未必非祝蟲而成邵晉涵爾雅正義取之予嘗屢剖視之其初卵細如粟時小蜘蛛近十數其後子成蛹將蜕凡蜂子皆先成蛹而後蜕惟其蛹係漸長故唯一二而已則非能食與蠶蛹不食者不同蓋在蛹與蛆之間化明甚李時珍曰其蜂雙雙往來必是雌雄驗之亦確

螬蝎　桑蟲　桑牛　爾雅蝎蛣䗐郭注木中蠹蟲蟦蠐螬注在

蠆土中蝤蠐蝎注在木中今雖通名爲蝎所在異案郭意謂在木中者雖通名蝎而所在異木則異稱若下桑蠹漢書桂蠹之屬非謂蟦蠐亦通名蝎也蝎桑蠹注郎蛣蝙邪疏蟦蠐也蠐螬也蛣蝙也桑蠹也蝎也一物六名也愚慮錄云郭注不誤邪疏誤也蟦蠐蠐螬爲一蟲在土中蝤蠐蛣蝙爲一蟲在木中桑蠹則專指在桑者又蝎中之一種也陳藏器曰蠐螬居糞土中身短足長背有毛筋陶宏景曰以背滚行從夏入秋蛻而爲蟬蝤蠐在朽木中驗在木中朽者不食此誤身長足短口黑無毛筋至春雨後化爲天牛案陳說是也據廣雅名地蠶則不在木說文蠹或作螙象蟲在木中則不在土其爲二物甚明又爾雅蠰齧桑郭注似天牛角長體有白點喜齧桑樹作孔入其中陳藏器曰蝤蠐化爲天牛兩角如水牛色黑背有白點竊謂化飛之蟲無再入孔之理蓋齧桑而生子其中復爲桑蠹可目驗也案蠰諸家皆謂

卽天牛郭云似天牛郝懿行謂天牛夏月有之俗言出則主雨今齧桑蟲形如天牛淺黃色角差短說者多不辨之郝說未知所本今俗呼齧桑者爲桑牛嘗於剖桑木時見初蛻者狀如郭陳所說非淺黃色也

蜻蜓　方言郭注六足四翼蟲也江東名爲狐棃淮南呼蠊蛜

蝭　說文蛈蝭也莊子列子皆曰烏足之根爲蠐螬其葉爲胡蝭古今注一名野蝅大者謂之鳳子

百足　說文蠲馬蠲也王筠曰又有馬蜒馬蝬蠽蛆蛆渠馬陸馬蠸馬蚿馬蚈八名本草馬蚿形如蚓紫黑色觸之卽側臥如環故又名刀環博物志馬蚿一名百足中斷則首尾異行而去通志所謂百足之蟲至死不僵者也邑人呼爲馬蟦

悉蟀　說文蟋悉蟀也俗字作蟋蟀爾雅蟋蟀蛬郭注今促織也

邑人呼謂鬬雞雄者尾有三槍雌者二槍二槍者能鬬俗以盆畜之欲鬬則以草撥其鬚鬚豎則作氣勝則鳴以示人身有黃點者最佳點愈多則愈佳

堂蜋 說文蜋堂蜋也爾雅蟷蠰郭注有斧蟲呂覽高注謂之拒斧莊子人閒世篇所謂怒臂當車者也

詹諸 蛙 爾雅鼁䵶蟾諸在水者黽郭注蟾諸似蝦蟇居陸地淮南謂之去蚥黽耿黽也似青蛙大腹一名土鴨詹諸俗名癩黿或曰癩團或曰癩蛤蚆身多痱癗目中白汁曰蟾酥入藥品蛙有大而青脊者俗名上鴨俗謂之石撞其小而善鳴者爲青蛙俗呼田雞生稻田者肥邑人多食之

蝦蟇 科斗 本草陶宏景注蝦蟇是大皮多痱癗者也詹諸如之禮記疏引李巡以蟾諸卽蝦蟇誤也俗亦呼蛤蚆背有黑點身小善跳能鳴作呷呷聲爾雅科斗活東郭注蝦蟇子科斗圓首黑體垂尾如丁漸乃生足俗呼田雞子

螻蟈 爾雅螜天螻郭注螻蛄也雙林志卽吠蛤在水田鳴聲甚

繁三月三日多不鳴鳴則歲必稔湖雅吠蛤鳴曰孤格孤格俗亦呼蛙而不可食或以此爲鳴蛙蛙爲青蛙

蚓　爾雅螼蚓蜸蚕郭注即蛩蟺也江東呼寒蚓案此蟲能兩頭行形圓無足無論上下左右隨其所値皆能蝡動土人謂之曲蟮

蜥易　說文蜥易守宮也王筠曰依御覽引補蝘守宮王筠曰下二字依元應引補在壁曰蝘蜓在草曰蜥易陶宏景本草注其類有四一形大純黃色爲蛇醫次似蛇醫形小長尾見人不動名龍子次者形小而五色尾青碧名蜥易竝不螫人一喜緣壁名蝘蜓邑人謂之壁虎形小而黑尾脆易斷乃言螫人必死而未聞有中人者

蛤蚧　萬歷府志蛤蚧蛙屬或名丰蛤諸暨山谷閒皆有之長四五寸尾與身等形如守宮一雄一雌常自呼其名最惜護其尾或見人欲取之多自齧斷其尾首如蝦蟆背有細鱗如蠶子土

黃色捕者必月之上寅日否則藏穴中不出

強 爾雅強蚚郭注即強醜捋玉篇強米中蠹小蟲也爾雅又云蛄蠪強蛘郭注今米穀中蠹小黑蟲也說文蛄蠪強蛘也今米中蟲多隨色而變黑甲者能齧人或纏米作繭米廩中有之秏米案強蛘與強爾雅各出必非一蟲予謂今米中小黑甲蟲俗呼揚子者爾雅強蛘也今米中小蟲白而能飛邑人謂之白強乃爾雅所謂強也又有一種身白頭黑生米廩中纏米自固則通呼之曰米蟲於米中置蟹背殼則不纏

蜈蚣 枹朴子蜈蚣見蛇能以氣禁之蛇即死廣雅云蝍蛆蜈蚣也邵晉涵曰蝍蛆爲蜈蚣之屬非即蜈蚣也高誘淮南注蝍蛆即蟋蟀也上蛇蛇不敢動今捕蟋蟀者多於蛇穴其氣能禁蛇然以爲即蝍蛆則非也雞食蜈蚣人爲蜈蚣所齧急以雄雞涎塗之即愈否則雞鳴痛亦解蓋氣類相制也

莎雞 爾雅翰天雞郭注小蟲黑身赤頭一名莎雞又曰樗雞莎雞

翅分兩重外灰色而內深紅土人呼爲牛蛉

鼠婦　爾雅蟠鼠負郭注瓮器底蟲說文蛜威威委威委鼠婦也

陸璣詩疏在壁根下瓮底土中生似白魚

蝸牛　爾雅蚹蠃郭注即蝸牛也本草一名土蝸一名蠡牛亦曰

瓜牛

蜣蜋　爾雅蛣蜣蜣蜋郭注黑甲蟲噉糞土古今注能以土包糞

轉而成丸莊周曰蛣蜣之智在於轉丸

蠅虎　古今注蠅虎蠅狐也形似蜘蛛而色灰白善捕蠅

竈馬　酉陽雜俎狀似促織稍大腳長好穴於竈側山堂肆考竈

蟲一名竈馬一名竈雞

臧蜋　黃黑色有翅不能飛生人家竈壁間治疔毒臌脹小兒疳

積生舟中者不臭不入藥

志魚

鯉 鱣 爾雅鯉郭注今赤鯉魚爾雅鱣郭注鱣大魚似鱏而短鼻口在頷下體有邪行甲無鱗肉黃大者長二三丈今江東人呼爲黃魚說文鱣鯉互訓鱣卽黃鯉魚今謂之黃尾魚郭鳳沼青梅詞黃尾魚羹勸客嘗

鮎 爾雅鰋鮎郭注鰋今偃額白魚（諸本作鰋六書故引作偃）鮎別名鯷江東呼鮎爲鮧邢疏引孫炎注鰋一名鮎愚慮錄孫注是也郭以爲二魚者非詩傳鰋鮎也說文鮎鰋也鰋或作鰋羅願曰鮧魚偃額兩目上陳頭大尾小身滑無鱗謂之鮎魚是偃額正是鮎魚也郭所云白魚卽廣雅所謂鮊鱎也

白魚 廣雅鮊鱎也玉篇鱎白魚也說苑謂之陽橋尚書大傳橋本高而仰白魚頭尾俱高故名今俗猶呼遷鮆白正與鰋鮎相

反不知郭注何以誤鱀鰋下說文云鯫白魚刖爲一種卽鯈也與鱎形無別而有大小之殊本二種也段注引漢書鯫生指爲小魚得之諸家多與鱎混（二種邑產皆有之鯈亦作鰷土人呼白鰷魚）

烏鱧　爾雅鱧鯇郭注鱧鮦也邢疏今鱧魚也又引舍人注鱧一名鯇云郭不取詩魴鱧疏謂徧檢諸本或作鱧鱯或作鱧鯇定本作鱧鮦鮦鱧音同案郭注誤也詩定本作鮦亦誤孫炎爾雅注鱧鯇一魚是孫炎同舍人矣彼經釋文毛說鱧爲鯇焦循云毛於鱣訓鯉於鰋訓鮎則鱧亦必訓鯇竊謂焦說甚當毛作鱧鯇無疑也鮦之別名字當作鱶說文鮦下云一曰鱶鱶下云鮦也本草鱧魚本經作蠡魚蠡卽鱶又名鮦魚是本經正與說文合也陶宏景曰蠡今皆作鱧是陶意亦謂當作鱶矣今鱶亦名烏魚首有七星字亦作鱺廣雅鱺陽鮦也至本草圖經以爲重

鱧埤雅以爲元鱧綱目以爲烏鱧則皆因郭注而誤而本經自不誤也陶宏景曰蠡爲公蠣蛇所化然亦有相生者至難死有蛇性

鱓 爾雅鱧鯇郭注今鱓魚似鱒而大舍人注鱧一名鯇是讀鱧鯇爲一句也郭以鱧爲鮦誤訓鯇爲鱓魚不誤邵晉涵曰形長身圓肉厚俗謂之草魚案鯇鱓雙聲完之言圓也形似青魚但背不青爲異飼草故亦名草魚亦名草青又有食螺螄者名螺螄青味更美今杭州人正呼爲鱓魚

鯖 說文鱮魚也王鱮大青魚湖雅今蕩魚以此爲最美腹中腸臟竝頭尾俱肥

鯿 說文鯾魚也鯾或從扁王筠曰魚似魴而大腴細而長襄陽耆舊傳所謂槎頭縮項鯿魚也爾雅郭注以魴魾爲鯿誤鯿亦名魴而非魾也

魴 爾雅魴魾郭注江東呼爲鯿一名魾案魾小於鯿非一種也郭誤湖雅魴

魾鰟沽吳興掌故春三月有小魴名鰟沽大者三寸亦時物也

過清明則瘦形似魴而小故郎以魴名呼之非一種也

鰱 胖頭 愚慮錄詩其魚魴鱮鄭箋鱮似魴而弱鱗正義引陸璣疏鱮似魴厚而頭大其頭尤大而肥者徐州人謂之鰱或謂之鱅陸說非也鄭言似魴魴頭甚小若頭大郎不得似矣蓋鱮與鰱爲一魚頭不大頭大者鱅也今俗呼胖頭魚埤雅鱮魚白色廣雅鰱鱮也李時珍曰鱮魚頭小形扁細鱗肥腹色白案此俗正呼鰱魚鄭所云似魴也鱅字亦假用鰫漢書司馬相如傳鰅鰫鰬魠郭璞注鰫似鰱而黑正字通鱅俗呼黑鰱說文鱮鰱二篆聯比而鱅篆別出亦不以鱅爲鱮矣李時珍曰鰱之美在腹鱅之美在頭首有大小之殊色有黑白之異以目驗之李說

不可易也二種邑人多畜之池塘出江藻大塘者最多亦最佳

土步或作土附 養魚經似黑鱧而小附土而行不似他魚浮水今松江鱸形絕似土步特四腮異耳

鯽　說文鰿魚也唐本草鯽魚一名鮒魚蜀本注形似鯉色黑而體促肚大而脊隆

旁皮鯽魚　爾雅鱊鮬鱖歸郭注小魚也似鮒子而黑俗呼爲魚婢羅願曰其行以三爲率一頭前行二頭從之若婢妾之狀故名邑人呼爲旁皮魚又有背黑稍大者名櫛魚覩本鯽鯉交而生味劣

鱖　說文魚也爾雅翼鱖魚巨口而細鱗鬐鬣皆圓黃質黑章皮厚而肉緊說文句讀南人謂之桂魚北人謂之季花魚皆聲轉也宏治府志越中間有浦陽江最多

鰣　爾雅鰣當魱郭注海魚似鯿而大鱗肥美多鯁今江東呼其

最大長三尺者爲當魱邵晉涵曰卽今所謂鰣魚也鰣因鰲鯠而聲轉爾雅又云鰲鯠註未詳全祖望曰卽鰣魚也案鰲鰣音通鰣音近鯠全說得之今鰣魚似魴而長色白味腴肉多細刺與郭當魱之形狀相合或當鯁爲鰣魚之大者而鰲鯠其小者也故爾雅互見三四月中邑浦陽江中鰣多順潮而上

鯊　爾雅鯊鮀郭注今吹沙小魚體圓而有點文太平御覽引臨海異物志吹沙長三寸背上有刺犯之螫人邑人謂之汪刺

春魚　嘉泰志似石首而小歲以仲春至故名春魚鹽浥而乾之曰含肚太業拾遺記越人饁耕含肚鯗爲上饌

石版魚　縣東嵩山谿中多石版魚赤黑色長者四五寸乘瀑上下掠水如飛

麪魚　寶慶志一種極小者名麪魚縣北白塔湖中金家站產銀

魚色正白味勝於各處咸豐辛酉粵寇亂後其種無存亦異事也

金魚 養魚經五色文魚色相本異金魚特總名也邑人多畜於缸以供翫景

鰕 爾雅魵鰕鰝大鰕釋文引郭云魵小鰕今邑產皆魵類最小者土人謂之米鰕

鱓 爾雅鱓似蛇無鱗夏月於淺水作窟本草有青黃二色甯化縣志鱓腹黃故世稱黃鱓異苑作黃䱇似蛇無鱗體多涎沫夏出冬蟄南人鬻鱓以缸貯畜數百頭夜以鐙照之蛇化者必項下有白點通身浮水上邑人呼為黃蟮

鰻 說文魚也亦名鱺一名白鱓埤雅無鱗甲白腹如鱓而大青色有黃脈者名金絲鰻魚乾謂之風鰻小者謂之鰻綫邑湖山皆有之出山坑及井中者謂之清水鰻肥勝湖鰻

鰌 爾雅鰼鰌郭注今泥鰌

蟹　呂元蟹圖記蟹有十二種邑泌湖蠏肥於他州

龜　邑產攝龜俗謂之虺蛇龜亦曰呷蛇龜腹下橫折見蛇則呷之體小狹長尾又有山龜澤龜名皆見爾雅

鼊　說文甲蟲也左傳疏引樊光爾雅注鼊四足三足者爾雅謂之能

蠯　石昭炳暨陽風俗賦注蠯蛟屬諸暨山中每秋大雷雨發洪水則伏蠯振穴入海俗謂之出蠯亦曰出蛟

蚌　爾雅蚌含漿

蛤　會稽三賦注蛤有文故謂之文蛤即蛤蜊俗呼白蛤亦曰圓蛤

蜆　形似蛤而略大有黑黃二種味不甚佳黑者尤劣

螺螄　爾雅蠃穀有旋紋形如蝸牛湖雅畜青魚者必以此飼之故以螺螄青名魚

田螺　大於螺螄生水田冬則伏泥中邑人多抉土取食

志絲布

絲　太平御覽卷八百十四吳陸凱奏事諸暨永安出御絲前八邑惟諸暨出絲至同治後嵊產幾與諸暨埒近年嵊人以洋廠繅絲皆售繭而不繅諸暨絲又冠於七邑

絲綢　嘉泰志諸暨所產綢有絲綢綿綢二種絲綢不及紡綢之匀潔而縝密過之今有腰機綢班機綢二種腰機綢爲土工所織即前志所謂絲綢也班機綢織工則始雇於山陰今土人亦有能織者與紡綢同一杼柚故匀潔

綿綢　嘉泰志綿綢古謂之繭布今諸暨紝織綃繭緒纖如絲縷織之成疋狀如絁而縝密過之雖名爲布其實帛也又有以絲經者謂之絲織綿綢尤精

絹　嘉泰志諸暨所產絹有花山桐山板之名輕勻最宜春服

苧布　宏治府志苧布八邑皆有之諸暨產最精俗傳以爲西子遺習其種有腰機兼絲西洋生苧熟苧之別

山棱布　萬歷府志山棱布一名皺皮嘉泰志頗有名出諸暨績麻爲縷織成布精好纖密殆亞於羅宏治府志以麻爲之諸暨靈泉鄉出者最佳纖密如羅漱之以水輒成縠紋嘉泰志山棱布須厚價故難售惟貴介厭紈綺者獨嘉取之今邑人久無織者

緜子　繭外散絲裝衣裏奇溫

緜綫　南潯志銅叉木柄邑人所用皆木叉木柄無銅者左手擎之置緜於叉上又有木鋌貫銅錢十數文邑人用鐵錘上貫蘆管其形似錘以右手旋轉撚緜成綫繞管而績

棉花　即木棉花有草木二種邑人所種則草本也熟則摘其花以車絞去其子又張弦如弓以木椎彈之裝衣被以禦冬

棉綫　以紡車紡棉花成綫可織布亦用以縫紉

苧綫　漚麻漬之績成綫又和石灰煮之使白以縫衣製服

土布　織棉絲爲布一名冬布一名腰機布

志金石

金　萬歷府志諸暨金潤山有金沙宋元間命官淘采間得之如穅秕中得米元知州馮翼上其事罷之

銀　萬歷府志諸暨西安鄉銀冶山相傳有銀鑛明永樂景泰中有言其事者遣官勘驗

紫石英　嘉泰志諸暨楓橋山間（烏帶山）每雷雨後民競往采之然必祀神而後出蓋用謝敷故事也（見山水志）自此至婺女地產紫石英甚多但不如諸暨之瑩潔多光彩耳（今鄉人無采取者）元和郡縣志諸暨烏笪山出紫石英

白石英　萬一樓集楓橋紫微山產白石英山與烏笪山隔楓橋江東西對峙而所產石英殊色亦異事也

水石英　浙江通志諸暨有水石英在水中一頭微著石采取必於露未乾時暨陽風俗賦注狀如棗核而八稜亦出烏笪山

浮石　浙江通志諸暨縣城東在北鄉九江山云城東誤聖姑殿前在殿後流泉清溜能結浮石萬歷府志九江山亦曰仙姑山廟後奇石寒泉所凝一名寒泉石人多采之以植花木允都名教錄九江山多石石浮水生紋如玉削如筍立玲瓏萬狀采得之無大小具有奇勝石在水嫩如泥出水即堅然質脆終不能堅如常石玲瓏多竅邑人多采作清翫置石缸中下養以水上植花草短樹間以綠莎石髮天荷葉青葱鬱茂望之若山土人呼為假山石

茶上白　浙江通志諸暨雞冠山產奇石多茶上白暨陽風俗賦注石紋如星月花獸名茶上白

寶珠石　正德志寶珠山有細石其圓如珠名寶珠石

文石　宏治府志諸暨出文石有花紋與鬱林石同質堅緻可作

碑不下湖州

花乳石　隆慶縣志漢官私印俱用撥蠟鑄至王元章始易以花乳石今東安鄉山中多有之

斑石　縣東黃檀溪石備五色圓潔光鮮足供清翫名曰斑石土人呼爲黃檀石

石灰　邑山多礦石石工鑿取燒灰較他邑產堅凝利用以縣南之同山縣北之陳趙隖出者爲佳用以墁屋糞田

粉石　出石庭山磨漂成粉用以修容俗呼燥粉村人多以製粉爲業亦有紅色者俗傳西施遺粉於地漬成此石質膩似粉俗謂之紅粉石

禹餘糧石　一名觀音粉荒年采以爲糧補訂縣志

鐵砂　山砂隨雨水流入溪灘土人淘取鐵砂售於鐵肆鎔以鑄

器（補訂縣志）

志飲食

酒　郭鳳沼青梅詞土酒新篘瀲灩醅杏花初坼一爐開往邑中土酒勝於東浦又有一種名白酒較老酒味淡而清甜過之宋范仲淹諸暨道中詩可憐白酒青山在不醉不歸多少非

燒酒　一名火酒糟中之精液也亦有用大麥蒸者曰麥燒（補訂縣志）

楊梅燒　五月中采楊梅以燒酒浸之暑中食能消熱

醋　事物原始用米釀法如造酒上者色紅名珠兒滴醋（邑人呼米釀者為米醋以火炙酸酒為醋者曰酒醋色味不佳）

醬油　屑豆為餅以水放之為油曰醬油又有甜醬則曬其屑為之

菜油　榨油菜子為之可食兼用以炷燈亦名香油

豆油　榨豆爲之亦可食味劣

麻油　榨脂麻爲之香冠諸油入饌最佳

榨粉乾　屑粉如綫縈繞若盤香出南鄉

綫粉乾　亦屑粉爲之長一二尺

綠豆綫粉　製用綠豆

粉皮　以粉製皮作圓樣若大盤

綠豆粉皮　粉皮皆白獨楓橋市以綠豆爲之黃滑勝他處爓羊肉尤美

豆腐　一名來其以布包壓成小方塊曰豆腐干亦曰香干壓爲薄片曰千張他處皆用細布包造片薄紋密體堅而張大獨楓橋用粗布作小張似小方餅而輭脆勝於用細布包者凝結爲腐曰豆腐有板豆腐箯筐豆腐之別箯筐者多水鮮於板豆腐未凝結者曰豆腐漿和以醬油鰕皮葱花胡椒熱食味美出楓橋者尤佳

油熵豆　去殼曰玉蘭豆不去殼四劈之曰蘭花豆以沙熵者曰沙熵豆以水漬之使芽曰芽羅漢豆

乾菜　一名芥菜乾以白芥鹽漬用壜築實曰倒篤菜

醃菜　以菘漬鹽用壜築實曰塡白菜足踏於缸以石壓之曰缸蹈菜

風菱　采菱風乾生熟皆可食湖鄉年荒藉以充飢

魚乾　魚皆可曬乾而青魚最佳

餳　釋名餳洋也煮米銷爛洋洋然也邑俗製餳多用玫瑰薑汁桂花脂麻

年餻　一名餈餻歲暮淅秔米用臼舂之以饋歲出蘭臺里者佳

蠶繭果　以糯米粉爲之作繭形養蠶家以祀馬頭孃有青白二種青者用佛耳草汁染之

清明果　清明節采佛耳草擣碎取其汁染粉果謂之青果一名

清明果

蕎麥果　以蕎麥爲之故名出江東者佳

粄餃俗作　米麥粉皆可製有糖粄肉粄尖角者曰水粄即水角子也麪粉油酥者曰酥粄用蕎麥粉者曰蕎麥粄以佛耳草搗和者曰艾青粄如髮梳而花緣者曰大梳包裹莧菜者曰莧菜包

餛飩　煮者曰湯餛飩蒸者曰蒸餛飩或油煠之亦佳

茯苓餻　秔米粉爲之餡用糖配以瓜子仁胡桃肉夏閒買之亦不多作市者爭購以爲佳製出楓橋市者佳

酪　嘉泰志中州𤏡潼取酥酪以雍酥爲佳今南方亦皆作酪以會稽爲佳會稽諸邑又推諸暨爲冠晉書王武子指羊酪示陸士衡曰卿江東何以敵此疑當時南方未有酪也

藕粉見草志

筍乾見竹志

醃吼鷎見鳥志

蜜見蟲志

志雜物

燭　萬歷府志以桕油製甚堅耐燒

桕油　俗呼白油桕子所榨製燭甚堅榨其子爲青油用以炷鐙

花油　榨木棉花子爲油用以炷鐙

桐油　榨桐子爲油用以髹器及窗戶檐柱

生漆見木志

柹漆　青柹搗爛和水拌成可漆紙作纖扇

黃蠟　即蜜之渣滓也

紙　搗竹爲之邑產以五洩青口藤紙及茶白紙爲最佳其餘則有連五紙連七紙皆可用以作錫箔有黃皮紙有

草紙用以包物拭穢有黃紙切作冥紙謂之紙頭皆以竹與草爲之又有桑皮紙搗桑皮爲之更佳

香　通支香粉曰綫香半粉半柄者爲柄香盤作圓樣曰盤香色黑者曰寒溼香邑城金建侯以香名四方今子孫猶世守其業

茗帚　晉書庾袞嫁兄女會刈荆茗爲帚賜之此縛茗作帚之始也補訂縣志

椶衣　以椶櫚製衣禦雨謂之蓑衣兼用以作繩縛帚切履底又穿作牀繃補訂縣志

莣繩　爾雅莣杜榮如蘆中抽莖剝莖皮曬乾練以作繩又以莣繩作經稻草爲緯織履謂之草鞋補訂縣志

油車　榨油之車

水碓　萬歷府志諸暨山家多有之藉水之力以春有三制平流則以輪鼓水而轉峻流則以水注輪而轉又有木杓碓碓榦之

未刳爲杓以注水水滿則傾而碓舂之白居易詩雲碓無人水自舂是也又有水磨以水轉輪以輪轉磨制亦如之案水碓古名鞴車

踏車　水車足踏者爲踏車手牽者爲牽車補訂縣志

眠轎　一杠兩人對肩即陶潛所謂籃輿也縣上人謂之被籠縣下謂之眠轎又有過山籠二杠狀如竹椅罩以布幙又有竹兜俗名笱箯轎竹杠無幙補訂縣志

竹簰　聯竹編筏利涉淺灘

網釣船　一名烏雅船亦名箬船箬篷布帆舟人坐艙樓上以腳踏槳行動甚便往來錢江運載

貨物補訂縣志

鸕鷀船見鳥志

缸甏　有黃砂青砂二種質粗利於行遠紹興酒罈皆出諸暨

諸暨縣物產志卷二十

諸暨縣志卷二十一

人物志

職官表

因事設官量能授職古之制也所以專責成昭鄭重焉邑自建始以來爲令爲長及丞尉佐史之屬漢晉之制大抵相沿自南朝始詔宰官以六朞爲限後又以三周爲小滿至宋而教授之官又命於朝廷於是選代攝縣閤人實多而舊志自前明以上散佚莫譜閒有錯牾洪武之後較爲詳備然署印不載事無統屬甚有名宦有傳而職官無名者疏略之弊不能無譏今茲略事補輯兼加是正搜訪匪易所得無多爰將歷代官制因革罷置之故節錄分布仿漢書百官公卿表之例編年作表人存政舉循次可檢補苴遺漏不能無望於後之繼斯役者

漢

漢書百官表縣令長皆秦官掌治其縣萬戶以上爲令秩千石至六百石減萬戶爲長秩五百石至三百石皆有丞尉秩四百石至二百石是爲長吏百石以下有斗食佐史之秩是爲少吏

後漢書百官志縣大者置令一人千石其次置長四百石小者置長三百石皆掌治民顯善勸義禁姦罰惡理訟平賊恤民時務秋冬集課上計於所屬郡國　丞各一人尉大縣二人小縣一人丞署文書典知倉獄尉主盜賊

令

張　敦字伯仁本宋濂浦陽人物記有傳

三國吳

長

陸　凱字敬風吳郡吳人黃武年任有傳

董思密樓志諸暨自秦漢迄唐宋疑皆爲令唯三國吳爲長豈以孫氏曾析置吳甯豐安故耶

晉

晉書職官志縣大者置令小者置長有主簿錄事史主記室史門下書佐幹游徼議生循行功曹史小史廷掾功曹史小史書佐幹戶曹掾史幹法曹門幹金倉賊曹掾史兵曹史吏曹史獄小史獄門亭長都亭長賊捕掾等員　縣皆置方略吏四人　部尉大縣置二人次縣小縣各一人

令

斯　展

魏　曈

隆慶駱志質實篇舊志載令晉孫統今按統本傳爲鄞令轉吳甯後爲餘姚令並無諸暨之文葢徐志誤以吳甯復入諸暨故云爾

謹按陶潛搜神後記載廬江杜謙爲諸暨令其書漢晉雜出年代未詳姑附於此

謹按余縉大觀堂集古山遐浦記謂山遐爲巨源猶子嘗令暨有惠政此浦遐所開也縉公之言想非無據然考晉書本傳遐令餘姚無令諸暨之文且爲巨源孫非巨源猶子與正史相盭故不敢編列附志於此

宋

宋書百官志縣令長秦官也大者爲令小者爲長侯國爲相漢制置丞一人尉大縣二人小縣一人其餘諸曹略同郡職後則無復丞其餘衆職或此縣有而彼縣無各有舊俗無定制晉置部尉大縣二人次縣小縣各一人宋元嘉十五年縣小者又省之縣令千石至六百石長五百石

令

齊

傳 珍 字季珪北地靈州人永光元年任有傳

南齊書百官志縣令相 郡縣爲國者爲內史相

令

建元朝	于琳之 本南齊書孝義屠氏女傳
永明四年	凌琚之 本南齊書沈文季傳富陽唐寓之之亂委城奔走不知所在
永明八年	張欣時 竟陵人本南齊書張融傳
建武元年	袁嘏 陳郡人本南齊書卞彬傳 謹按康熙府志誤入三國吳樓志訂正之而仍沿襲之今改入此
	謹按此下舊有卞彬一人隆慶駱志師帥表章志職官志並云本傳無再查蓋沿浙江通志及萬歷府志之舊也樓志訂正之是已而沿之如故今刪
	顏則 據鍾嶸詩品補年代未詳姑列於此

梁

隋書百官志梁官班多同宋齊之舊　縣爲國曰相大縣爲令小縣爲長

令

蕭眎素天監年任有傳

裴子野字幾原河東聞喜人有傳

求昌言

鈕　合

孔　繁

元萬期

聞　詩

申先之

陳

隋書百官志陳承梁皆循其官制

令　缺

隋

隋書百官志縣置令丞尉正光初功曹光初主簿功曹主簿西曹金戶兵法士等曹佐及市令等員合九十九人

令　缺

唐

通典職官志唐縣有赤畿望緊上中下之差縣令各一人

通志職官略唐縣有令而置七司一如郡制丞爲副貳（如州上佐）主簿上轄（如錄事參軍其曹謂之錄事并司功以下謂之錄事七司）尉分理諸曹（如州判司）錄事省受符歷佐史行其簿書

舊唐書職官志諸縣令之職皆掌道揚風化撫字黎甿

元宗朝

令

李罕 開元年。見唐書宗室世系表。太祖子蔡王房。謹按隆慶駱志、師帥表、章志職官志竝以李罕列首，注曰開元年。樓志刪其年代而移於下。未知何據。唐書宗室世系表，罕係蔡王七世孫，曰開元年者似未為誤。今仍遵駱志列首，且蔡王房樓志誤作南陽公房，今亦更正。

主簿

王琚 懷州河內人。先天元年。樓志云：資治通鑑唐元宗先天元年，王琚選補諸暨主簿。唐書王琚傳：琚是時方補諸暨縣主簿，過謝東宮。太子曰：先生何以自隱而日與寡人遊？琚曰：臣善丹砂，且工諸隱，願比優人。太子喜，恨相知晚。翌日奏授詹事府司直、內供奉，兼崇文學士。然則琚第補授而實未嘗之任也。茲以前志列有其名，仍之。案：樓說是也。據舊唐書，琚選諸暨主簿在先天未改元前。

尉

李橡 見唐書宗室世系表。代祖子蜀王房。

李五 見唐書宗室世系表。太宗子紀王房。

吳勵之 開元十九年建秦始皇廟。據舊志祠祀志補。

羅元開 開元年

郭密之 天寶年 有傳

邱丹 蘇州嘉興人 據春在堂集補 年代未詳 集云 後歷檢校尚書戶部員外郎兼侍御史 貞元初流寓杭州臨平 則令暨當在貞元以前 案乾隆府志有秦系贈諸暨丹邱明府詩 豈郎此人而府志誤倒其名姓歟 果係一人 秦系隱居剡川在天寶末 則其令暨當在肅代之朝 是一是二 姑列此以待考

代宗朝

邱岳 大歷年

嚴維 字正文 山陰人 大歷年有

傳黃中以下均無年代可考悉遵樓志編列

宣模

卜允恭

敬躍

計宗之

冷嘉謨

周鏞

謹案全唐詩注周鏞唐末諸暨人浙水詩故從之馮至允都名教錄曰未可從也恐係令字脫去下截耳說亦近是附志之餘見雜志

傳

謹按嘉泰會稽志以維爲山陰人樓志主之郭濟門孝廉鳳沼諸暨青梅詞自注謂維寶諸暨人援唐詩紀事劉長卿送嚴維尉諸暨詩云愛爾文章逸還家印綬榮退公迎色養臨下帶鄉情又維留別詩云晨趨本鄉府晝掩故山扉以證之其以暨人尉暨則援唐書洛陽王灣尉洛陽河南元稹尉河南以證之又舊志載二十五都有漢嚴助墓謂係嚴維之訛援名勝志助墓在嘉典府天甯寺後以駁之其言顛辯今仍

德宗朝

憲宗朝

薛元造　元和二年李吉甫表薦由揚州士曹參軍授為諸暨令據李衛公文集第十二卷補

吳越

令

趙湜　謹案學校志作晉天福五年湜作提隆慶縣志質實篇

遵舊志而附採其說於此

裴均　字君齊絳州聞喜人光廷孫據唐書本傳補并補傳

謹按太平廣記一百七十二卷唐孟簡為浙東觀察使時有諸暨縣尉包君其名既軼其事亦怪誕不經故不編錄附志於此又按孟簡觀察浙東在元和九年至十二年赴闕

舊志令載五代趙湜今按錢鏐唐天祐中已封吳越王安得復有晉令豈當晉帝時吳越王命爲令耶改從吳越

韋藴德

宋

宋史職官志縣令建隆元年令天下諸縣除赤畿外有望緊上中下掌總治民政勸課農桑平決獄訟有德澤禁令則宣布於治境凡戶口賦役錢穀賑濟結納之事皆掌之初建炎多差武臣紹興詔專用文臣乾道以後定以三年爲任仍非兩任不除監察御史初改官人必作縣謂之須人　縣丞初不置熙甯四年縣戶二萬已上增置丞一員以幕職官或縣令人充崇甯二年縣並置丞一

員嘉定後小邑不置丞以簿兼　開寶三年詔諸縣千戶已上置令簿尉四百戶已上置令尉令知主簿事四百戶已下置簿尉簿兼知縣事咸平四年後江南諸縣各增置主簿中興後凡縣不置丞則簿兼丞之事　建隆三年每縣置尉一員在主簿之下至和二年凡縣不置簿則尉兼之隆興間邑大事煩則置二尉

文選通考宋初未建州學慶歷四年詔諸路州軍監各立學許更置縣學委運使於幕職州縣官內薦教授或本處舉人舉有德義者充當或用兼官或舉士人而未隸朝廷也熙甯六年教授始命於朝廷矣

令	丞	主簿	學正	尉
謹案會稽掇英集載有楊億送大理徐寺	謹案縣舊無丞神宗元豐間始置見陸游		謹案宋制縣不設學官令佐皆得兼之稱	

丞知諸暨詩其名未詳考億仕眞宗朝姑志此以俟考

仁宗朝

吳育字春卿建安人天聖中進士有傳謹案舊志作新鄭人今從宋史

諸暨縣主簿廳記

管句學事景定三年始置主學咸淯元年選請學正學錄直學學諭長諭小學教諭等員騐章樓職官志於宋不載學官今檢樓志循吏傳補之傳作學正今亦從之

劉述 景祐四年在任據樓志山水志補據學校志編年謹案學校志作尉似誤今改從山水志以昭一律

趙頌 慶歷年任

寇仲温 慶歷四年任有傳謹案樓志名宦傳引萬歷府志稱其興學校廢淫祀云云祠祀志秦始皇

廟下亦引萬歷府志謂慶歷五年知縣寇中舍毀之其時其事俱相符合而名獨歧出未知孰是

丁寶臣字元珍晉陵人景祐中進士有傳舊志列此想亦慶歷年任

蘇緘字宣甫晉江人進士嘉祐三年署
謹案褸志

吳處厚字伯固邵武人進士嘉祐年任
謹案駱志作渤海人

列後無年分今據吳處厚青箱雜記并宋史本傳編年列此并補傳	王登 曾諤 吳文懋有傳 王榕字德林臨川人後家於暨子珍孫厚之珍後允升俱有傳 陳煜有傳
今據宋史姦臣傳更正舊入名宦傳今刪	

羅鏜
趙伯牙
陳協
周彦先
田伯强
郭允升有傳
張光
祝求仁
張居廣
孟球
郭文忠
李珣

	哲宗朝	徽宗朝	高宗朝
郭之運 晏蹕		陳端禮 政和年任據舊志祠祀志列此有傳	錢厚之 建炎年任有傳據舊志名宦傳列此
		全授 字與卿政和年任有傳	
	劉安節 字元承永嘉人據宋元學案補并補傳年分未詳以元符閒進士故列此		吳存睦 處州縉雲縣人

翟庭芝字德秀須城人紹興八年進士謹按府志作庭仁舊志作庭之以字德秀推之似俱誤今據兩浙防護錄更正年分

酈元亨字惟乾據舊志循吏傳補年分未詳傳謂父扈駕至越因列之南渡之後家於暨爲酈氏始祖有傳

王萬章福建人紹興年任據王十朋答諸暨王縣尉啟補

未詳以進士科分列此
林博厚
姜郊
李伯明
王及
黃庸
趙善石
陳文之
王謙
施一鳴
李昌

孝宗朝

侯文仲字雲鳳洛陽人乾道元年由烏程縣丞陞任後家於暨今靈泉鄉侯村街皆其子姓墓在本村白石巖廟前據侯氏宗譜編年

沈紋乾道六年在任據陳性學重修孟子祠碑記編年

熊克字子復建陽人進士有傳湻熙

三年在任據章志壇廟志編年

李文鑄　湻熙六年在任據舊志學校志編年

何喬　湻熙年在任據舊志城垣志編年

史宣之

彭梠　天台人舊志作耜府志作梠

詹彭祖

劉保

趙希鎰

薛興祖

寧宗朝

趙彥權 慶元四年任據舊志編祠祀志編年

姜紹 字繼之嘉定年任有傳據舊志名宦傳編年

丁嵩 海陵人嘉泰元年在任據陸游諸暨縣主簿廳記補

楊思中 慶元四年在任據趙希鵠朱太守廟碑補

劉炳　字汝光嘉定年任有傳

汪綱　字仲舉黟縣人云據樓志本傳增入到任先後未詳考郡守以嘉定十四年任寶慶元年再任姑列於此

劉伯曉　字晦之山陽人嘉定進士六年任有傳據舊志本傳編年

趙孟堅字子固海鹽人進士系出安定郡王嘉定十年在任據陳性學孟子祠碑記編年又據四庫提要補傳

陳造

趙汝蒸

王琛

童居易字行簡慈溪人據宋元學案補幷補傳年分未詳以

	理宗朝		
	趙希愭淳祐二年在任據萬歷府志災異志編年案愭一作恪	家坤翁眉州人淳祐二年任有傳據舊志祠祀志編年	吳源 趙希隨 趙崇儕舊志作仲
嘉定十六年進士故列此			

僑

衛華

趙必昕

趙艮維

章公亮

趙孟迎

鞏游

江湛

王倫

沈應昌

慕容邦孚

沈愿

度宗朝
陳霖 東陽人據浙江通志選舉志補年分未詳以咸淳十年進士故列於此

元

元史百官志至元二十年定江淮以南三萬戶之上者爲上縣一萬戶之上者爲中縣一萬戶之下者爲下縣上縣達嚕噶齊一員尹一員丞一員簿一員尉一員典史二員中縣不置丞餘悉如上縣之制下縣置官如中縣民少事簡之地則以簿兼尉後又別置尉尉主捕盜之事別有印典史一員　至元二十年定其地五萬戶之上者爲上州三萬戶之上者爲中州不及三萬戶者爲下州於是陞縣爲州者四十有四上州達嚕噶齊州尹同知判官中州

下州達嚕噶齊知州同知判官參佐官上州知事提控案牘各一員中州吏目提控案牘各一員下州吏目一員或二員

元史選舉志世祖中統二十八年令江南諸路學及各縣學內設立小學選老成之士教之上中州設教授一員下州設學正一員縣設教諭一員書院設山長一員

達嚕噶齊	舊作達魯花赤今謹遵御批通鑑輯覽譯作達嚕噶齊按達嚕噶齊猶華言掌印官也
尹	
丞	
簿	
教諭	
尉	

廉忽魯哈孫 畏吾人	方顯祖 字子謙，唐兀氏，女眞人	廉定同八哈赤 畏吾人 隆慶駱志達魯花赤四員未知何年任姑依舊志列此謹按四員者合伯不花而言也今改伯
馮貞		
		錢滸 字與祖嵊縣人舉求言科據嵊縣志補按嵊志僅曰至元閒未知前至元後至元也姑列於此

不花於陞州以後故僅三員

元貞元年以後縣陞爲州

	成宗朝
達嚕噶齊	李朶兒只 元貞元年任建議免徵山園夏稅事詳馮翼傳中謹案於越新編作李多爾濟
知州	馮翼 濟甯人有傳隆慶駱志字君輔至元中爲縣尹元貞元年陞爲州卽知州事謹案一作米德孚
同知	
判官	
學正	
吏目	

諸暨人物志　職官表

（前朝）	武宗朝	仁宗朝
烏馬兒 色目人大德十年任　邸顏 畏吾人大德十年任		
于九思 字有卿薊邱人大德□年任有傳　單慶 字吉甫濟陰人大德十年任有傳		
		護都 字乘止蒙古人延祐
柯謙 字自牧天台人有傳		黃滔 字晉卿義烏人延祐
	詹兆隆 山陰人至大□年任後家於詹家山遂爲詹氏始祖	陳繼龍 延祐七年在任據黃

二年進士	李玉 字國寶眞定人行鄉飲酒禮鑄銅刻漏建義津橋	孫琪 字伯祥臨沂人
二年進士謹案有元史本傳公以延祐七年到任至顧二年陞應奉翰林文字去	白龍	
湣諸暨州鄉貢進士題名記補		

泰定帝朝			
揑古伯字季艮色目人泰定元年進士		李勔東平平陰人據元史李之紹傳補	阿思蘭董
完澤普化字德潤哈剌魯氏松江人泰定元年進士	李質字仲美鎮江人泰定四年進士致和元年任		
	俞長孺字觀光新昌人有傳		

		楊也速荅兒 山西人 有傳 謹案黃溍送楊知州序云俟至而予已去溍以至順二年去任
牙 畏吾人天歷二年任建譙樓浚西江	白澤 字子瞻	
	安普 字行之唐兀氏至順元年進士	

			順帝朝	
王政懷慶	靳仁字利安河南人至正十年任	王慶字本善龍岡人至正年任	陳邁字行之慶元路人元統年任	則公到任當在至順二年以後
			袁曮字日嚴慶元路人元統年任	
		和里互達字兼善蒙古人元統元年進士	山住畏吾人元統年任	
	陸以道字士宏無錫人	拜普化字彥博完澤普化從子		

路人至正十三年在任據胡澄東里先生趙公行狀編年

伯不花字元光蒙古人至正十五年任謹案舊志伯不花並以年代未詳列於未陞州以前今據劉基重修諸暨州學

元思中至正十五年任據劉基重修諸暨州學記補

張守正字以忠至正十一年進士十五年任

張友仁至正十五年在任據劉基重修諸暨州學記補

許汝霖字時用嵊縣人至正十一年進士十五年任

呂誠字誠夫新安人至正十一年進士十五年任

包瑛字叔蘊江陰人按瑛舊志並作英今據劉基重修諸暨州學記更正又按州學記作山長

張德元至正年見府志方伎傳

記改列於此又按伯舊志竝作百			
	齊雲漢 據兩浙金石錄第十八卷補	劉應千 見隆慶駱志附注年代未詳姑附於此	袁元
	邵儼 字公望高郵人	賈策 字治安河南人據王晁竹齋集送賈同知琴鶴二詩補	
		俞時中 字器之金華人據黃文獻集本傳補	
	哈剌那懷 字伯川	徐中 山陰人謹按府志及山陰縣志俱作學錄	張世昌 字叔

見宋濂蘇粟齋墓銘年代未詳姑附於此

京本州諸山鄉人年分未詳遵舊志列此

謹案駱志作訓導誤又案王冕竹齋集有送沙學正歸松江詩其名無考附誌於此

明

明史職官志縣知縣一人縣丞一人主簿一人其屬典史一人知縣掌一縣之政凡賦役歲會實征十年造黃冊以丁產爲差賦有

金穀布帛及諸貨物之賦役有力役雇役借債不時之役皆視天時休告地利豐秏人力貧富調劑而均節之歲歉則請於府若省蠲減之凡養老祀神貢士讀法表善艮恤窮乏稽保甲嚴緝捕聽獄訟皆躬親厥職而勤慎焉若山海澤藪之產足以資國用者則案籍而致貢縣丞主簿分掌糧馬巡捕之事典史典文移出納如無縣丞或無主簿則分領丞簿職　縣教諭一人訓導二人教諭教誨所屬生員訓導佐之

	知縣	縣丞	主簿	教諭	訓導	典史
太祖朝	欒鳳字楳德高郵人有傳時爲知州謹按元至正十	欒穀滁州全椒人時爲同知	魏忠滁州人時爲州判改縣後遂爲主簿謹案名宦祠有			

九年己亥州屬明改諸暨爲諸全庚子欒鳳知州事癸卯州屬僞吳欒鳳死之丙午州復歸明仍改諸暨越戍申爲洪武元年

田賦字立夫蒲圻人洪武元年任時尚爲知州二年改縣

魏公神位章樓二志不爲立傳今則無可考徵不能補傳坿志於此

陳協

遂爲知縣有傳			任博文 榮河人洪武七年任	
	陳剛 臨川人洪武二年任時尚爲同知改縣後遂爲縣丞			
		史子疇 洪武四年任有傳		
			張世昌 本縣人荐辟洪武七年任人物志有傳	
	陳堯			孟時 本縣
			張仲文 江西人洪武七年任	

			毛原遂玉山人洪武十五年
			馬文聰閩縣人洪武十五年
	陳嘉謨本縣人薦辟洪武十一年任人物志有傳		陶狷本縣人薦辟武洪十
人洪武九年任陞荊州府同知		郭日孜本縣人薦辟洪武二十年任人物志有傳	姚珂本縣人洪武十五年

任			孟貞 洪武十九年任有傳	
任				
五年任			袁時億 東安人洪武十九年任有傳	陳誠 閩縣人洪武二十年
任	郭同 本縣人洪武十六年任	梁棟 山陰人洪武十八年任		

張眞　蘇州人，洪武二十七年任，有傳。

蕭九萬　南昌人，歲貢，洪武二十九年任，有傳。

任

糜煥　儀眞人，洪武二十六年任。

任泰　巢縣人，洪武二十七年任。

舒奎　天台人，洪武二十七年任。

林密　閩縣人，洪武三十年

楊德仁　洪武二十九年任。

成祖朝

熊禮　臨川人永樂元年任有傳

朱庸　永樂元年任謹按隆慶駱志章志並作泰城人樓志作泰定人考明史地理志無此二縣並誤

錢顯　吳江人永樂五年任

喬升　淮安人永樂三年任

羅伯初　廬陵人永樂元年任有傳

張禎　京口人永樂元年任

任

有傳

吳亨 字通夫鄆城人永樂十一年任有傳

王常 江西人永樂十五年任

李思義 河南人永樂十八年任

凌顯 永樂十一年任據舊志祠祀志補

榮世華 永樂八年任

鞠茂 登州人永樂十一年任

劉恂 永樂十五年任

柯長 甯國人舉人永樂八年任

成允 吳縣

楊澄 福建人舉人永樂八年任

謝玫 永樂十一年任

宣宗朝

周仕迪 臨川

閔霂 鄱陽人永樂十七年任

萬師尹 宣德元年由典史陞任

人永樂十六年任

周冕 永樂二十年任

萬師尹 南昌人永樂二十年任

英宗朝

人宣德二年任謹按府志作士迪章志作迪作樓志作任迪

余克安 上饒人正統元年任

魏傑 昭陽人正統三年任

包同 三山人宣德六年任

李崇 桂陽人正統五年任

汪朝源 歙縣人宣德六年任

徐麟 武進人正統五年任

	許璽 高郵人正統七年任有傳	張鉞 字大器河南新安人正統十一年任有傳	
	李茂 弋陽人正統七年任		
			熊相 清江人正統十二年
謹按隆慶駱志及紹興府志並作徐麒			喬斌 正統十二年任

	代宗朝		英宗復辟	
	單宇 字時泰臨川人進士景泰元年任補傳			
		强温 北直隸人景泰四年任		
			李雅 侯官人天順元年任	李謙 衡陽人天順二年任
任				江淪 天順二年任
			吳端 壽張人天順元年任	謝樂山 天順二年任
				楊彬 貴溪人天順二年任

國朝

劉必賢 滁州人進士天順五年任			曹銓 字秉衡滿城人進士天順八年任	
		段輔 文水人舉人天順七年任		
齊子芳 天順五年任				
王昌順 金谿人天順五年任	方濬 莆田人天順六年任		朱昱 崑山人天順八年任	李永 字懷

李鐸 成化四年任

趙肩 磁州人成化四年署據尊經閣碑補

李雅 永安人成化四年署據尊經閣碑補

周祐 貴溪人成化四年任

永吉水人歲貢成化元年任有傳 謹案樓志作無湖人今據馮玨李先生祠堂碑記更正

李謙 盧陵人歲貢成化四年任

吳英 宜興人成化四年任

杜蓁 達縣人成化四年任

	黃寬 晉江人進士成化九年任			
謝翺 成化八年任			李祥 曲沃人成化十五年任	畢震 淮安
任宏道 磁州人成化八年任			甘燦 閩縣人成化十五年任	
	陳立 閩縣人舉人成化九年任		黃表 成化十五年任	謝瓛 吳縣
	林鑑 濟陽人成化九年任		周澤 太倉人成化十五年任	
	張彖 成化九年任	鄒魯 直隸人成化十三年任		林斌 福建

		孝宗朝		
	王瓚 字秬光桂林人舉人成化二十年任	蔣昇 字賓暘祁陽人進士宏治元年任昇樓志作升		
人成化十九年任			張南 涇縣人宏治三年任	徐海 宣城
			鄭欽 閩縣人宏治三年任	
人舉人成化十九年任				
	陳洙 莆田人成化二十年任			邱雍 邵武
人成化十九年任	譚忠 南雄人成化二十年任			吳家淇 閩縣

	鄭光輿 字以祿，莆田人，舉人，宏治八年任	熊希古 字尚友，新甯人，進士，宏治十一年任			潘珍 字玉
人吏員，宏治六年任					張輔 潁州
	謝成 延平人，宏治八年任				楊華 玉山
	吳華 福清人，宏治八年任				蕭承恭 吉水
人宏治六年任				王恂 應天府人，宏治十三年任	
人宏治六年任				廖忠 新淦人，宏治十三年任	

	武宗朝		
卿婺源人進士宏治十六年任有傳	索承學字遜夫邳州人進士正德二年任		苗雲字從龍安陽人舉人正德六年任
人宏治十六年任	蘇潤石埭人正德二年任		楊榮泰和人正德六年任
人宏治十六年任		陳春遼東海州人正德四年任	
人舉人宏治十六年任	甯欽字宗堯衡陽人舉人正德二年任		
			湯景賢上元人正德六年任
		高玉邳州人正德四年任	

周啟字文明永豐人監生正德九年任		馬思聰字懋聞莆田人正德
	董信按隆慶駱志及章志竝無其人樓志列楊吳二人之閒而不詳籍貫年月今姑仍之	
龍雲靖川人正德九年任		宋天與閩縣人正德十一年
曹英崇仁人正德九年任	錢山當塗人正德十年任	
	于俊沭陽人正德十年任	

十一年任

任

彭瑩 字廷璧大庾人進士正德十二年任

吳申 南安人正德十二年任

徐中 太倉人正德十四年任

王雍 太和人正德十四年任

李朴 吳縣人正德十四年任

聶曼 金溪人舉人正德十五年任

俞旺 順昌人正德十五年任

世宗朝

胡釆 丹徒人嘉靖二年任

黃銑 邵武人舉人嘉靖二

	朱廷立字子禮通山人嘉靖三年任有傳		周朝俛字勤可閩縣人進士嘉靖七年任		
		金純天長人嘉靖五年任			沈槃吳江
	汪倫大理衛人嘉靖三年任			俞江吳江人嘉靖八年任	
年任		胡晟歙縣人嘉靖五年任		李俊高安人嘉靖八年任	
	王輔海康人嘉靖三年任			袁塘祥符人嘉靖八年任	吳秉壽歙縣
	王原鳳翔人嘉靖三年任	徐輻永豐人嘉靖五年任		盧潮柳城人嘉靖八年任	

張志選字行吾，晉江人，進士，嘉靖十年任

袁永德東莞人，舉人，嘉靖十

人嘉靖九年任

孫鑛四川人，嘉靖十二年任

郭琪鳳陽人，嘉靖十二年任

尹一仁字任之，安福人，嘉靖十一年任，有傳

人嘉靖九年任

雷萬石嘉靖十一年任

潘子祁廣東人，嘉靖十二年任

三年任	黎秀字實夫樂平人進士嘉靖十五年任			
			唐讞嘉靖十七年任	李之茂字子培四川人嘉靖十八年任
		潘思敬廣西人嘉靖十六年任		
	王聰安義人嘉靖十五年任			
		高榮詔湖廣人嘉靖十六年任		

徐履祥 字子旋長洲人進士嘉靖二十一年任有傳

侯崇學 曲江人嘉靖十九年任

彭璋 崇安人嘉靖二十三

陳頡 嘉靖二十三年任

陳儀 字克威舒城人嘉靖二十年任

	李文麟無錫人進士嘉靖二十四年任		王陳策字師董泰州人進士嘉靖二十七年任	
				夏士廉嘉靖
				邱岳嘉靖
年任		何忠藎星子人嘉靖二十六年任		
	曾漢陽江人嘉靖二十四年任			

			徐櫆 懷遠人，舉人，嘉靖三十一年任
二十八年在任。據俞憲重建戟門碑記補	鄭憲 武進人，嘉靖二十九年任		
二十八年在任。據俞憲重建戟門碑記補	潘文節 弋陽人，嘉靖二十九年任		
	孔載 通州人，嘉靖二十九年任	王朝宗 江西人，嘉靖三十年任	黄堂 山東人，嘉靖三十一年任

	林富春惠安人進士嘉靖三十四年任補傳		
		陳金太湖人嘉靖三十五年任	
方凱合肥人舉人嘉靖三十二年任		李幹茂名人嘉靖三十五年任	
鄭惟邦字世輔侯官人嘉靖三十二年任			楊遜竹谿人嘉靖三十六年任
袁勤豐城人嘉靖三十二年任	施乾元宣城人嘉靖三十四年任	劉龍興化人嘉靖三十五年任	呂中臨南海人嘉靖三十六年任樓志作臨
許日恭莆田人嘉靖三十二年任		李時陝州人嘉靖三十五年任	

蕭惟春 嘉靖三十七年出紹興府通判署據駱志賦役志補

海人

宋魯 葉縣人舉人嘉靖三十八年任

陸汝亨 長洲人嘉靖三十八年任

方文淵 貴溪人嘉靖三十八年任

尹奎 永新人嘉靖三十九年任

雲行 廣德州人嘉靖三十八年任

王自修 上蔡人嘉靖三十九年任

牛應龍 固安

戴乾 蕪湖人，嘉靖四十一年任

劉瑄 太倉人，嘉靖四十一年任，著有讀杜心解，見王弇州序

林志 同安人，歲貢，嘉靖四十一年任，謀遷學基於郭外，籌紫山書院田以充費，費盡而學不果遷，而書院遂廢

熊祥 安義人，嘉靖四十一年任

何錄 南昌人，嘉靖四十年任

			穆宗朝
人進士嘉靖四十二年任			梁子琦字汝珍壽州人進士隆慶元年任有傳
			鄭珊新城人隆慶元年任
	鄒勳吳江人嘉靖四十四年任		彭懷初青城人隆慶元年任
		謝禴泰興人嘉靖四十五年任	
	劉培江都人嘉靖四十四年任	廖致道上杭人嘉靖四十五年任	畢諾大河衞人隆慶元年任
	羅江壽州人嘉靖四十四年任	曾應祐字錫之豐城人嘉靖四十五年任	

			夏念東南城人舉人隆慶五年任	
	冒承祖字如皋人隆慶三年任		王祐字篁村亳州人隆慶五年任	
			習節字懷石峽江人隆慶五年任	
王汝振舉人隆慶二年任		陳源南昌人隆慶四年任		
			鄭鄉當塗人隆慶五年任	楊坡無錫人隆慶六年任
				賈廣壽州人隆慶六年任按樓志作巴陵

神宗朝

	陳正誼字見雲華亭人進士萬歷二年任			
	甘祖謙豐城人萬歷二年任	徐鼎祁門人萬歷四年任		
	王道貞寶應人萬歷二年任		葛自訓桃源人萬歷五年任	
施宗軻青陽人萬歷元年任		徐應宿定海人萬歷四年任		
	高桂無錫人萬歷二年任	顧世承華亭人萬歷四年任	丁世臣長洲人萬歷五年任	
陳善衡陽人萬歷元年任				胡思漢青陽人萬歷七年任

楊一麟 新建人舉人萬歷八年任

謝與思 字見齊番禺人進士萬歷九年任補傳

汪應泰 進士

俞藻 無爲州人萬歷八年任

周天道 休甯人萬歷九年任

李譽 天長人萬歷九年任

陳鑛 豐城

許希旦 昌化人萬歷八年任

張應雷 山陽人萬歷九年任

凌寰 新城人萬歷八年任

譚任 武陵人萬歷九年任

謝國泰 於潛

任謹案樓志作八年今據重建寶壽寺碑更正

甘伯龍 豐城人萬歷九年任

汪東巖 石埭

萬歷十四年任。有傳。謹按駱志、章志竝作無爲人，樓志名宦傳據定海縣志作臨清人。	王嘉賓 字廷石，滁州人，進士，萬歷十五年任。	時偕行 字乾所，嘉定人，進士，萬歷十八年任。
		林璉 永春人，萬歷十八年任。
人，萬歷十四年任。	李思誠 豐城人，萬歷十五年任。	
		龍奮河 貴陽人，萬歷十八年任。
人，萬歷十四年任。	許松 淳安人，萬歷十五年任。	朱道亨 崇德人，萬歷十八年任。
人，萬歷十四年任。		王恩 溧水人，萬歷十八年任。

補傳		
		張鳳儀 太倉人萬歷二十年邑大水由山陰縣訓導奉巡道札委勘災遂署縣事據重刊駱志序補
	楊芳春 雲南人萬歷十九年任	章世肇 直隸人萬歷二十年任有傳
	董德隆 德興人萬歷十九年任	邱可詔 上杭人萬歷二十年任有傳
	梁邦佐 懷集人萬歷十九年任樓志軼據駱志補	劉時中 湯溪人萬歷二十年任樓志軼據章志補

尹從淑 字道傳，宜賓人，進士，萬歷二十二年任，有傳。

陳允堅 字毅軒，長洲人，進士，萬歷二十三年任，有傳。

劉光復 字貞一，青陽人，進士

田同并 亳州人，萬歷二十二年任

岑瞻 建平人，萬歷二十五

華一孝 即墨人，萬歷二十二年任

鄧謐 高安人，萬歷二十二年署

高江 杭州人，萬歷二十五

吳台 榮昌人，萬歷二十二年任

陳愈賢 萬歷二十五年任

周天賦 莆田人，萬歷二十二年任

魯洲 萬歷二十二年任，據舊志祠祀志補

王大成 萬歷二十三年任

周志遠 順德人，萬歷二十五

萬歷二十五年任有傳		耿文高萬歷二十八年時署縣事者姓罷軼其名坐事去遂以教諭兼理據樓志名官傳補
年任樓志作可贍今據重建城隍廟碑記更正		
	朱揚訓上海人萬歷二十七年任	
年任		耿文高普安人萬歷二十八年任入祀忠聖祠據祠祀志補有傳
	徐一龍萬歷二十七年任	王學益丹徒人萬歷二十八年任據重建城隍廟碑記補
年任	單應龍萬歷二十七年任	

是年劉公入覲見朱賡送劉令君序

劉光復萬歷二十九年復任

何三畏華亭人萬歷三十三年由紹興推官調署據重修孟子祠碑記補是年劉公入覲見經野規略

黃偎萬歷三十三年在任據重修孟子祠碑記補

劉光復萬歷三十三年三次復任	陳鏕字觀海，漳浦人，進士，萬歷三十四年任	洪雲蒸字紫雲，攸縣人，進士，萬歷三十七年任	汪康謠字淡
	張嗣懿萬歷三十四年任	章一科萬歷三十七年任	柳浤廣西
	徐治佳萬歷三十四年任	魏邦佐萬歷三十七年任	
		吾道行衢州人，萬歷三十七年任	何舜韶萬歷
		馬應義萬歷三十七年任	
	楊宗周萬歷三十四年任	陳密萬歷三十七年任	

熹宗朝			
唐顯悅字梅臣仙遊人進士	黃鳴俊字跨千興化人進士萬歷四十六年任有傳	林銘盤字石友莆田人進士萬歷四十三年任	海休甯人進士萬歷四十年任
鄭莅民天啓二年任			人萬歷四十年任
周文煒字赤之江甯人監生			
余純煦字臨甫婺源人天啓	湯世亨江山人萬歷四十六年任		四十年任
	俞同德萬歷四十六年任	周之藩萬歷四十三年任	
胥國仕天啓二年任	高斗萬歷四十六年任		

天啟二年任，有傳	毛可珍 東莞人，舉人，天啟三年任	梁耀書 東莞人，舉人，天啟六
	韓世家 陝西人，天啟三年任	黃應日 合肥人，天啟六年任
天啟二年任，有傳		汪應第 休甯人，天啟六年任
二年任。褸志作休甯人，今據師表碑更正，并補傳	於慎行 嘉興人，天啟三年任	
	張拱極 安吉人 周之藩 龍游人，天啟三年署。據余先生師表碑補	何一棟 江山人，天啟六年任
		孫耀楚 承天人，天啟六年任

年任

范我躬 字敬升，甯波人，舉人，天啟七年任。謹案：樓志作崇禎五年任，今據去思碑并王季重集改列於此。去思碑僅餘一角，文既不完，字迹亦漶漫不可讀，不能補傳，附

何天恩 天啟七年任

懷宗朝

王章 字漢臣，武進人，進士，崇禎二年任，有傳	張夬 字撤藩，丹陽人，進士，崇禎五年任，補傳
楊光烈 淮安人，崇禎二年任	梅之惇 宣城人，崇禎五年任
龔國瑚 江西人，崇禎二年任	
	陸府修 字釆禹，平湖人，舉人，崇禎五年署。謹案樓志作崇禎二年，今據姜逢元重建明倫堂碑記改列於
曹濬 崇禎二年任	陳士毅 崇禎五年署　柳時頁 崇禎五年署二八竝據姜逢元重建明倫堂碑記補　施于時 崇禎
周延祥 崇禎二年任	姚士謙 廬州人，崇禎五年任

志於此

	路邁字子遒宜興人進士崇禎八年任補傳	南有臺字南山蘄水人進士崇禎十三年任	陳子龍字臥子華亭人進士崇禎十三年由紹興府推官調
	郝九疇崇禎八年任	張承賢高郵人崇禎十三年任	
	陳承憲崇禎八年任	錢宏基崇禎十三年任	
此	蔡仁洽仁和人崇禎八年任		
五年任	張作相崇禎八年任	陳士毅崇禎十三年任	
	陳聖修莆田人崇禎八年任		

署名據官傳補

錢世貴字聖霑青浦人進士崇禎十四年任有傳

蕭琦字韓

王國昌崇禎

佘階江南人崇禎十四年任光緒十九年濬湖於芹橋下採得佘公德政頌碑一斷其角文不全字迹亦漶漫不可讀不能補傳附志於此

沈炳文仁和人崇禎十四年任

駱光賓義烏

王化民麗水人崇禎十四年任

王一賓涇縣

若吉水人進士崇禎十六年任有傳

李一元字問義太平人進士崇禎十七年任

李可立字卓如貴州人舉人謹案章志職官表於崇禎十七年後志知縣李可立而標其年

十六年任

周德龍吉安人崇禎十七年任

人崇禎十六年任

李可無籍貫年月樓志云芸蘿山稿有送邑祭酒石公序暨諭也而職官志中無其姓名則知前明學職遺佚者頗多

王允陟處州人崇禎十七年任

程光杰休甯人崇禎十七年任

人吏日崇禎十六年任

日乙酉殆魯王監國時所授也或者敘諭有李可其人無籍貫年月恐其名亦殘缺不全時印官已去乃以敘諭攝事而章志列之歟今故仍之

國朝

大清會典縣有知縣縣有丞有主簿各治其土田戶口賦稅詞訟司

學校者縣曰教諭其貳曰訓導修四術造士以倡四民其成化治雜職則有典史驛丞巡檢牐官倉庫大使或司一事或任差委皆尊卑有紀小大相承以分猷效職阜成兆民

	知縣	縣丞	教諭	訓導	典史
		本有主簿一員順治三年裁		康熙四年裁十五年復設今稱復設訓導	
世祖朝	劉士瑄奉天人歲貢順治三年任	姚汸青浦人順治三年任	方一燕錢塘人舉人順治三年任四年山寇之亂被害補傳	朱棟奉天人選貢順治三年任	郝朝寶汾陽人吏員順治三年任四年山寇之亂被害補傳
		沈烜儒錢塘人順治四年任			
	朱之翰字崔門上	葉永錫同安人吏	沈　獅仁和人舉	高宗舜臨安人歲	段國寵廣平人吏

元人進士順治五年任有傳	張士琳 奉天人貢生順治九年任			
員順治五年任		李錦 東流人歲貢順治十一年任		霍夢松 榆次人歲貢順治十五年任
人順治五年任	朱廷譔 海鹽人舉人順治九年任		葛果 錢塘人舉人順治十四年任	王家鼎 建德人歲貢順治十五年任
貢順治五年任	徐際明 江山人歲貢順治九年任謹按樓志作徐明府志作徐濟明			
員順治五年任		張添增 興安人吏員順治十一年任	郭用奇 介休人吏員順治十四年任	

聖祖朝

牛光斗 中部人進士順治十八年任

蔡杓 字而執晉江人進士康熙七年任補傳

劉餘瓏 字鶴山懷甯人恩貢康熙十三年任有傳

姚啟聖 字熙止會稽人奉天籍特科舉

張炳 蒲縣人歲貢康熙七年任

丁家茂 宛平人康熙十二年任

章含綸 孝豐人歲貢順治十八年任

張華 字書秉海甯人舉人康熙七年任

張星垣 渭南人吏員康熙七年任

人康熙十三年以同知隨康親王統兵克復邑城遂署知縣事據國史本傳補并補傳	劉餘瓏康熙十三年復任			顧孫好賢蕭縣
			彭聖域莆田人康熙十五年任	
		姜應珪天台人歲貢康熙十四年任		

人貢生康熙十六年任補傳

梁偉　奉天義州人康熙十九年任有傳

張國棟　自在州人監生康熙二十年任以虧賦論斬

張暉　華亭人長興籍康熙十七年任

胡士琪　河間人康熙十七年任

方象員　歙縣人康熙十八年任

龍起潛棗強人進士康熙二十二年任補傳	葉蓁字存庵歷城人貢生康熙二十三年由教諭歷任有傳	吳震龍南城人舉人康熙二十四年任		
		趙飛熊山東人康熙二十四年任		陳名賦江南人康
	嚴曾榮本姓查海寧人仁和籍舉人康熙二十三年任			
				蔣鳴雷建德人
劉起鵬齊河人康熙二十二年任			李繼增山東人康熙二十六年任	

毛上習 賀縣人舉人康熙二十九年任有傳

佟世燕 滿洲人康熙三十二年任

畢士信 上元人康熙三十七年任

朱扆 字界陶寳應人進士康熙四十年任有傳

熙二十七年任

張士驥 歷城人康熙四十年任

范維施 石門人

張曾禔 海甯人

謹按以上二員樓志俱無年分姑仍列此

徐煒然 石門人

郁珍贊 桐鄉人

謹按以上三員樓志俱無年分姑仍列此

宋祚 康熙四十年任據節孝坊補

趙　俠　滑縣人進士康熙四十三年任

王　颺　福山人

朱道正　謹按樓志籍貫年分俱佚姑仍列此

卞之釗　漢軍正白旗人監生康熙四十七年任有傳

邱　晟　將樂人進士康熙五十四年任

彭　佐　漢陽人　謹按以上二員樓志俱無年分姑仍列此

唐覺世　湄潭人康熙五十六年由新昌縣知縣調署據題名

匾
補

楊洪濟甯州人康熙五十七年任有傳

鄢大年江西人進士康熙五十七年任後自縊於署

魏觀保定人進士康熙五十八年任

程珣貴州人進士康熙六十一年任

世宗朝

靳芳雍正元年

李來賓康熙六十一年任

佟逢年 滿洲人雍正三年任後負罪死於暨 謹按乾隆府志此下有耿祉一員無籍貫年分樓志亦無其人未敢羼入附志於此

任

仇廷桂 鄞縣舉人雍正四年任

宋廷璧 容城人雍正三年在任據樓志人物志編年

牛克嶷 山東人 謹按樓志無年分姑仍列此據惠民藥局二碑乾隆六年尚係

	黃道中雍正五年署據舊志祠祀志補籍貫無考	張長庠字設周繁昌人舉人雍正六年任有傳		何體仁山東人雍正八年任
			謝邦達年分佚仍樓志列此	
			倪上容雍正七年任	王璉字玉山舉人雍正八年任有傳
			童聖基字純齋雍正七年任	
牛公至七年始易張姓				

高宗朝

崔龍雲 字雨蒼曲阜人生員薦舉雍正九年任有傳

李廷宋 進士雍正十三年任

方以恭 河南人乾隆元年任

沈朱霞 乾隆三年

謹按樓志名宦傳作桐廬人浙江通志及兩浙科名錄俱作仁和人

郭有涟 雍正十三年任

王鯉翔 本姓汪字

丁頫 乾隆元年任

署據樓志補學校志補

秦勷 山東人進士乾隆六年署

馮世榮 生員薦舉乾隆七年任

梁世際 直隸人樓志無年分據惠民藥局碑乾隆六年在任

施行義 崇明人樓志無年分姑仍列此

靈川歸安人舉人乾隆三年任有傳

姜 名與籍貫年分竝佚姑仍樓志列此

張 據惠民藥局碑補其名剝蝕莫辨

蔡　錦上元人舉人乾隆八年任	陳廷訓直隸人舉人乾隆九年任	羅守仁閩中人舉人乾隆十一年任	翟天翔字圖南饒陽人進士乾隆十四年任有傳	米嘉績字仲功蒲城人解元乾隆十七年任
			柴　理蒲州人乾隆十四年任據節孝坊補代理縣事	
		徐繩甲歸安人乾隆十一年任		
		李　芝乾隆十一年任		林廷光乾隆十七年任
			苑文然乾隆十四年任	

張端木　字崑喬上海人進士乾隆二十二年任補傳

黄本忠　大興人乾隆二十一年任有傳

奚灝　仁和人舉人乾隆二十年任

施滄濤　乾隆二十二年由紹興府教授調署

陳球　德清人舉人乾隆二十二年任

張松　錢唐人乾

李文藻　乾隆二十一年任

徐願學　乾隆二十二年由蕭山縣訓導調署

王榮統　字慎庵西

劉濬　甘泉人乾隆十九年任

	馮　玲 直隸人舉人乾隆二十六年任	黃汝亮 分宜人進士乾隆二十七年任有故論繳馮至允都名教錄公子黃諾郎詠其事也	蘇惠民 曲沃人舉人乾隆三十年任	陳　燦 江甯人乾
		周起莘 吳縣人乾隆二十七年任代理縣事		
隆二十五年任代理縣事				
安人歲貢乾隆二十五年任有傳				

隆三十一年署

沈椿齡 震澤人舉人乾隆三十三年任以上俱遵樓志編列謹案樓志於此下注有雍正乾隆閒署知縣事者十一人今凡有可考者編列四人其餘七人無可考人仍附注證於後

張人松

黃鳳

傅栴 仁和人舉人乾隆三十三年任

譚仁元 包自厚 吳　炳 陳同善 孫繩武				張錦雯乾隆四十
		董暈縉山西人舉人乾隆三十八年任	陳子佳梧州人乾隆四十年任	
	朱　瑞海甯人舉人乾隆三十六年任			
		余成聰江西人乾隆三十八年任		

一年署據歲科全錄補

常金蘭 山西人乾隆四十二年任

袁秉直 字柏田華亭人監生乾隆四十六年署據毓秀書院捐攸膏火碑補并補

徐　鸞 江西人乾隆四十四年任

沈春煦 烏程人舉人乾隆四十五年任

陳永齡 永嘉人乾隆四十二年任

傳

吳鉞 江蘇人乾隆四十六年任

張綸 山西人乾隆四十六年任

汪毓英 嘉興人舉人乾隆四十七年任

牟焜 乾隆四十八年署據歲科全錄補

彭豐年 直隸人乾隆四十八年任

蔣惟枚 江蘇人乾隆四十九年任以上據乾隆府志編列

王耘 太倉人乾

裘世璘字瑚儀鄰徵人乾隆五十七年署

繆汝和乾隆五十八年代理

彭載賡乾隆五十八年署

隆五十三年任

汪顯宗桐城人乾隆五十五年任

李千霄永年人廩貢乾隆五十七年任

趙杭字銀槎錢塘人進士乾隆五十七年任有傳

何五福麻城人監生乾隆五十四年任

仁宗朝

路　錞 漢陽人監生乾隆五十九年任		張德標 字玉衡渭南人蔭生嘉慶五年由瑞安知縣調署		黃敬修 字東亭四川人宛平籍吏員嘉
			劉捷元 嘉慶六年署	高　颺 嘉慶七年由候補府經歷署
	陳紹周 定海人歲貢嘉慶元年任			
		何若深 嘉慶五年由試用主簿署 劉　峻 江甯人供事嘉慶五年任		

慶七年任有傳

張瑞雲　嘉慶九年由合州府通判調署

黃敬修　嘉慶十二

蔣夔　嘉慶十年由布政司理問調署

崔文範　陽曲人監生嘉慶十一年任

胡聖銓　桐廬人嘉慶十一年三月由分發訓導署

施天苞　平湖人舉人嘉慶十一年十一月任

張懋莊　嘉慶十年由試用縣丞署

年再署	劉炳然字藝閣懷甯人舉人嘉慶十四年署		劉肇紳字默園洪洞人監生嘉慶十七年任	
		萬保定嘉慶十六年署		呂家駒嘉慶十八年署
			胡聖銓嘉慶十七年四月署	胡于錠字屏山鎭海人廩貢嘉慶十八年任
	劉峻嘉慶十四年復任			

鵬圖漢軍鑲紅旗人嘉慶二十二年任

白應魁嘉慶二十二年署

汪增長洲人嘉慶二十四年五月署

吴桓大興人增生嘉慶二十四年十月任

孫光照嘉慶二十四年五月由試用訓導署

馮晉香字石渠慈谿人舉人嘉慶二十四年十二月任

張文海字納川嘉慶十九年由候補從九品署

侯廷棟 嘉慶二十五年署

梁鉞 正定人監生嘉慶二十五年八月任

宣宗朝

饒芝 道光二年正月代理

楊國翰 字丹山順甯縣人進士道光二年九月由奉化知縣調署有傳

孫榮績 南充人舉

劉峻 道光二年復任

人道光三年任

言尚熙常熟人道光四年由通判調署

董峋道光六年署

裘榮甲新建人舉人道光八年署

蔣祥堡字巾波天門人廩貢道光九年由鹽大使歷任雙任俸滿推陞知州

沈洛秀水人舉

高文祿湖州人拔

			夏廷光字小竹道光十八年署	范公輔字竹坪進
人道光十二年署	呂光佺歸安人舉人道光十三年任			
貢道光十二年署	郭枚道光十三年任	鄭榮美道光十六年署		
	羅丙南道光十三年署	李承榮吳縣人監生道光十六年任謹按李公以道光二十七年五月卸任此後至咸豐十一年正署名姓有遺佚者		

士道光十九年任		胡澤沛字雲次武陵人舉人道光二十二年署	馬受昌字毓泉山東人廩貢道光二十四年任	華理道光二十六年署
			史名與籍貫竝佚道光二十四年任	
		范廷詡錢塘人舉人道光二十二年任		
	顧墱字星符錢塘人廩貢道光二十年任			

國朝

譚承禮字竹筠南豐人進士道光二十七年任

程文範字酉山人道光二十九年署

劉書田字芸齋安陽人舉人道光三十年任有傳

李世基字擎卿優

劉達逵道光三十年代理

孫長松江蘇人咸豐元年任

裘　鐸咸豐元年任

段名與籍貫並佚道光二十七年任

陳　濤到任年月未詳姑列於此

劉秉鈞到任年月

貢咸豐三年署

佘以增字春屏湖北興國州人舉人咸豐五年任

于匯咸豐五年代理

蔣斯彥字頤士漢軍鑲藍旗人舉人咸豐六年署

繆壽昌字鵠臣江陰人咸豐六年任有傳

許瑤光字雪門善化人拔貢咸豐七年署有傳

洪樹椿咸豐八年代理

未詳姑列於此

		穆宗朝
熊松之字子容高安人舉人咸豐九年署 鳳柃字九庵滿州鑲紅旗人進士咸豐九年任	許瑤光咸豐十年再署十一年九月髮逆之亂邑城失守	陳煥聲字韻樓松江人同治元年十一月奉道轅張札委代
	趙彥清宛平人咸豐十年任	
楊勳字竹史海甯人舉人咸豐九年任有傳		
韓煜文字午橋金華人廩貢咸豐九年任		

理時寇尚未退由嵊縣間闕至東鄉僑寓馮蔡村二年正月二十二日賊退入城以稟報克復情形遲誤被劾於二月初八日卸任視事纔十餘日

朱廷梁字疊肯臨桂人監生同治二年二月署

蕭書字雲史漢

趙彥清同治二年四月復任

戴晉芳崑山人同治二年署

蔡士魁龍泉人同治二年九月任

姚永揚遂安人同治二年九月署

顧芸生字子方吳縣人監生同治二年八月任

陽人進士同治三年署	華學烈字滌初金匱人廩貢同治四年署	汪承緒字少黼江夏人監生同治五年任	朱樸字性之桐城人監生同治六年署
	楊翊清膠州人同治四年署 王纘勛太倉人監生同治四年署	龔棨長洲人同治五年署	黑式濂北通州人同治六年署
			徐作霖西安人同治六年由候選訓導署
	陸春林天台人同治四年代理 韓煜文同治四年復任		
	劉立瑨咸甯人同治四年署		程士瀛黃岡人同治六年署

李士塏字爽堦嘉魚人進士同治七年任

朱 樸同治九年再署

劉引之字曼亭山

呂瑤臺同治八年代理

黑式濂同治八年任

沈 桐震澤人監

鍾聚學錢唐人同治七年署

潘錫疇松陽人同治八年署

黃林宴浦江人同治九年代理

蔡樹之德清人舉人同治十年任有傳

陳金增休甯人同治八年代理

程士瀛同治八年九月任

上　今

西鳳臺人舉人同治十一年任

王卿曾太倉人同治十二年七月代理

劉引之同治十二年九月復任

姚復輝字姓皋沅陵人同治十三年署

生同治十一年署

江滙潮字宗海崇安人同治十二年署

朱燦昌嘉定人同治十三年署

徐作霖同治十二年代理

洪燨新城人同治十三年二月代理

朱瀚字少溪富陽人廩貢同治十三年任

李繼昌湘潭人光

御極

	劉引之光緒二年三次復任			潘康保字秋谷吳縣人舉人光緒五年
	王憲章陽山人光緒二年署	張乃大天津人光緒三年代理	余維清荊溪人監生光緒四年任	
緒元年六月代理	費元鼎吳縣人光緒元年八月署	周金鑾山陽人光緒二年代理	查炳堃字荇橋義甯州人監生光緒三年任有傳	

署有傳

范祖義　字宜庵建甯人拔貢光緒七年署有傳

倪望重　字愚山祁門人進士光緒九年任

顧鴻　元和人光緒八年四月代理

張兆霖　晉江人光緒八年署

屠繼美　鄞縣人光緒七年二月代理

洪焯雲　慈谿人舉人光緒七年七月任

程豐年　婺源人光緒八年代理

郭焜　湘陰人光緒九年代理

余寅恭　字崎山奉

熊志方字泳舟漢陽人監生光緒十一年七月代理

左元鼎字瑞九陽湖人光緒十一年十一月署

胡永焯字笠青休甯人進士光緒十二年任

林承露武進人光緒十一年七月代理

程豐年光緒十一年九月代理

李鍾駿武進人監生光緒十二年署

沈震字雨辰定海人舉人光緒十二年任

新人監生光緒九年署

陳大椿奉新人光

		王叔鼎 吴縣人光緒十六年十月代理 左照煌 字仁山湘陰人光緒十六年十一月署
	郭兆麟 淸河人光緒十五年七月代理 戴徵禧 上海人光緒十五年八月署	李思棣 字華樓嘉應州人監生光緒十六年任
緒十三年五月代理 余寅恭 光緒十三年十月再署	陳大椿 光緒十五年十月代理 翟福田 涇縣人光緒十五年十二月署	朱果 吴縣人光緒十六年九月代理 湯守銘 宜興人光緒十六年署

周學基 字篤生靈川人進士光緒十七年任

吳忠炳 平江人光緒二十年代理

周學基 光緒二十年十月復任

倪望重 光緒二十一年署

費丕揚 慈谿人光緒二十一年正月代理

許大鈞 字黼儀秀水人舉人光緒二十

熊家楫 長沙人光緒十七年任

王彭年 大興人光緒二十年代理

孫曾祜 宣城人光緒二十年十一月署

姚濬 清河人光緒二十一年任

	沈寶青字劍芙溧陽人進士光緒二十三年十月任有傳	
		李濤吳縣人光緒二十四年二月代理 李思棣光緒二十四年復任 苗福田山陽人監生光緒二十四年十一月署
一年五月任		
	項炳珩甯海人光緒二十三年署	朱寶瑗字伯英海甯人廩貢光緒二十四年任

倪望重光緒二十六年二月再署

葉昭敦字詠霓吳縣人監生光緒二十六年七月署

李寶桐字石朋永年人附貢生光緒二十六年十二月署

李炳塋字稺白丹

吳亮詢字采臣南召人監生光緒二十五年任

徒人監生光緒二十七年四月署	張善友字子厚雲南呈貢人監生光緒二十八年任		謝希傅字芷汸婁縣人附貢生光緒三十一年八月署 秦國均字
		劉雲卿字騰九政和人光緒二十九年四月署	邵晉仁字武進人監生光緒三十一年任
		金承廷字錢塘人廩貢光緒二十九年九月任	黃崇憲字永嘉人舉人光緒三十一年三月署
		蔡承訓字監利人監生光緒二十九年二月署	張文斗字丹陽人貢生光緒三十一年二月署

諸暨縣人物志卷二十一終